墨六记

梨园旧迹

方继孝 著

国家图书馆出版社

图书在版编目（CIP）数据

旧墨六记：梨园旧迹 / 方继孝著.– 北京：国家图书
馆出版社，2012.4
　（"旧墨记"书系）
　ISBN 7-5013-4739-1

　Ⅰ.①旧…　Ⅱ.①方…　Ⅲ.①戏剧工作者–生平
事迹–中国–民国　Ⅳ.①K825.78

中国版本图书馆 CIP 数据核字（2012）第 045285 号

旧墨六记——梨园旧迹

方继孝　著

责任编辑　王燕来
出版发行　国家图书馆出版社
　　　　　（北京市西城区文津街 7 号　100034）
电　话　010-66136745　66175620　66126153
E-mail　btsfxb@nlc.gov.cn
Website　www.nlcpress.com
经　销　新华书店
印　刷　北京联兴盛业印刷股份有限公司
开　本　889×1194 毫米　1/20
印　张　15.5
版　次　2012 年 4 月第 1 版
　　　　　2012 年 4 月第 1 次印刷
字　数　250 千字
书　号　ISBN 978-7-5013-4739-1
定　价　59.80 元

签到表

日期： 一九五六年十月十四日下午二时
事由： 京剧工作者联合会第二次常委会议

马连良 谭世春 刘宗杨 马富禄 姜妙香 谭富英 侯喜瑞 梁益鸣 孙毓堃 萧长华 裘盛戎 徐兰沅 于永利 李桂云 王静波 沈玉斌 郝寿臣 荀慧生 李多奎 李玉春 石连亭代 李砚秀 张连祥 李华君

1956 年 10 月 14 日，北京市京剧工作者联合会第二次常务理事会常务委员签到表

北京市人民政府民政局社會團體登記證　民社字第四七號

計開

名　稱　北京市京劇工作者聯合会

目　的　團結京劇工作者進行京劇藝術的研究和改善工作地設社會主義的文化事業

地　址　前门区樱桃斜街三十四号　北京市

活動地區　北京市

業務範圍　組織會員進行政治文化業务学习和研究改進劇藝及理會員福利

員責人姓名　梅蘭芳

右開北京市京劇工作者聯合会依社會團體登記暫行辦法申請登記

經審查尚無不合特發給登記證

局長　馬玉槐

一九五六　年　月　十三　日

右證書給北京市京劇工作者聯合會收執

梅兰芳先生亲笔填写的北京市京剧工作者联合会登记证

梨园旧迹

孙郁

文人对梨园产生兴趣，大概和士大夫有关。这一直是扯不断的话题，说起来颇为复杂。晚清以来的文人，喜欢谈戏，那些品戏的小品，在文坛占据了特殊地位。梨园对一些学者来说，是津津乐道的所在，文人写其间的逸闻逸事，似乎比诗话词话更有意思，除了文脉的缠绕，还多了演员的故事，词、曲、舞、生命的体悟都含于此，与文坛掌故比，亦有它处没有的亮度。

如此说来，文人写梨园，是看别人的故事，不免诗余的游玩。借着艺人的形体、姿色渲染自己审美之梦，固然不错，可是与梨园的内在存在有多少命运的联系，似乎还是一个疑问。我曾经看到过一本写梅兰芳的书，觉得都是赏玩类的心性的移动，将其看成玩偶般的存在，没有天人之际的神思。好像少了些什么。梅兰芳自己的内心如何，我们从中知道的甚少。

那么，人有会问，梨园人自己的呈现，大概是进入其世界的另一通道吧。可是梨园行的人，似乎不愿意展示内幕，其间难言之隐是有的，不易剖露的内幕也确实存在。于是那些偶然的独白，就显得珍贵。自然，他们的尺牍、墨宝及工作文献，则是了解梨园不可不看的文物。要写戏剧的史，这些都是可靠的参照。

方继孝藏品中，有那么多京剧艺术家的墨宝，这是我未料到的。我看他的藏品，觉得像档案，有珍贵的文献价值。这里多是建国后的资料，上世纪五六十年代的墨迹尤多。我看这些文献，觉得和作家、教授们的材料不同，有生活的气息，不是远离烟火的存在。比如马连良的检讨，就是一部生命史，旧中国梨园与新中国的文艺界的不同，都可见到。四大名旦的荣辱之迹，也有片影在，那个特殊年代的生生死死，让我们感到改朝换代的精神代价。艺术有自己的流变史，但遭逢社稷之变，自己的心影也随之改色，其间可感叹的故事是那样的多。章诒和曾有《梨人往事》对此多有记叙，但我们未能见到所述对象的手迹、档案之类。方继孝却把这些展示给我们，彼此对照，可得深解。真的寓目而心动，仿佛历史的场景又还原了。

这些旧墨迹，一个特点是梨园日常的气息浓浓，工作的文献，表格，有艺术与社会间复杂的网络在。填写者文化程度不高，演员的字画水准不及大牌书家画家那么华贵。但有分量，字体疏散着活的人生的信息是真的。我们今天的一些文人，似乎也难有这样的笔墨功夫，想起来也是时代的差异所致。

梨园人的修养高者，一靠文化的滋润，二是生命的悟性。马连良的字平平，而感受力超人，故有高古的气象。梅兰芳书法不错，画也来得，翰墨之趣是懂得的。他的字虽然不能与书法家们比，却让我感到了现实有另一面。那其间隐含的故事一定很多，说不定系着京剧界内外的神经，我们睹物思人，总可以感到另类的氛围。张君秋的声音好，神态亦佳，看他画的画，也含有神韵，对文人趣味是颇为了解的。这些人在舞台上，有绝佳的表现，留下千古不灭的痕迹。但翻看其文字，也依稀能够嗅出他们的日常生活的气息，人的形象就立体多了。侯喜瑞笔墨丹青亦出手不凡，他绘制的人物脸谱，乃真懂京剧的人才能为之。他的画是舞台功夫的另一面，看到其遗物，我们不能不为之一叹，好像其生命的脉息也感到了。

汪曾祺曾说梨园人的内外功夫之不同，有文化的理路在，那是对的。演员对历史与诗文的认识，多凭直觉，未必深切。但他们能够从己身的体味里，找到历史的感觉，用声音、体态、眼色呼应诗文里的哲学，乃艺术的生命化的象征。汪曾祺当年与裘盛戎合作，就从其探索里，大受启发，找到了戏剧文本里精妙的东西。文人靠文字与天下对话，梨园中人靠生命的表达与世人对话。这两者本可以互相参照，各自表里。汪曾祺、曹聚仁、夏衍、黄裳等人，都在梨园人的身上学到了书本里没有的学问。

方继孝收集这么多手稿，渐渐也成为京剧史的研究者。这些庞杂的墨迹的解析，要靠无数材料的引用、消化才能完成。我不知道他参考了多少书籍，其间的史实我多是第一次见。于是感到梨园的历史的丰富，这些鲜为人知的存在，让我们走进历史深处，才知道古老艺术嬗变中苦乐之迹的隐含。

好的艺术家，与文脉是不隔的，有的无师自通。程砚秋、俞振飞的手札都很有书卷气，他们对戏文的理解深，也与笔墨闲情有关吧。那一代人在一个大的文化气场里，传统的密码就在身上，是多种学问的复合体的感性显现。梅兰芳成名前后，京剧有无数流派出现，后来却固定在什么地方了。我们今天只能坐谈梨园旧事，却见不到新的流派的出现，不免有些寂寞。今天的文人面对舞台，似乎无甚可写，表演者的内蕴大概没有出来,或者功底欠缺也是一个原因。见到前人的旧迹,只感到一种失落,似乎那些已渺乎不可寻觅,远离人间的梦幻一般。这些残页短札,能增添一抹幽思,知道我们曾有过那样奇异的人生,也警示我们这些后人,应取舍什么,增减什么。如果那些成败之迹不能启发我们跳出历史的暗影,那我们真的对不起前人了。

2011年7月22日

萧长华——
一生奉献给京剧事业的戏剧教育家

萧长华先生是京剧丑行的前辈名演员，又是在著名京剧科班"富连成"教了四十多年戏的名教师，他在生旦净丑各行都是不可多得的教师。喜连成和富连成前后合计有四十二年的历史，教出"喜、连、富、盛、世、元、韵"七科学生，约700多人。新中国成立后，萧老先生在中国戏曲学校担任教授，不久还担任了该校的副校长。

萧长华艺名宝铭，祖籍是江西新建，曾祖时迁到了江苏扬州。他的父亲名叫永康，艺名镇奎，是当时的名丑，由扬州来到了北京。萧长华在北京出生，自幼受家庭艺术影响，十一

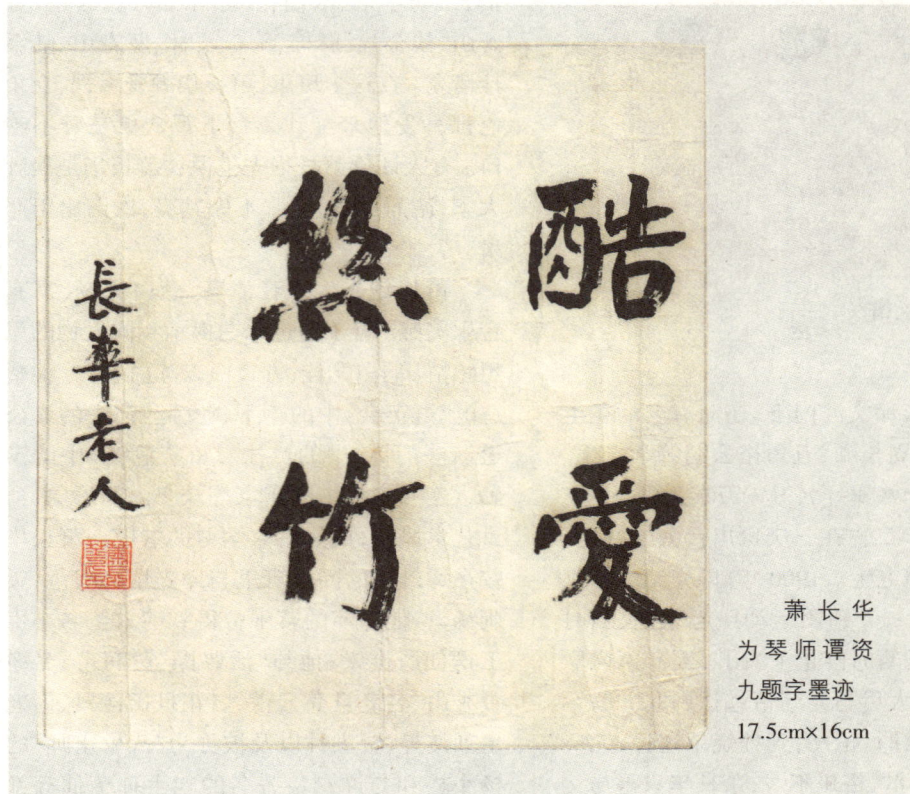

萧长华
为琴师谭资
九题字墨迹
17.5cm×16cm

萧长华(1878—1967) 京剧丑角表演艺术家、戏曲艺术教育家。艺名宝铭，号和庄。曾长期与梅兰芳合作，其精湛的艺术造诣，饮誉大江南北，与慈瑞泉、郭春山并称"丑行三大士"。

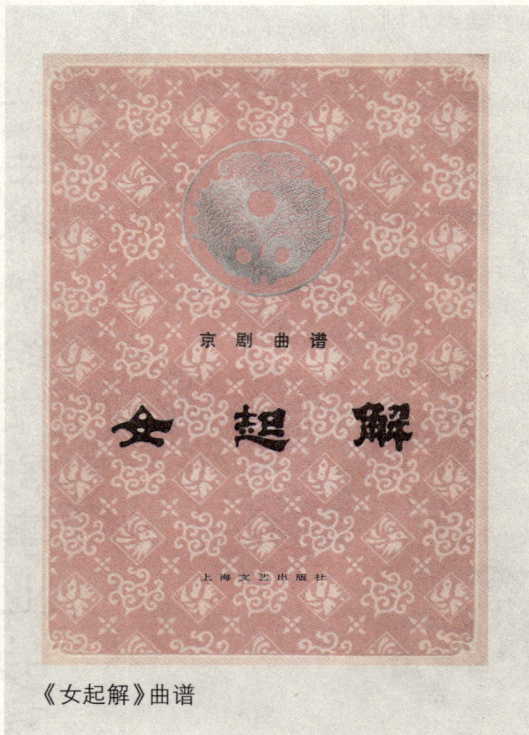

《女起解》曲谱

亲售卖菜蔬糊口。直至次年，兵乱平息，各戏馆又动工兴修，逐渐开业，萧长华才早晨做小生意，午后演戏。他搭入玉成班是1902年，专攻丑行。在北京鲜鱼口天乐园(新中国成立后叫大众剧场)演出。这个班子是"梆子二黄两下锅"。梆子角色有十三旦(侯俊山)、响九霄(田际云)、杨娃子(杨宝珍)、十三红(孙佩亭)等人；二黄角色有贾洪林、李顺亭、王楞仙、朱素云、李吉瑞、董凤岩、瑞德宝、孙怡云、杨小朵、水仙花(郭际湘)、龚云甫、金秀山、钱金福、麻穆子、王长林、罗寿山、陆金桂诸人。在这个班里，萧长华颇受重视，众角色都喜爱他来配戏，台下观众更是赞不绝口。有人评价萧长华先生说："萧长华是漫画大家，谑而不虐，夸张不失其爽，诙谐出于严肃。"

萧长华先生嗓音清亮，念白流畅，富有音乐美感。善于通过念白揭示不同人物的思想感情。韵白尤佳，方言白以苏白著称。他塑造的《群英会》中的蒋干、《女起解》中的崇公道、《法门寺》中的贾桂、《审头刺汤》中的汤勤、《连升店》中的店家等众多人物形象，独具艺术风格，成为后人学习的楷模。萧长华曾在谭鑫培的同庆班里与谭鑫培合演《审头刺汤》；他饰演的蒋干曾得到清末著名小生王楞仙所推崇；他与"活曹操"黄润甫、名净金秀山、名老旦龚云甫、名花旦田桂凤、名老生刘鸿昇、贾洪林以及被称为"武生宗师"的杨小楼和与谭鑫培齐名的老生孙菊仙等都

岁投昆曲名家徐文波门下，还向有名的老生周长山、老旦周长顺、丑角裕云鹏等学老生、老旦和丑。十八岁拜名丑宋万泰为师。

萧长华十二岁在三庆班出台演娃娃生，后在四喜班演老生。1900年(即光绪二十六年，岁次庚子)，义和团运动风起云涌，当时的北京艺人们暂时停止了演出。是年八国联军入侵，慈禧太后与光绪帝逃往西北。联军攻陷北京后，肆行抢劫，到处烧杀淫掠，无所不为。戏班俱散，搭班不成，萧长华只得与父

萧长华与梅兰芳合演《女起解》,萧长华饰演崇公道(1935年)

曾融洽合作。同时,与萧长华搭班演唱的还有梅兰芳、麒麟童(周信芳)等人,后来都成为杰出的京剧表演艺术家。

萧长华先生于1904年始,应叶春善聘请,入喜连成科班任总教习。作为专任教师的萧长华,虽以演丑角出名,但是对生、旦、净的戏也能教,而且教得很好。他亲手教出来的学生有老生雷喜顺、马连良、谭富英、李盛藻,小生叶盛兰、茹富兰,花脸侯喜瑞、裘盛戎、袁世海,花旦筱翠花(于连泉),丑角茹富蕙、叶盛章、马富禄、高富远以及他的儿子丑角萧盛萱。辛亥革命以后,喜连成一度营业不振,资本家牛子厚欲撒腿不干。当时,萧长华不忍看科班面临解散之危,慷慨拿出自己多年的积蓄四百两银子,度过科班这段青黄不接的阶段,遂使喜连成科班得以开办下去,并于1913年夏改名"富连成"。从此萧长华在科班里更是加紧执教,栽培后代。当时因科班难请到教师,萧长华毅然辞去喜庆(杨小楼主演)和鸿庆(刘鸿昇主演)两班(演出于第一舞台),不再登台,一心教学,给学生们夜加工,每天工作十几个小时,经常排戏到深夜两三点钟。他辍演八年,直到1922年萧长华才应梅兰芳、徐碧云之约重登舞台,并与梅兰芳长期合作,也辅佐马连良、于连泉(筱翠花)、尚小云、孟小冬、金少山、谭富英、奚啸伯、张君秋、言慧珠等人演出,以其精湛的表演技艺,赢得盛誉。

萧长华先生不仅有着精湛的艺术造诣,而且具有高尚的职业道德和高度的敬业精神。他对艺术一丝不苟,台上从不喧宾夺主。主张"演人不演行"。演戏要"装龙像龙,装虎像虎"。"看我非我,我看我我亦非我;装谁像谁,谁装谁谁就是谁。"

有一个关于他配合梅兰芳先生巧救闪失的故事。梅兰芳有一次演《贵妃醉酒》,演到杨贵妃把高力士的帽子戴在自己头上,口唱"冠上加冠"时,不慎帽子突然滑落地上,如果自己去拾,势必引起观众哄笑。他立即向扮演高力士的萧长华做个手势,萧心领神会,机灵地念道:"娘娘,您的帽子掉了!"梅兰芳随之醉步走向帽子,萧长华将帽子拾起,递给"贵妃",二人配合默契,将这一闪失补救得天衣无缝。内行的观众当即喝彩,认为这动作更好地表现了贵妃的醉态。

萧长华先生热心公益事业,乐于助人,为人秉正,作风简朴。因此,京剧业内发生的重大事情,都要征求萧老先生的意见。如有事求到他,他有求必应,从不拒绝。

敝斋藏 1951 年元月 19 日,北京市京剧

萧长华赠予谭资九的晚年生活照

第一天 廿二号　礼拜一
梅兰芳、
梅兰芳、
姜妙香、
王少亭、
傅世蔵、
詹坑蒲、
郝寿臣、扮西
朱金桅、
黄元彦、
于连泉、
曹世咠、
王世续、
姚玉芙、
李春森、
许姫傳、三天五工作
郭注青、
王印珂

第二天 廿三号　礼拜二
梅兰芳、
陈永玲、
王少亭、
譚富英、
萧长华、
姜妙香、
朱金桅、
耿之平、
于连泉、
徐之珊、
刘连桅、

第三天 廿四号　礼拜三
梅兰芳、
梅兰芳、
萧长华、
姜妙香、
徐之珊、
王少亭、
郝寿臣、
陈少彦、
孫盛文、
高盛麟、赵
王元之、

1951 年元月 19 日至 24 日萧长华先生参加北京市京剧公会举行的义演活动
26.5cm×38cm

公会为梅兰芳剧团救济同业孤寒义演召开会议记录和演出剧目、演员名录及节目单各一份。自元月廿二日至元月廿四日共义演三个夜场，每场三出。第一天（元月廿二日礼拜一）夜场演出的剧目是《游园惊梦》，主要演员梅兰芳、梅葆玖、姜妙香、王少亭、张蝶芬、王元芝、耿世华；《战宛城》，主要演员傅德威、詹世辅、郝寿臣、朱金琴、黄元庆、筱翠花、贾世珍、张世年；《状元谱》，主要演员慈少泉、王世绪、李玉泰。第二天（元月廿三日礼拜二）夜场演出的剧目是《大团圆》《御碑亭》《金榜乐》，主要演员王少亭、谭富英、梅兰芳、陈永玲、萧长华、姜妙香、朱金琴、耿世华；《打钢刀》主要演员萧长华、筱翠花；《战冀州》徐元珊、刘连荣。第三天（元月廿四日礼拜三）夜场演出的剧目是《断桥亭》，主要演员姜妙香、萧长华、梅兰芳、梅葆玖、王少亭、徐元珊；《普球山》，主要演员张蝶芬、郝寿臣、萧长华；《定军山》《代斩渊》，主要演员孙盛文、陈少霖、张春彦、高富远。

三天义演，而已七十四岁高龄的萧长华老人参加了两个晚上的夜场。

中华人民共和国成立后，萧老先生历任中国戏曲学校教授、顾问、副校长、校长。他终生以"传道授业"为己任，在富连成科班期间，不惜辍演八年，专心致志于教学。在六十余年教学生涯中，他培养出一批又一批优秀戏曲人才，遍及全国各京剧演出团体。

1957年12月22日，中国戏剧家协会主席田汉先生在萧长华先生八十寿辰的祝辞中说：

> 萧老不止是中国近世舞台上最卓越的喜剧演员，而且是无数成年和青年演员多方面的教师；这位老艺术家之所以值得尊敬和学习，不止是他的精湛的艺术修养和诲人不倦的精神，还由于他始终热心为人民服务，解放后更始终追随党。萧先生真是爱光明、爱艺术，老而弥坚，明辨是非，老眼不花。谨祝萧先生青春永在，贡献更大！

这个评价是非常准确的。

萧老曾当选为全国人民代表大会第一、二届代表，中国戏剧家协会常务理事。其生前寓所位于北京宣武门外西草场88号。

时慧宝——京剧舞台「当台写字」的先行者

现时电视节目中，有时可以见到边唱边书画者，令人耳目一新。其实这种于演唱中作书者早于民国时期就已经出现了。家藏民国时期《戏剧丛刊》（第一卷第三期）载署名海上漱石生《梨园旧事鳞爪录》之三《时慧宝当台写字》一文：

　　时慧宝字智侬，须生中之嗓音清越，字字锵金戛玉者也。其人美丰姿仪态大方，彬彬如世家子。工书法，运笔遒劲，有古茂气。余见京伶之工书者二，一为唱小生之朱素云，一即慧宝。素云为人书名片及便面极佳。慧宝则兼善擘窠大字，颇见工候到家。清光绪间，初次来沪名震一时，某夕演《戏迷传》饰剧中之主角戏迷，于唱《花田错》卞玑骂字一场，当台对客挥毫书七言及五言联各一幅，笔致挺拔，悬之台中，见者皆为倾倒，抚掌声四座骤起。咸谓伶人中得未曾有。盖《戏迷传》为须生之玩笑剧，演者花样翻新，不一而足。故自拉弦索自唱者有之，兼带武功翻扑者有之，突梯滑稽编唱时事新曲及各种小曲者亦有之，惟写楹联实为别开生面，况书法甚工，决非草率涂鸦者可比，允宜人人称道，传为歌坛韵事。……

朱素云、时慧宝两位是否为"当台写字"之首创者，笔者没有考证。朱素云的书法真迹我没有见过，可时慧宝的书法和所绘兰草，我见过几件，书法规整，兰草清幽有浓浓的文人气息。

时慧宝先生是青衣大家时琴仙之子。幼承家学，以老生有声伶界。其人文雅风流，工书善画，于北碑浸润尤深。唱学孙菊仙一派，亦以大气流行，酣畅痛快见长。当是时，老成凋谢，亦为梨园有数人物。《鞠部丛刊》之《品菊余话》鹧鸪《说戏味》评价"时慧宝似青椒辣中略带甜味"。"时氏事母至孝，手足之间亦甚友爱"。

关于时慧宝的资料不是很多，写此文时再次翻阅家藏《鞠部丛刊》（原为田汉先生旧藏）《品菊余话》栏目发现有署名尘因者《忠告时慧宝》一文。通读下来，甚觉对更深入了解这位民国时的京剧表演艺术家大有帮助，现原文照录：

　　近人谈戏，辄喜首先分派别，或有訾者为小家气。余亦以为

时慧寶

时慧宝（1881-1943）字炳文，号智侬。光绪七年生于北京，工老生，为孙(菊仙)派老生传人，嗓音高亢清澈，声洪酣畅，令听者颇觉痛快，但其唱调高腔直少韵味。只重唱不重做不拘泥规范随心所欲，时人称其为"名士派"。曾与王凤卿、余叔岩并称"青年老生三杰"。擅演剧目有《逍遥津》、《金马门》、《马鞍山》、《铁莲花》、《上天台》、《雍凉关》、《骂杨广》、《骂王朗》、《三娘教子》、《一捧雪》、《太白醉写》、《除三害》等。曾与盖叫天、常春恒、孟鸿茂、刘筱衡等合演《七擒孟获》，时演孔明，盖饰孟获，并有剧照传世。

时慧宝通诗文、能操琴、善书法。曾从魏莳公学习书法，笔力遒劲，为梨园界书法家。曾为梨园公会所挂之匾先后写过"永垂不朽"、"光被斯科"、"艺圃增光"、

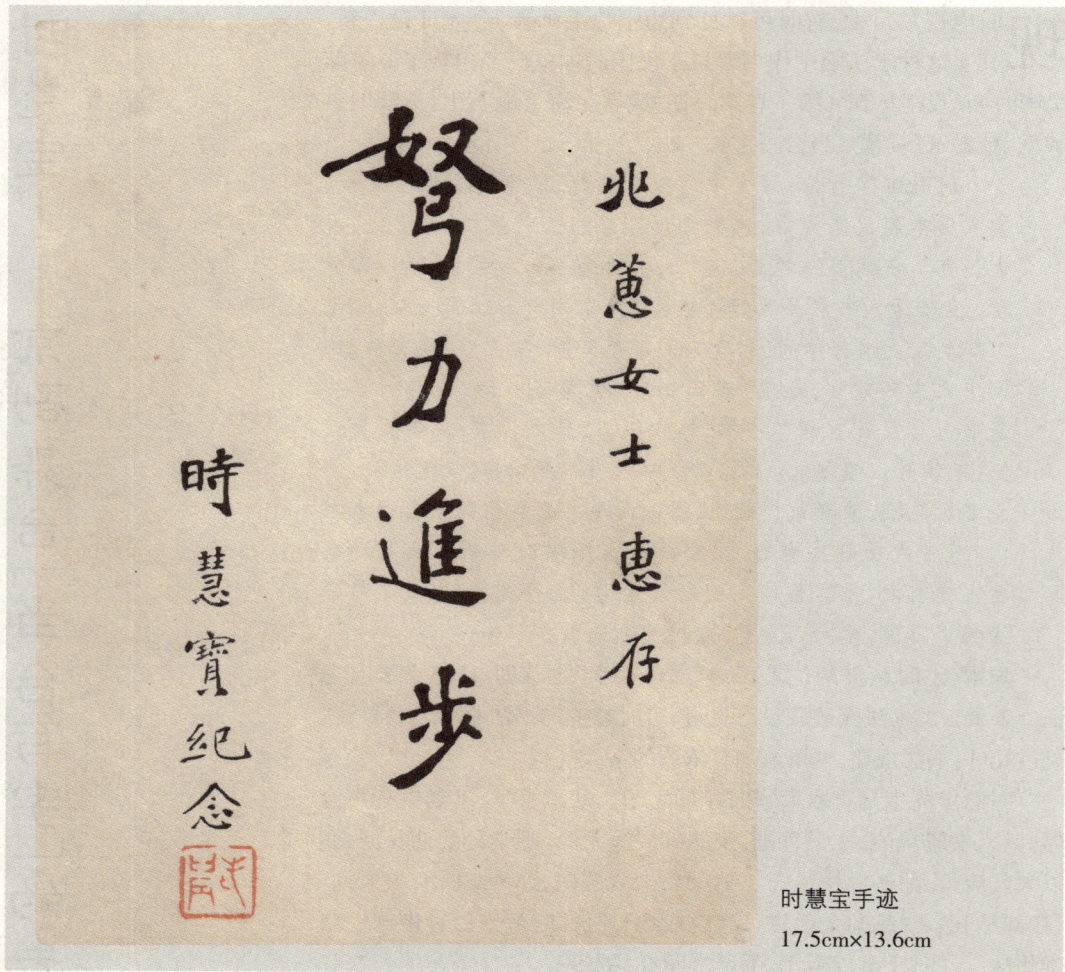

时慧宝手迹
17.5cm×13.6cm

研究音律，原无派别之可言，嗓音乃天之所赋，宽狭巨细，本诸五音六率，神韵自我心中变化之，又奚不可，诚哉斯言。第汪、谭、孙之所以称派者，盖因其刚柔浓淡之神韵，各有其妙，各皆不能互掩其长，后进者又不克跃诸范围之外而特创一格。爰是三者各成一派，即谈戏之笔，亦多因后进诸伶，不能创新，仍从此三派

中，翻覆运用演者。如此，评者亦不得津津以三派为绳墨，盖不得已之苦衷也。或诘评戏何必拘定以某戏，应某派始克演，更易一派演之即不当，然则派别与戏剧亦有规定而不可更易者乎？余曰，斯又从各派之长短处而区别也。如大头音节高亢，则宜悲歌，所以《文昭关》《取成都》等戏，非谭、孙所及。而叫天长于幽韵，于是演《卖黄马》《连营寨》等戏，又非汪、孙所能。菊仙大刀阔斧，长江大河，古调苍凉，腔宏音壮，所以演《雍凉关》《白逼宫》《柴桑口》《七星灯》等戏，又非汪、谭所克胜者。因各有其妙而名，非某戏应某派演之，乃某派演某戏之妙，非其他所及者耳。是故，谭叫天不演《白逼宫》，孙菊仙不演《卖黄马》即是理也。智侬本钱颇富，气魄亦磅礴，唱来不尽过恶，意味颇雄，惜其不足之处，少纯厚耳。第其腔调，确乎胎息菊仙，而智侬必欲自谓独创一格，似不甚当。因其抑扬顿挫之间，什之六七未曾跳出老孙之范围。抑之，谓其摹仿孙派未成者，则可，扬之，谓其孙派之前调，亦可谓其与孙派绝无关系则不可（智侬最讳人言其孙派）。双克亭摹仿老孙，仅能获其宏大，而精细处不及智侬，智侬之弱于所以克亭者，宏大处则不及克亭磅礴，若云浑脱，二者皆未获老孙之真神趣也。某日，余往聆小云之《彩楼配》，是夕智侬演《洪羊洞》，自得令公骨起以至身

死，全局如一撮散沙，毫无滋味，耐人咀嚼。且周身火气，不似衰老待死之杨六郎也。余以为此戏唱作等，表情应推老谭独步，菊仙唱病中一段二黄快三眼，神趣内练味极纯厚，第其形容不及老谭精细，而六郎之病状，菊仙未曾经意。所以菊仙唱此一段时，昔有诘于叫天者，叫天曰：菊仙唱的极好，惜乎忘却病了。仔细咀嚼确是不错。如菊仙演此戏，犹不能称圆满，而智侬唱此一段二黄快三眼，练神蓄趣等处，远逊于菊仙者乎。虽然后来居上，脱智侬演得入妙，未始不可使叫天退避，惜乎不佳，毋宁《上天台》《柴桑口》《马鞍山》等戏矣。智侬果演此类戏，余极赞之，其腔调气魄，间有非他伶所可及者。至于做工，余不敢赞一辞。若云风雅，余尤反对。要知风雅自如，决非点头摆脑指手画脚之谓也。智侬嗜金石，且爱摹古碑，书法超逸，以指画兰尤秀挺。余虽未睹其行文，想非胸无点墨者，优孟之中可夸特秀。然其寻常或书或画，但从戏名上当场写字，以为与众不同，太无意味。要知坐客是来听戏，并非来看写字也。余以为《戏迷传》一戏，已偏于油腔滑调，失于大方，名家多不演之。再从戏中写字，尤为小样。戏名曰《戏迷传》，非曰"字谜传"也。凡事得名，须从实在工夫上进取，乃能持久，非所巧滥得虚名者。成名大家也，如杨四立之唱须生，满嘴花腔，一时

"梨园新馆"、"艺界增荣"、"光艺圃荣"、"坚固团体"等匾。位于北京樱桃斜街34号(今65号)的梨园新馆大门外上方的"梨园永固"四字，亦为其书写，至今仍存。他每演《戏迷传》，必自拉自唱并当场书写，为世人所称。"九·一八事变"后，1934年11月时慧宝于天津北洋戏院演出此剧때，当场写的竟是"毋忘东北"四个大字，剧场内顿时掌声雷动，体现了他的爱国热忱。

时慧宝温文尔雅，为人谦虚友善，虽生活不宽裕，却肯豪爽助人扶危济困，极热心于公益事业，深受剧界同人敬重，有"侠伶"之美誉。1943年2月28日(正月二十四日)因病逝世于京宣南小川淀10号寓所。

艺名大噪,五六年前,苽海上几与叫天相抗衡,今则何如乎?可见油滑不能长久欺人,徒自损身价。又智侬居然串《斗牛官》之玉皇大帝,端坐中央,高唱一段吹调,此等角色,乃扫边老生所去者,而智侬竟去之,则比较王又宸演《纺棉花》,妻党同恶报,所高不过一级耳。呜呼!孙、谭已老,能接踵而起者寥寥,余深愿后起不衰,以广周郎之观听。然对于智侬,聆其戏剧,睹其书画,皆有胜人之处,尤愿其成一名家,而不愿其以油滑自败。智侬当勿以余言为河汉。或谓智侬在北京演戏极肯卖力,而南来则抱敷衍主义。寄语智侬"名誉"二字,并不须人恭维,而在自己之作用,要知海上周郎,非尽无听戏程度者。

（按：文中"汪"乃汪桂芬;"孙"乃"老孙",即孙菊仙;谭叫天乃"老谭",即谭鑫培。双克亭,"奎"派老生。）

关于《戏迷传》和时慧宝演此戏当台写字之事,另有名剑云者于是文有按云：

时慧宝之《戏迷传》,当场写字弄巧成拙,识者不取,兹得昔醉短论一则,与尘因立意相同。附录于后：

《戏迷传》小戏也。自被一般雅负声望之角儿演之,遂视为正戏矣。戏因人传,非此戏之真有价值也。海上以《戏迷传》见长者,首推吕月樵。惟此戏唱法不同,派别各异,人自为法,无律可遵。时慧宝来沪打泡戏之第四五两日,均为《戏迷传》。此戏为时伶之杰作(按:时伶,指时慧宝),可无疑矣。时慧宝演二本《戏迷传》,有当场写字之特点,未免画蛇添足,余实不敢恭维。盖善画能字,于伶界中诚如凤毛麟角,不易多见。然时伶善画,诩于同业则可,表暴于观客之前则不可。况唱戏与写字判然两途,绝对不能熔为一炉,天蟾舞台戏馆也,非书画会也。时伶登台鬻歌也,非售字也。观客之来听时伶戏,亦非观时伶字也。时伶何竟背道而驰耶!若以时伶大好书法,无由传扬,则唱戏之余,尽可创馆卖技,设坛鬻字,何必插入戏中,取厌于人。若必欲独树异帜,示别于人,则吾人跋涉而来,耗费戏资,观时伶之字殊不值得。尤幸时伶于琴棋书画,只能其一,否则全本《戏迷传》,将尽为彼卖弄本领之地步矣。吾闻贾璧云能画,朱素云善书,未尝见贾朱二伶,于戏中绘一图,书一字也。奈何时伶不甘藏拙,小觑天下人耶。今闻票友中之华阳道人,亦复如是,岂亦见不及此耶。

净行有"正净"、"副净"和"武净"之分。正净又名"铜锤花脸",如《二进宫》中的徐延昭;副净又名"架子花脸",如《取洛阳》中的马武;武净又名"武花脸",如《定军山》中的夏侯渊。而净角自民国至今,在菊部能占重要地位者,郝寿臣先生一人而已。净行中的正、副、武净,郝氏都得心应手,熔铜锤、架子花脸于一炉,唱念上自成一格,世称"郝派"。

郝寿臣先生原名万通,祖籍山西洪洞,出生于河北香河县一个贫苦的木工家庭,幼年随父迁京。郝寿臣自小就有与众不同之处,他长得虎头虎脑,且嗓音特别洪亮,六岁和哥哥郝寿山一起读私塾,勤奋好学,因生活窘迫辍学后,为了生计,他走街串巷,吆喝叫卖五香豆。他带着虎音的叫卖声惊动了皮影艺人王德正,将他收为徒弟,并为他请了老师吕福善。七岁的郝寿臣开始学的戏是《锁五龙》、《二进宫》、《捉放曹》等。学戏的同时,也跟着师傅去唱堂会,艺名"小奎禄"。后拜师李连仲,正式学习架子花脸,并不断到东北、河北、河南等地演出。他刻苦练功,边学边演,吃苦耐劳,细心揣摩,使他的架子花脸演唱技艺日趋成熟。

1910年,年已二十四岁的郝寿臣在东安市场丹桂茶园搭班演出。因他在王瑶卿等演出的《五彩舆》中,出色地扮演三个小角色受到观众欢迎,从而得到王瑶卿的赏识。此后,他在京先后参加了三乐、太平、玉成、鸿庆等班社,有机会与花脸前辈金秀山、黄润甫以及老生刘鸿昇等同台演出,得以观摩这些名家的精湛表演。黄润甫,著名架子花脸,饰曹操最为拿手,有"活阿瞒"之称。"刘鸿昇字子余,初莅沪隶春仙部工黑头,名不大著,乃改须生,一切腔调均仿谭氏,颇得沪人欢迎。于是精心研究,极意求工,其艺大进。之后,入都奏技,在文明园演唱,观者无不首肯,都人始知有须生刘鸿昇矣。"(《菊部丛刊·伶工小传》)刘氏气力充足,嗓音嘹亮,戏无论长短,无懈怠之病,只是做派略显生硬,据说系足疾所郝寿臣（1886-1961）原名万通，原籍山西洪桐（亦称洪洞），后落户河北香河。九岁左右，拜小福盛科班吕福善为师，学艺六年，奠定了铜锤唱工戏的基础。曾以"小奎禄"的艺名，为汪桂芬配演《取帅印》的娃娃生，又入李连仲门墙。后因嗓子"倒仓"，不能再唱铜锤，改唱架子花。经路三宝介绍，他搭入玉成班，后改翊文社。此后，他分搭梅兰芳、杨小楼、高庆奎、马连良各班，并曾以花脸单独挑班演出。逐渐声誉大起，终于创树了个人表演艺术风格，自成一派，世称"郝派"。与金少山、侯喜瑞成鼎立之势，并称"花脸三杰"。郝寿臣在艺术上极富创新精神，传统戏中扮曹操、张飞、牛皋、焦赞等，很有自己的特点。他创造的荆轲、须贾、鲁智深等艺术形象给观众的

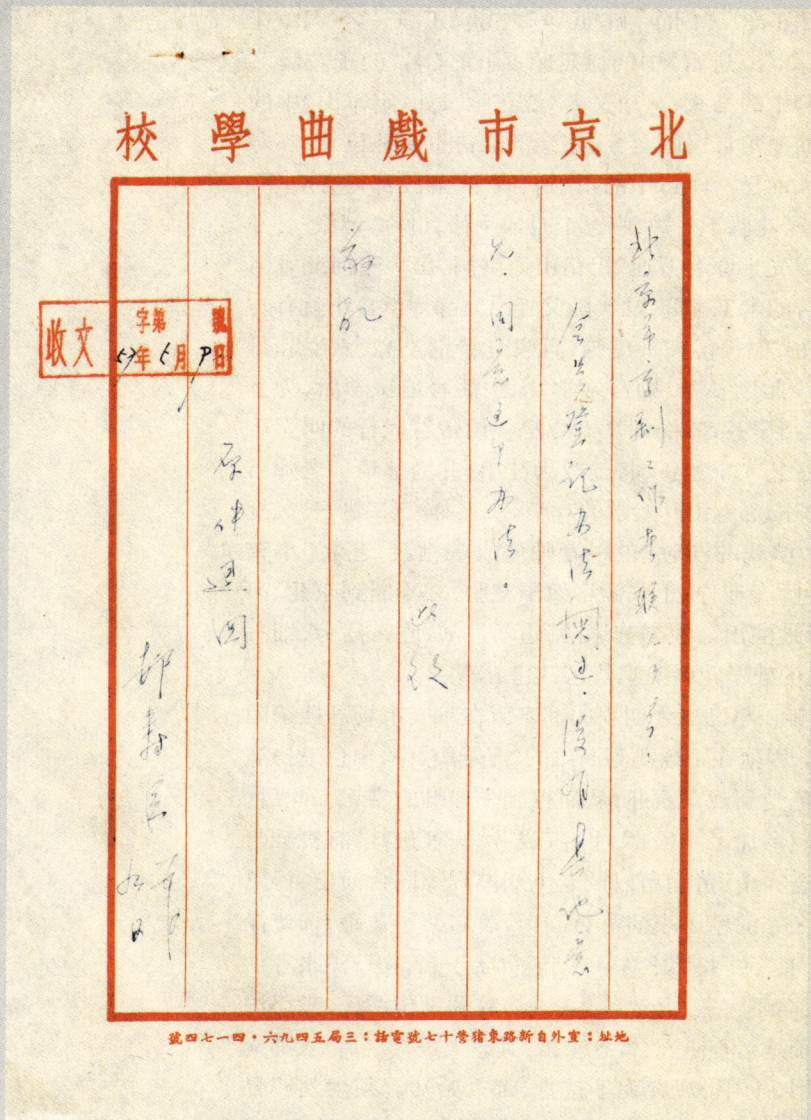

郝寿臣先生致北京市京剧工作者联合会书札　27cm×19.5cm

致。郝寿臣在刻苦学习金秀山唱功的基础上，又认真学习黄润甫的演唱风格。同时得到著名梆子演员的指导，根据自身条件，郝寿臣开创了"架子花脸铜锤唱"的艺术风格特色。一次偶然机会，他和伶界大王谭鑫培合作演出了《捉放曹》，观众反映极佳，遂被邀请加入谭鑫培的永庆社。先后与杨小楼、梅兰芳、余叔岩、马连良、高庆奎、程砚秋等名家同台，艺术上日臻完美，声望日增。1913年，他与梅兰芳先生同赴上海搭班后，声誉

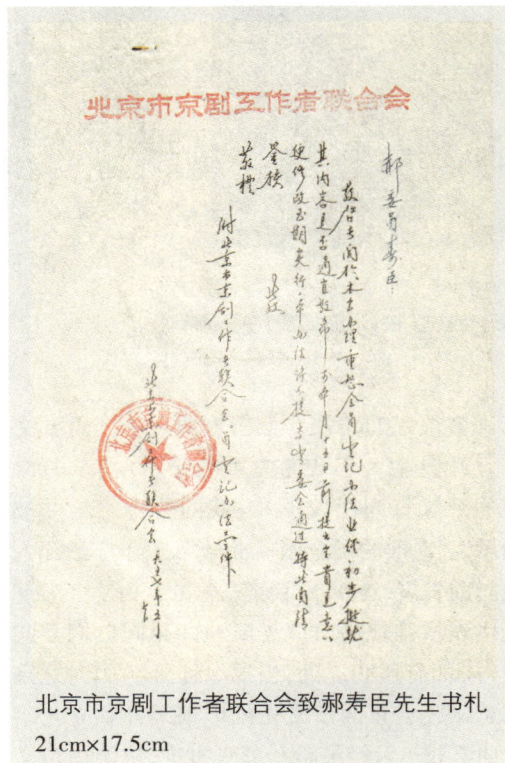

北京市京剧工作者联合会致郝寿臣先生书札
21cm×17.5cm

顿起。民国十七年底，杨小楼先生演封箱戏，郝寿臣居然以黄一刀戏码挂第二牌，以净角而演压轴戏，尤为从来所罕见。

郝寿臣先生的艺术风格最突出的特点是"厚重"，唱念韵味浑厚，工架凝练，表演浑然一体。虽然他嗓音有些闷哑，但无论是演唱、念白似"咬金嚼铁"，掷地有声。他把鼻腔音变为口鼻共鸣，灵活运用，洋溢着一种深厚的韵味，形成了独特的郝派唱念。不仅在唱念上自成一派，郝寿臣善于刻画人物，在做功上造型漂亮、身手干净、眼神准确，他一生塑造的舞台形象个个都是栩栩如生，给观众留下了深刻的印象。

为了提高广大观众对花脸角色的兴趣，给观众以更多的美的享受，郝寿臣先生还十分注意在脸谱上下功夫。郝派脸谱融汇何桂山、金秀山、李连仲等众家之长，创造了许多性格鲜明的脸谱造型，其脸谱方正雄强、朴实浑厚。他与梅兰芳、程砚秋、马连良、高庆奎、杨小楼等人共同合作创演的新戏约近四十余出，每年平均排演两本新戏，新创剧目人物的脸谱没有蓝本可参考，他就按照剧情和人物性格去创造新形脸谱。他对勾脸的工具和方式进行了改革，为众多的人物设计出符合身份和性格的服装图案。1931年，日寇入侵我东北三省，郝寿臣先生在社会贤达的支持下，迅即排出了《荆轲传》，以唤起群众，反抗侵略。剧中，郝寿臣扮演的荆轲极有特色。在脸谱上，郝寿臣汲取了梆子花脸名家

印象非常深刻。他在时装戏《法国血手印》中扮演一西洋人，《孽海波澜》中扮演杨钦三，表演也十分真实生动。郝寿臣的拿手戏有《李七长亭》、《盗御马》、《瓦口关》、《专诸别母》、《青梅煮酒论英雄》、《逍遥津》，尤以曹操戏堪称一绝。他还创排了不少"郝派"戏和一些渐无人演的老戏。如《荆轲传》、《桃花村》、《飞虎梦》、《打曹豹》、《红逼宫》、《打龙棚》等。郝寿臣弟子有王永昌、袁世海、李幼春、周和桐、王玉让等。建国后，郝寿臣担任了北京市戏曲学校校长，他每天到校亲自教学，培养了许多优秀演员，如马永安、王福来等。

老狮子黑演荆轲时脸谱的画法,同时,将梆子戏荆轲脸谱中的主色黑色改为油紫色,借以渲染荆轲的忠勇和胆识。在服装上,郝寿臣强调了荆轲有勇有谋、文武双全的性格特征,为荆轲设计了"学士巾"和米、黄、蓝三色相间的鸾带,使人物显得儒雅、俊逸。这种大胆创新的精神在净行演员中是十分难能可贵的,郝派脸谱艺术在京剧艺术的圣殿中独有其位,而且对京剧艺术的发展产生了很大的影响。1938年,郝寿臣先生因不满日本侵略愤然退出舞台。

郝寿臣在四十余年艺术生涯中,共创作和演出了260个剧目,扮演过146个不同类型的角色,先后与杨小楼、梅兰芳、程砚秋、高庆奎、马连良、言菊朋等合作,提高了花脸行当的地位,发展了京剧表演艺术。他一生共演了17出曹操戏,从《捉放曹》到《阳平关》,由曹操的青年时代演到暮年时期,着意刻画曹操的刚愎自用、狡诈奸险等性格,同时也注重表现曹操作为政治家、军事家、文学家的风度和气质,因而获得了"活孟德"的声誉。

新中国建立之初,郝先生已年过六旬并息影舞台多年,蓄起了长长的胡须,闭门谢客颐养天年。1950年11月,中央文化部召开第一次全国戏曲工作会议,讨论戏曲改革问题,郝先生作为北京市的特约代表参加了会议,并有专车每天接送。会上郝先生积极发言,特别是对培养接班人问题,提

郝寿臣先生在《击鼓骂曹》中饰演曹操

了许多很好的建议,会后形成了一个重要文件:《政务院关于戏曲改革的指示》,于1951年5月5日向全国颁布,戏曲界称之为"5·5指示"。它推动了全国戏曲改革工作广泛深入地向前发展,也扩展了郝先生的视野。会后郝先生表示:"戏曲改革需要戏曲界同仁们共同努力。如有用我之处,当竭尽绵薄。"当时北京市京剧公会正向市文化处申请筹办私立艺培戏曲学校。后经吴晗和彭真批准,决定由市文

化处正式接管艺培学校,成立了"北京市戏曲学校"。并决定正式聘请郝先生出山,担任校长。校址选定在位于宣武门外陶然亭的戏子坟附近的松柏庵。

旧时称职业戏曲演员为"戏子",原本并无轻蔑之意,明代成化进士、浙江右参政陆容所撰的《菽园杂记》,所言"戏子",实则"戏文子弟"(即戏曲演员)之简称也。清朝同光年间,京剧兴起,风靡百余年,艺人生老病死,层见叠出,而北京人惯称的"戏子坟"亦逐年迭起,其著名业冢共有四处。北京最早的戏子坟是位于崇文门外四眼井的"安庆义园",它是乾隆时由安徽进京的"三庆班"购置的,演员病故后皆埋于此。生前相依依,死后长相随,足见其颇重乡里之情。安庆义园渐不敷用,"大老板"程长庚(安徽潜山人)和"春台班"(四大徽班之一)台柱余三胜遂筹资购右安门内盆儿胡同土地另辟"潜山义园",以葬诸多同乡。位于崇文门外南极庙街南极庙东侧的"春台班义地",是全体演员集资于咸丰初年修建的公墓。满族著名"花脸"钱金福,虽不属于春台班,但却将其做"内廷供奉"时所得俸禄资助于义地,故同行皆谓其"大积阴德"。

上述三处梨园义地,多年无人照管而化为荒冢,于四十年代被夷为平地,并陆续变作房基,屡经变迁而难觅其遗址。

"松柏庵"附近的这处梨园义地,系安徽、江苏、湖北三省演员集资修建,故曰"安苏湖梨园养地"。松柏庵位于今日之陶然亭公园,旧称"窑台儿",盖因窑土堆积如山而故名也。土台上有茶馆儿,名曰"窑台茶馆",其周围窑坑累累,芦苇丛生,凫趋雀跃,野景令人迷醉,梨园老少清晨皆来此喊嗓练功,而后到窑台茶馆歇脚喝茶,相沿成习,乐在其中。自窑台茶馆西行百余步,即为松柏庵。其庵坐北朝南,乃两进院落。前院正殿五间,系吕祖殿,供纯阳祖师吕洞宾,左右塑龟蛇二将。东配殿五间,曰"昆仑善社",程砚秋书其匾,内供"忠义神武关圣大帝",西配殿五间,供梨园界人士闲住,既非公寓又非别墅,来去自由且分文不取。这座庙宇,尚有东、西两个大跨院,东跨院设"九皇殿",供伏羲、神农、黄帝等远古之帝王,梨园公会每年在此举行"九皇会",沐浴斋戒,焚香膜拜,忏悔素日浓施粉黛、靡费膏粱之罪愆。西跨院所设为"喜神殿",每岁正月初一祀其神。 此庙之产权属于梨园公会,梨园界生、旦、净、丑各行当演员生前以此庙为聚会之地,死后则葬于庙前及其东侧的义地。被誉为"国剧宗师"的杨小楼,著名花脸"金派"创始人金少山,著名小花脸高四保及其子"高派"创始人高庆奎等名伶,皆葬此义地。

北京市戏曲学校成立以后,校址需用土地修建,经北京市文化教育委员会决定准许北京市国剧公会所有的松柏庵附近的梨园义地,由北京戏曲学校和北京十五中学分别购用。戏曲学校购用西半部,十五中学购用东半部，所有地内坟墓应在定期内进行迁移。为此北京市国剧公会特成立迁坟委员会，1952年9月12日，召开了由全体会员参加的迁坟紧急会议，推举并成立了以沈玉斌、于永利为首的"迁坟委员会"，钱元通、贯盛吉、毛盛荣、刘砚芳、慈永胜、陈少霖等人为迁坟委员会委员，不久，安葬于安苏湖梨园义地的骸骨全部迁往南苑"集贤村"公墓。

郝寿臣先生自担任北京戏曲学校校长之后，尽管年事已高，还要忙于教务教学，但是对于社会公益性质的活动和演出，他从不拒绝。笔者家藏1951年元月19日北京市国剧公会关于梅兰芳剧团救济同业孤寒义演事召开的委员会议签到簿和会议记录。郝寿臣先生不仅出席了会议，而且接受了演出的约请。会议记录较详细记录了主席报告的内容，文字不多照录于兹：

关于救济同业义演事项，本会已酝酿多日，目下年关已届，会中经费支绌并有补助教育事件。现值梅先生在京一本一往精神，经本会一再与梅先生商榷，并将以上急需事项及义地购置事项一一报告。梅先生甚表赞同，认为本会欠额救济同业补助教育及购置义地等皆须年前办理，至于补助教育一项，乃叶盛章先生提倡，因琉璃厂建青小学将来因本会补助扩充，会员子弟皆可免费入学。昨与梅先生商洽结果，梅先生虽在病中，愿勉强演出计三场，所得费款，会中分十分之三，

同业十分之三；教育十分之二；上海同业十分之二。本次召开会议，请各行科代表对于开销与分配发表意见，以便决定此次义演，并请有谭、郝、于、贯诸先生加入剧目，另单传阅。

这份记录中提到的"谭"，是谭富英先生，他在三天的义演中只参加了第二天的演出，演出的剧目是《大团圆·御碑亭·金榜乐》，同台主要演员有：王少亭、梅兰芳、陈永玲、萧长华、姜妙香、朱今琴、耿世华。"郝"即郝寿臣先生。"于"即于连泉先生，他的艺名筱翠花；"贯"，是贯盛吉先生。

三天的义演，郝先生参加了第一天和第三天的演出。第一天演出的剧目是《战宛城》，同台演出的主要演员有：傅德威、詹世甫、朱今琴、黄元庆、筱翠花、贾世珍、张世年。第三天演出的剧目是《普球山》，同台演出的演员是张蝶芬和萧长华。之后，郝寿臣先生还参加了几次演出，分别是：五十年代初春夏之交，在北京市委小礼堂为毛泽东主席演出《醉打山门》。谢绝舞台多年的郝先生，为此剃去了长髯，从袁世海那里借来早已转给袁世海的行头，并请来萧长华老先生，到他的家里一起说戏。那天的演出共三出，开场是吴素秋、贯盛习的《游龙戏凤》，压轴是郝先生和萧先生的《醉打山门》，大轴是李少春、袁世海的《连环套》。那一天，毛主席在彭真同志陪同下观看了演出，《醉打山门》一剧郝、萧二老已多年不演了，毛主席也多

郝寿臣先生在《醉打山门》中饰演鲁智深

年不看了，演得很认真，看的也很认真。《醉打山门》演完卸妆后，毛主席特别请了两位老先生到前台来，坐在他和彭真同志中间，陪着看《连环套》。

自此之后郝寿臣先生的另一次演出是抗美援朝后，北京戏曲界举行义演时，郝先生主动地要求，演了一次《李七长亭》。1955年，十大元帅授勋时，在怀仁堂又演了一次《龙凤呈祥》，戏中梅兰芳先生和程砚秋先生分饰孙尚香，马连良饰乔玄，谭富英饰刘备，李少春饰赵云，裘盛戎饰孙权，李多奎饰国太，叶盛兰

饰周瑜，萧长华饰乔福，郝先生饰张飞。

1956年9月1日，农历丙申年七月廿七日：北京市京剧界为成立"北京市京剧工作者联合会"举行义演，四天的义演活动，在第一天和第四天演出的《八蜡庙》中，郝寿臣先生饰演金大力。

郝寿臣先生之居宅在前门外奋章大院（原名粪场大院）。布置异常精雅，四座悬名人书画及本人之各种化妆造像，琳琅满室，美不胜收。造访其庐，如入书香世第，不经道破，决不知其为雄赳赳气昂昂先生甋觚之一净角也。郝寿臣为人忠厚俭德朴实，性豪爽，有古君子风，对友诚笃言而有信，同行有邀其合伙者，必须先交钱，而后登台，否则宁闲而弗就，谓人曰：我生平不愿讨人便宜，亦不愿叫人来讨我便宜，与其麻烦其后，不如铁面于前。其生性率直类如此。"寿臣系基督教徒，幼习德文，操德语极娴熟，虽荒废已久，但普通酬酢语尚能应对如流，此亦寿臣之一特长也。其子少臣，亢直绝肖乃父，燕京大学中学部毕业后，寿臣令其入协和学习西医，至于皮黄一道，不特寿臣不愿乃子传其衣钵也。"〔《戏剧月刊·鞠部腠志》（梅花馆主）〕

郝寿臣先生一生从事净行的演出与教学研究，他与生行中的谭鑫培、旦行中的王瑶卿、丑行中的萧长华一样堪称我国京剧事业承前启后的一代宗师，在京剧史上留下了光辉的一页。

杭子和（1887-1967）京剧鼓师。早年曾拜以打昆曲戏著称的名鼓师沈宝钧为师。青年时期，一度在同仁堂药店的戏社中打鼓，后参加著名的戏曲票房"春阳友会"。杭子和会戏甚多，文武昆乱，均极擅长。早年为武生沈华轩和武旦阎岚秋打武戏；后又为老生王凤卿掌鼓板多年，也曾与梅兰芳合作。1918年前后，开始为老生余叔岩打鼓，直至余氏息影剧坛。

杭子和对「余派」和「杨派」形成的贡献

"学广才深，博古通今。鲁潍名家，全国驰骋"。这是著名京剧鼓师杭子和先生为谭资九所书赞誉之词。作为鼓师的杭子和，以在早期成就了余叔岩，晚年成就了杨宝森而闻名于京剧界。纵观杭先生司琴生涯，他特别对谭（鑫培）派艺术钻研甚深，对余（叔岩）派、杨（宝森）派艺术的形成贡献颇大。

杭子和原名学均，北京人，在旗，光绪十三年生，幼拜鼓师沈宝钧为师，十二岁时已能司鼓打戏。十五岁的时候，杭子和入华夏正声票房，以司鼓板眼准，尺寸稳，在伶、票两界小有名气。次年，他年满十六岁，作正式鼓师。在全面继承沈宝钧司鼓技艺的同时，他还得到京剧鼓师李五（李奎林）、刘顺（刘长顺）及琴师梅雨田、孙佐臣、陈彦衡等的教益。杭先生先为武生沈华轩、武旦阎岚秋（九阵风）打武戏，后为老生王凤卿司鼓多年。王凤卿是著名京剧演员、戏曲教育家王瑶

杭子和（前排右）与韩慎先（前排中）、周子厚（前排左）；杨宝忠（后排右）、谭资九（后排左）诸友合影

杭子和

学广才深
博古通今
鲁潍名家
全国驰骋

六一年十月 杭子和

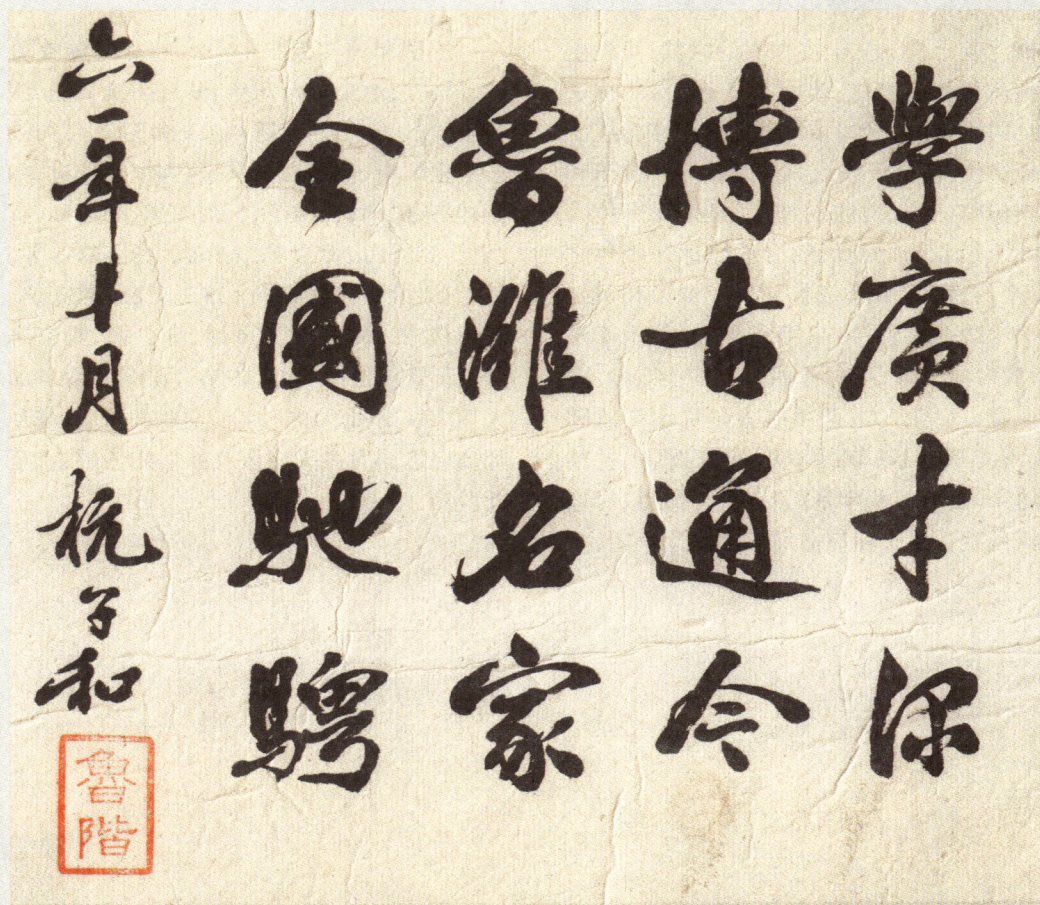

杭子和为谭资九题字手迹　15.5cm×16.5cm

卿先生的弟弟，著名琴师王少卿的父亲，以"汪派"老生著称，曾与其兄王瑶卿同被录为"内廷供奉"在清宫演出，后来王凤卿长期与梅兰芳合作。继王凤卿之后，杭先生曾一度为梅兰芳司鼓。三十岁左右的时候，杭先生为余叔岩先生打鼓，当时有人评价说，杭子和是同鲍桂山齐名的鼓界妙手，鲍桂山成就了杨小楼，而杭子和成就了余叔岩。杭子和和李佩卿（余叔岩前期琴师）是余派声腔的绿叶，余叔岩同他俩的合作长达二十年之久，余传世的"十八张半"唱片，杭子和司鼓的唱段达一大半。余叔岩倚重杭子和及李佩卿，视为两大得力助手。杭子和演奏鼓板，古朴典雅，简练大方；两手腕力匀称而浑厚圆足。他掌握鼓板，节奏鲜明、准确、紧凑，并饱含韵味，使唱腔和琴音浑然一体。余叔岩息影舞台后，杭子和应邀加入宝华京剧团，为

杨宝森司鼓。杭子和晚年耳聋失听，打鼓全凭原有记忆和临场揣摩，居然丝毫不爽，可见他与杨氏的默契合作，已到出神入化地步。

杭子和演奏鼓板的另一特点是能充分调动场面，渲染舞台情绪，掌握表演节奏，深受不同行当、不同流派演员的欢迎。在司鼓艺术生涯中，他同很多名家、大家合作过，如汪桂芬、田雨农、瑞德宝、刘鸿昇、德珺如、黄润甫、金秀山、龚云甫、王凤卿、杨宝森等等。凡谭派、余派老生演员，如王又宸、谭富英、夏山楼主、孟小冬、王少楼、陈少霖、杨宝忠等人都曾邀他伴奏过。1956年随杨宝森参加天津市京剧团。1957年杨宝森病逝后，与琴师杨宝忠同时去天津市戏曲学校任教，直至逝世。

欧阳予倩——
给京剧注入新鲜血液的人

欧阳予倩是中国话剧奠基人之一。学识渊博的他多才多艺，编、导、演兼长，一生驰骋转战于话剧、京剧、电影诸舞台，主办过中国第一所培养京剧演员的学校，被田汉誉为"中国传统戏曲和现代话剧之间的一座典型的金桥"。他一生创作颇丰，编写过 40 余部话剧，导演过 50 余台话剧，创作改编和修改过的戏曲剧本不下 50 部，其作品与时代脉搏息息相关。

欧阳予倩是湖南浏阳人，他的祖父欧阳中鹄是谭嗣同的老师。欧阳予倩从小就随祖父饱读诗书。十五岁时，欧阳予倩东渡日本求学，1908 年春，欧阳予倩在日本观看了李叔同演的话剧《茶花女》，惊奇地发现"戏剧原来有这样一种表

1909 年欧阳予倩二十岁在广西

欧阳予倩(1889-1962) 戏剧艺术家、戏剧教育家，原名立袁，号南杰，湖南浏阳人。1904年赴日本留学；期间，参加了"春柳社"，是主要演员之一。1911年回国。1912年，与陆镜若、马绛士、吴我尊等组织"新剧同志会"、"春柳剧场"等，倡导新剧运动，并编演京剧。1919年，开始担任"南通伶工学社"主任，从事戏剧教育。1926年，参加南国社，并在民新影片公司从事影片的编剧和导演。从1929年到1931年，主持广东戏剧研究所，同时从事话剧创作。抗日战争时期，任广西艺术馆长。中华人民共和国成立后，任中央戏剧学院院长、中国文联副主席及中国舞协主席。著作有：回忆录《自我演剧以来》、《电影半路出家》、论文集《予倩论剧》、《一得余抄》及《忠王李秀成》、《桃花扇》、《黑奴恨》等剧本二十余部。

现办法"，于是加入春柳社并频频粉墨登场，回国后他积极参加话剧团体活动，编导演出了数十部话剧，成为中国话剧运动的奠基者、开拓者之一。

欧阳予倩最感兴趣的是京剧，曾请益于青衣小喜禄、汪梦花和陈祥云。欧阳予倩先生对于字韵一向极为重视。他在《我怎样学会了演京剧》(见欧阳予倩《一得余抄》第155页)中说到："念白先要读准字音，第一弄清'出字归音'。分清尖、团。辨别阴、阳。此外还要练'喷口'，练'喷口'就要练嘴劲。每个字从嘴里出去，就好比枪子从枪膛里挤出去一样。每天必吊嗓子，从无间断。唱完几段之后就练念白。……一遍一遍的念，一个字一个字的研究。觉得有点儿不顺，便从头再来。……"那时候，欧阳予倩每天清早起身练嗓子，寒暑不辍，并于1915年成为正式京剧演员。从此，他粉墨春秋十余载，经常与周信芳、盖叫天同台演出，唱做俱精，一度与京剧大师梅兰芳以"北梅南欧"齐名。还曾一度应张季直先生的邀请，和梅兰芳同赴南通演剧，一经海报登出，轰动一时，并主持南通伶工学社。

他不是个单纯的京剧演员，很多剧目是自编自演，严格地说，他是个很出色的戏剧作家。他在革命思潮的影响下，对戏曲进行改革的尝试。他首先和上海京剧界的复古主义、商业化倾向进行了激烈的斗争。在斗争过程中，他提出反对大包银制、反对不要剧

本的提纲戏，反对机关布景等主张。同时，他还在南通创办了"伶工学社"和"更俗剧场"。在这里，不仅首次废除了科班学艺的体罚，还为伶工们增开了文化课，明确提出办伶校目的是"为社会效力，并非私人僮养"。在这个时期里，他编演了很多新戏，像从《红楼梦》取材的《鸳鸯剑》、《馒头庵》、《黛玉焚稿》等，从各种小说和历史故事取材的《潘金莲》、《杨贵妃》、《申屠氏》等都是专为旧时代妇女鸣不平，暴露封建社会的罪恶的戏。尤以《潘金莲》一剧，把潘氏作为一个叛逆的被压迫的女性来描写，给多少年来作为反面人物出现在世人面前的"淫妇"翻了案，成为正面人物。这就给京剧内容注入了新的血液，又在旦角的表演艺术上开辟了细腻、灵活的新风格。这些大胆的改革和新颖的创造，在京剧史上留下了不可磨灭的业绩。欧阳予倩先生自编自导的京剧中，最为著名的还有《晚霞》、《宝蟾送酒》、《鸳鸯剑》、《鸳鸯剪发》、《王熙凤大闹宁国府》、《摔玉请罪》、《卧薪尝胆》、《青梅》、《仇大娘》、《嫦娥》、《人面桃花》、《哀鸿泪》、《最后知依心》，大都取材于《红楼梦》、《聊斋》、《今古奇观》等。

特别要提出的是欧阳予倩先生1920年编写并演出的《人面桃花》一剧。这一出京剧是欧阳予倩先生根据唐朝孟棨《本事诗》中的崔护觅浆的故事编写的，1955年，欧阳予倩先生又对剧本作了部分修订，并从唱腔到表演各方面加以精心设计，给中国京剧院三

欧阳予倩先生在上海沦陷时（1937年冬）所作《桃花扇》京剧本的初稿，曾经修改后以桂剧的形式公演于桂林

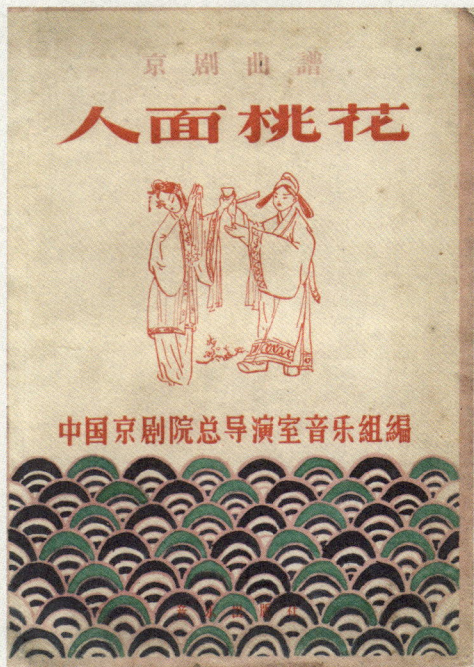

欧阳予倩先生编写的京剧《人面桃花》自排演以来成为中国京剧院经常上演的剧目之一

团排演出来，之后，成为中国京剧院经常上演的剧目之一。

在话剧、京剧界声誉正隆时，欧阳予倩突然投身电影界并迅速脱颖而出，赵丹、谢添等一位位光彩四射的明星，就是通过他的剧本和导筒走向银幕而为大众所喜闻乐见。他编导的《三年以后》、《天涯歌女》等无声影片，举手投足，感人至深，表现了他在电影创作上的无限潜力与才华。赴欧考察回到上海后，他曾应邀编导了第一部有声片《新桃花扇》，片中许多精彩对白在广大知识分子中引起强烈共鸣，轰动一时。1935年，欧阳予倩进入明星电影公司后，编写和导演了《清明时节》、《小玲子》、《海棠红》等片，后又编导

欧阳予倩致力新书札　26.5cm×19cm

了讽刺喜剧片《如此繁华》，编写了《木兰从军》等剧本。如果翻开中国电影史，《关不住的春光》、《姊妹劫》、《野火春风》、《恋爱之道》、《玉洁冰清》、《三年以后》、《天涯歌女》、《新桃花扇》等等，令人叹为观止，可从中深切感受到欧阳予倩那洋溢的才情与多样的风格。特别值得一提的是，欧阳予倩对秦腔可谓偏爱有加，观看过陕西赴京演出团演出后，他曾专门撰文《秦腔〈三滴血〉和碗碗腔〈金琬钗〉》，大加赞赏，自言被秦腔所感动，并曾亲自操刀，把秦腔《韩宝英》、《软玉屏》改编成京剧。

抗日战争爆发后，欧阳予倩辗转来到桂林，并于1939年接办广西省立艺术馆，任馆长。在这个时期他创作了《忠王李秀成》和《越打越肥》等独幕讽刺小品，对"国统区"的种种怪现状进行了无情剖析。

关于这个艺术馆的情况，新中国成立后，欧阳予倩曾经写过一份详细的资料。关于写这个材料的目的，他在给一名"力新"者信中说："有些材料问广西省立艺术馆是怎样的组织，我无暇一一作答，（我已答复过三次）因此我写了这样一篇谈该馆情况的东西，以后再有同样来问的，请你们设法选抄作答。我不再详谈了。"以下是《关于广西省立艺术馆的一些情况》的全文：

广西省立艺术馆，底子是徐悲鸿（故）在桂林所筹划的美术院。徐离桂林在重庆成立了美术院，桂林的就停顿了。一九三九年秋，欧阳予倩到桂林，伪广西省政府就让欧阳接办，因省立不能称"院"，所以改名为广西省立艺术馆。由欧阳予倩任馆长，于一九四〇年春成立。馆内分音乐、美术、戏剧三个部分。戏剧部为重点，其次为美术部，音乐部最弱。戏剧部主任由欧阳予倩兼任，演的是话剧，所演的都是比较进步的剧本，从来没上演过反动的如《野玫瑰》一类的剧本。美术部由徐悲鸿的学生张安治主持，他是个艺术至上主义者。这个部除有时开一般的绘画展览会外，没有甚么积极的进步的活动，但也没有作反动的宣传。桂林疏散，张安治去重庆，此后美术部有进步分子参加，因此有进步的表现。音乐部的人员经常变动，有时搞搞合唱，有时也有器乐演奏，有时就走得只剩很少几个人。那时在桂林的音乐家工作最少，意见最多，所以艺术馆的音乐部总没有好好搞起来。只有戏剧部工作比较正常，曾演出过《心防》、《愁城记》、《长夜行》、《国家至上》、《忠王李秀成》、《天国春秋》、《日出》、《草木皆兵》等剧。

艺术馆的成员都是临时凑集的。汉口、广州沦陷以后，从各方面集中到桂林的人很多，其中搞文艺的不少，凑成个剧团并不甚难，但是流动性很大，高兴就参加，不高兴就话也不说一句走

欧阳予倩书写的《关于广西省立艺术馆的一些情况》(1-2)   26.5cm×19cm

了。当时艺术馆是给薪水的,但是人员的流动性仍然相当大。在抗战时期当那样的环境像艺术馆那样的机关也就只可能那样。甚至有的人本来到重庆、昆明或广东曲江去,路过桂林,因为缺乏旅费或其他原因不能不暂时留下,他便多方托人介绍进艺术馆当演员,过了一个时候,他能走得动了便假借种种理由告假,一去便不复返。有的人我记得他(或她)的名字,有的连名字也不记得。

更难说出是谁介绍的,几时到的,几时离开。除非最熟而又相处比较久的,很难谈其社会关系和政治面貌。十几年前的事全凭记忆,有的比较可以肯定,有的不能肯定,也是很自然的。

抗战时期的桂林是个比较特殊的地方。进步人士在那里适当地有些活动是利用桂蒋间的某些矛盾,这是相当微妙的。艺术馆在抗战时期可以办,而在胜利后欧阳予倩就不能不走,艺术馆不

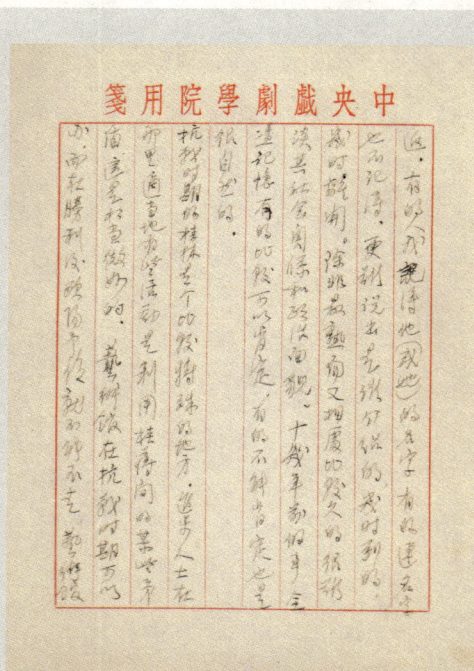

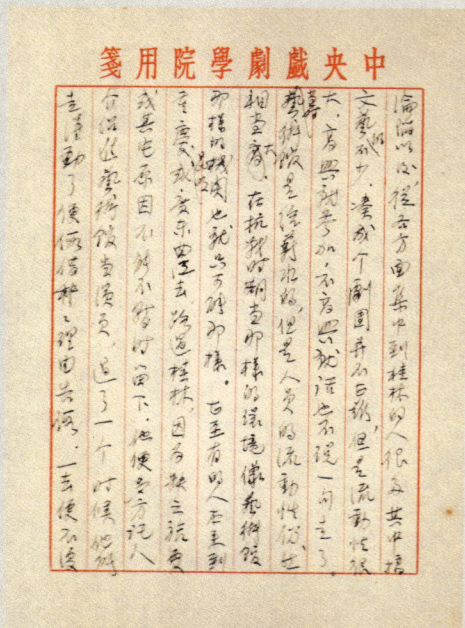

欧阳予倩书写的《关于广西省立艺术馆的一些情况》(3-4) 26.5cm×19cm

久也被停办,这都是很自然的。

艺术的成员是比较复杂的:有的是进步分子(还曾掩护过地下党员),大多数是一般的比较爱好艺术的,还有特务分子混在里面。最初发现的特务是毛露,因为他经常捣乱,又暗地联络欧阳予倩住所的房东姑娘监视欧阳。以后他走了,在重庆经常钉〔盯〕进步人士的梢。以后有人告诉欧阳,王光乃、陈光、王洪波是特务。吴剑岚据说在庐山受过训(他自己承认,但说是一般的受训),他显然是特务,此外就不知道了。

欧阳予倩疾恶如仇,抗战时曾流传欧阳予倩先生借戏讽刺汪精卫的故事。汪精卫生得一表人才,又好修饰,爱搽雪花膏,有美男之称。抗战爆发,汪精卫公开散布"抗战必亡"论,力主与日本谋和,遭到国人唾弃。1938年,欧阳予倩编导桂剧《梁红玉》,他着意安排台词,借剧中人投金汉奸王智的念白讽刺汪精卫。这段念白是:"天子重英豪,文章教尔曹。要想高官做,多搽雪花膏。"皖南事变后,国民党再次掀起反共高潮,新桂系文禁森严,成立"广西图书杂志出版审查处",往往以"有政治色彩"刁难进步人士。欧阳予倩在改编桂剧《桃花扇》时,专门让剧中两个小人物上场插科打诨:"新书出卖,新书出卖,你爱写,我爱卖。他有书出版,我有钱进袋。人家说有色彩,我也不赖,我也不赖!"以此讥讽特务文审官。

新中国成立后,欧阳予倩先生出任中央戏剧学院首任院长,并曾任中国文联副主席、中国戏剧家协会副主席和中国舞蹈家协会主席等职,功绩卓著,享有盛誉。

予倩先生能诗,曾名列南社;书法亦精,尤擅行书。他曾藏有谭嗣同写给他祖父中鹄的尺牍凡21通,临终前捐赠给国家。

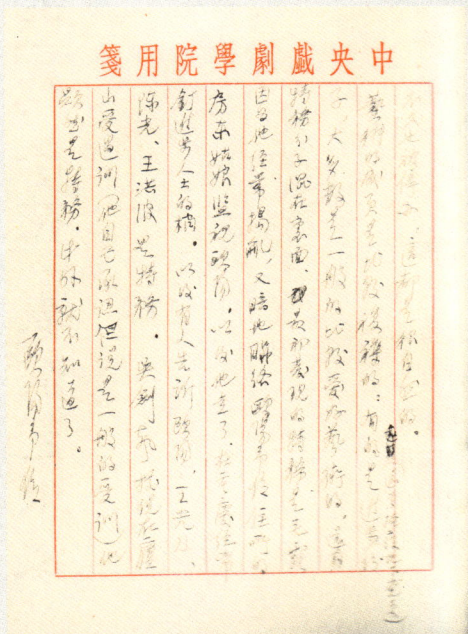

欧阳予倩书写的《关于广西省立艺术馆的一些情况》(5) 26.5cm×19cm

侯喜瑞（1892-1983）京剧演员，工架子花脸。回族。原籍河北衡水。十一岁入喜连成科班，为该社最早成名的八大弟子之一，曾从李寿山学梆子老生，从萧长华、韩乐卿学京剧，后拜名净黄润甫为师，得其真传。融合各家之长，形成自己的独特风格，世称侯派。他在表演上注重形式美，矫健、细腻、唱念口劲严紧、字韵准确，常用炸音、沙音、立音，讲究顿挫。武功精湛，身段利落。他利用长腰、立腰等以弥补身材瘦小之不足。他的脸谱形象生动，尤以细致见称，自成一家。他晚年执教于中国戏曲学院和北京戏曲学校等艺术院校，"文革"期间备

侯喜瑞——纯粹的"架子花"表演艺术家

关于京剧各行角色：生、旦、净、末、丑的分法，主要是根据剧中人的性别、性格、年龄以及某些特征来分的。"生"是扮演男性角色的，"旦"为扮演女性角色的，"净"是扮演性情粗犷豪迈男性角色的，"丑"是扮演被讽刺，或有风趣的，或一些市井小人物的。至于"末"行，则往往附属在生行之中，如《青风亭》的张元秀即由末扮演的。这或许离题远了，还是说"净"吧。"净"俗称花脸。以面部化妆运用各种色彩和图案勾勒脸谱为突出标志，扮演性格、气质、相貌上有特异之点的男性角色。或粗犷豪迈，或刚烈耿直，或阴险毒辣，或鲁莽诚朴。演唱声音洪亮宽阔，动作大开大阖、顿挫鲜明，为戏曲舞台上风格独特的性格造型。据说此行当是从宋杂剧副净演变而来的。"花部"兴起后，净扮演的人物范围不断扩大。净行根据角色性格、身份的不同，划分为若干专行，表演上各有特色。细分大致分为四种：大花脸，又名铜锤花脸，也叫正净、大面。扮演剧中地位较高、举止稳重的人物。多为朝廷重臣，故造型上以气度恢弘取胜。表演上重唱工，唱念及做派要求雄浑、凝重。如《二进宫》中的徐延昭。二花脸，又称副净，架子花脸、二面。大都扮演勇猛豪爽的正面人物，以做工为主，重身段工架，唱念中有时夹有炸音，以表现特定人物的威势和性格上的刚烈。一些勾白脸的奸臣，也属二花脸的范围。武二花，又称武净，摔打花脸。以跌扑摔打为主，不重唱、念。油花脸，俗称毛净。多用垫胸、假臀等塑形扎扮，以形象奇特笨重、舞蹈身段粗犷为其主要特点。有时用喷火、耍牙等特技。有名的鬼魂形象钟馗，在中国戏曲舞台上就是扎扮造型，非常独特。不过，新中国成立后，这种角色在舞台上已不多见了。

本文介绍的侯喜瑞先生就是早年梨园界著名"架子花脸"。侯先生是民国以来我国京剧界净行里最有成就的演员之一，其他几位分别是金少山、郝寿臣和裘盛戎。按辈分和

艺术造诣，侯喜瑞先生排在郝后，裘前。

　　侯喜瑞原籍河北衡水。为清真古教人，出身寒门，幼年丧母，迫于生计，九岁时入"喜连成"科班学艺，为该社最早成名的八大弟子之一，曾从李寿山学"梆子老生"，后从名丑萧长华学"小花脸"，最后专工"架子花"，十五岁出科，在喜连成搭班演出。十九岁托人说情，递门生帖拜名净黄润甫（满族人，世称"黄三"，票友下海者，时有"活曹操"之称。）为师，得其三昧，自能青出于蓝而胜于蓝，逐渐形成了自家的艺术风格。他在表演上注重形式美，矫健、细腻、唱念口劲严紧、字韵准确，常用炸音、沙音、立音，讲究顿挫。武功精湛，身段利落。他利用长腰、立腰等以弥补身材瘦小之不足。他的脸谱形象生动，尤以细致见称，自成一家。最终创出了与金少山、郝寿臣三派鼎足而立的"侯派"。其所演之《长坂坡》、《阳平关》、《战宛城》等曹受迫害。弟子有马崇仁、尚长荣、袁国林等。有名的形象有《战宛城》中的曹操、《取洛阳》中的马武、《连环套》中的窦尔敦、《法门寺》中的刘瑾、《清风寨》中的李逵等。他又擅演重要配角，如《回荆州》中的张飞、《失街亭》中的马谡、《群英会》中的黄盖等。他在《朱痕记》里饰的李仁、《荒山泪》里饰的杨德胜，均极尽绿叶牡丹之致。著有《学戏和演戏》。

侯喜瑞参加演出《三岔口》、《甘露寺》、《王春娥》等戏之开销单　15cm×37.5cm

侯喜瑞在《群英会》中饰演曹操

操戏,表演各具特色,塑造人物形象有血有肉,因被观众誉为"活曹操"。

侯喜瑞能演之剧目甚多,除《群英会》、《长坂坡》、《阳平关》中的曹操以外,《取洛阳》中的马武,《宝莲灯》中的秦灿,《清风寨》、《丁甲山》中的李逵,《开山府》中的严嵩,《法门寺》中的刘瑾,《下河东》中的欧阳芳等,都是他的拿手杰作;他与杨小楼合作演出的《连环套》、《野猪林》,与梅兰芳合演的《宇宙锋》、《太真外传》,与高庆奎合演的

《七擒孟获》、《哭秦庭》等剧,更是珠联璧合,并早已成为绝响。他又擅演重要配角,如《回荆州》中的张飞、《失街亭》中的马谡、《群英会》中的黄盖等。他在《朱痕记》里饰的李仁,《荒山泪》里饰的杨德胜,均极尽绿叶牡丹之致。侯派剧目中有大段唱功的不多,仅《坐寨·盗马》等数出,大部分剧目均属于念、做并重者。

侯喜瑞先生不仅认真对待艺术,做人做事也是有理儿,有面儿,有分寸,是位君子。

在京剧界流传着许多有关侯先生做人做事的故事,其中一则如下:

刚刚十九岁的侯喜瑞在喜连成搭班效力的时候,一天随班去应某王府的堂会戏,可巧两位王爷都点钱金福的活,一个要听他的煞神,一个要听他的马谡,而钱先生怕赶场不及,便把马谡让给了侯喜瑞,侯喜瑞圆满唱完马谡,便找到俞大老板说:"我既然替了钱先生的活,那么就该领钱先生的戏份"。当时气得俞振庭心里直骂"好你个小子"。可侯喜瑞领完钱并没有装入自己的腰包,而是亲自送到了钱家。俞大老板知道真情后,很赞扬侯喜瑞的做法,于是便带他去东来顺吃饭,饭后又领着他到了一家成衣店,指着挂满的大褂说:"小子,拣好的挑,我送你,你做的对!"

侯喜瑞爱"赶场"是出了名的,盖因其"戏路"太宽且艺术精湛所使然。凡名角粉墨

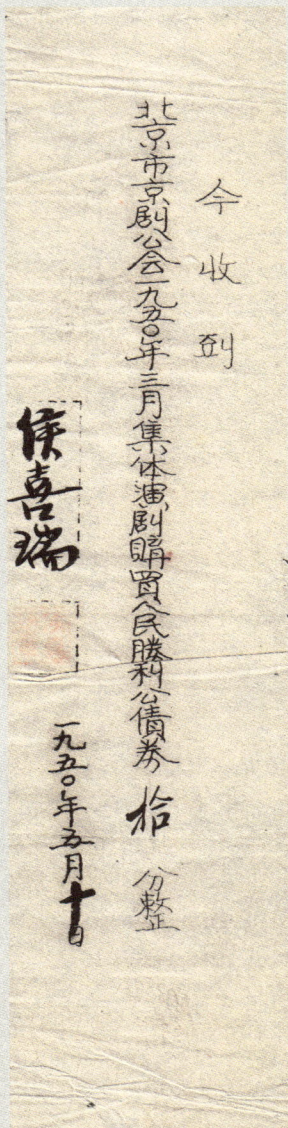

侯喜瑞购人民胜利公债收据

27cm×7cm

登场无不约他,而他则是有求而必应,从来不"拿糖"(北京土语,言乘机讲条件而不肯轻易去做),日夜连演两场甚至三场戏,对侯喜瑞来说乃司空见惯。因此,他拥有的观众,其数量之广大而令其他名角望尘莫及。

侯喜瑞热衷于慈善事业,对于各类的义演他一准儿积极参加。不仅如此他还爱施舍。他因终年赶场而所拿"戏份"甚多,却视财如敝屣,或赠之穷人,或捐之义学,或舍之粥厂,泽被天下寒士,广积阴德,此或其长寿之道耶?

在京剧界侯先生算得上是高寿之人,享年九十一岁。一方面与他一生坚持练功有关,侯先生年轻的时候即立下了"宁可筋长一寸,不许肉厚一分"的誓言,每日坚持五更起身,步行天坛南墙根下喊嗓子、念话白、打拳、练剑、翻跟头,风雪无阻,此等锲而不舍之精神,不仅使他练就了过硬的舞台功夫,而且锻炼出一副硬朗的身子骨。另一方面与他豁达的性格更有关系。侯喜瑞爱"耍钱"(北京土语,指赌博),无论"推牌九"还是打麻将,只要往牌桌旁一坐,便雷打不动;甚至散了戏连彩裤都没脱,便一头扎进牌友里,又打牌又聊戏,混杂于三教九流之中,打哈哈说笑话,十足的乐天派,而输赢则置之度外。

侯先生晚年执教于中国戏曲学院和北京戏曲学校等艺术院校,"文革"期间备受迫害。位于崇文门外手帕胡同的侯喜瑞住宅,于十年浩劫之初几被踏为平地,其女儿死于非命,而时年七十五岁的侯喜瑞居然虎口余生。曾为距住处不远的千芝堂老药铺座上客,聊天以遣闷。1983年,一代名净以九十一高龄无疾而终。

"姜派"是京剧武小生代表流派,由著名京剧表演艺术家姜妙香先生所创。姜妙香先生兼收并蓄,博采众长,刻苦钻研,努力创新,呕心沥血地创造了许多优美动听的小生唱腔及多种新颖别致的唱法,特色鲜明,耐人寻味,形成了脍炙人口的"姜派"。

姜妙香,名汶,字慧波,祖籍直隶省河间府(今河北省沧州地区)献县人,生于北京。父亲姜俪云,乃四喜班的旦角演员,中年以后专以教戏为业,他的弟子有孙藕香、诸如香等,均以"香"字排名,因而他给儿子也取了个艺名"妙香"。妙香先生之母陈氏,是著名昆曲世家陈金雀的孙女,通音律。姜妙香幼时从谢双寿先生学唱青衫,嗓音清脆,貌亦俊秀,童年时就能演《彩楼配》、《三娘教子》等戏。之后又从田宝林为师学昆曲,能演《百花赠剑》、《鹊桥密誓》等戏。九岁那年,姜妙香正式唱戏,他嗓子好,会戏较多,而且身材较高,十一岁搭入宝胜和班演出《落花园》、《孝义节》、《彩楼配》等唱功戏,开始了他的舞台生涯。由于他嗓音嘹亮、气力充沛、口齿清晰引起观众注意,他又像陈德霖、茹莱卿学了很多昆曲和皮黄戏,特别是唱法和念法上大有进步,讲究轻重缓疾,刚柔相济,四声尖团,音润吞吐等等。他按照老师的教诲勤奋锻炼,一丝不苟,不仅在唱青衣时得到发挥,改唱小生后在革新唱法上也起了重要作用。他在王瑶卿因嗓音关系极少演出,而王蕙芳、梅兰芳尚未成名之时,脱颖而出,大获好评,十六岁的姜妙香与王凤卿、刘鸿昇一同加入著名演员田际云所组的玉成班。他与王凤卿合演《武昭关》、《南天门》、《战蒲关》等生旦对儿戏,与王凤卿、刘鸿昇合演《大保国》、《二进宫》都十分叫座。姜妙香的嗓子好,能连唱两个小时都不觉吃力,因此而赢得"姜八刻"的美誉。但不久,因演戏劳累过度,患咯血症,嗓音未能恢复,演唱青衣戏难以胜任,遂改小生。

姜妙香
和他所创的京剧武生代表流派

姜妙香

憂梨清音

一九六二年秋日 姜妙香

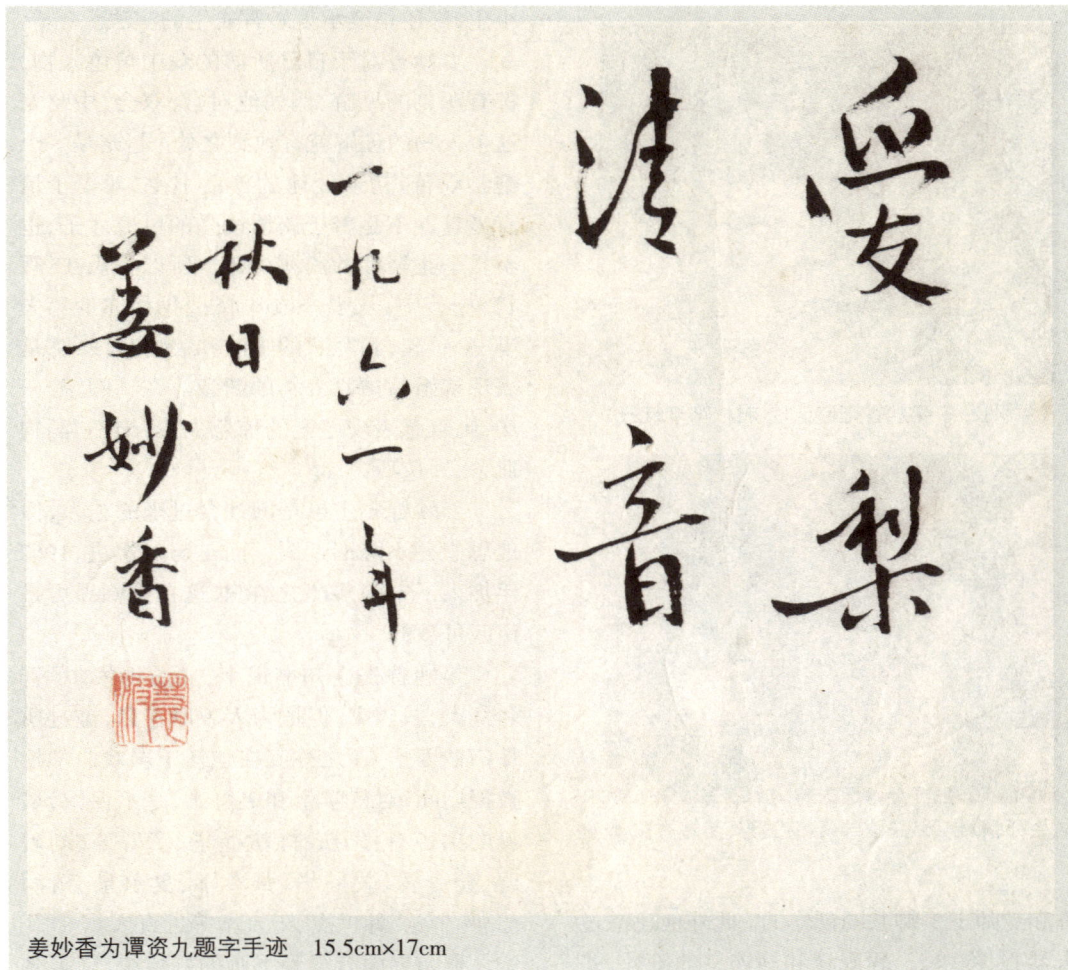

姜妙香为谭资九题字手迹　15.5cm×17cm

姜妙香（1890-1972）名汶，字慧波。原籍直隶（河北省）河间府，生于北京。父亲姜俪云是四喜班的旦角演员。他幼从谢双寿、田宝林学青衣，童年时就能演京剧《彩楼配》、《三娘教子》，昆曲《百花赠剑》、《鹊桥密誓》等戏。后又拜陈德霖为师，以演《祭江》、《祭塔》、《玉堂春》等唱功戏驰名一时。后因病嗓音转暗，遂拜冯惠林、陆杏林为师，改习小生。姜妙香是一个以唱功见长的小生，他博采众家之长，吸收了著名青衣陈德霖气口绝妙用法，勇于革新，在小生唱腔艺术上，有较多的发展创造，形成了"姜派"唱腔艺术。

　　1915 年，姜妙香与梅兰芳先生同台演出《玉堂春》，自此，梅先生每演红楼杂剧，必以妙香先生饰宝玉。自这年开始，姜妙香先生与梅兰芳先生合作达四十六年之久。梅派的全部新戏如《黛玉葬花》、《晴雯撕扇》（又名《千金一笑》）、全部《春秋配》、全部《宇宙锋》（又名《指鹿为马》）、《凤还巢》、《廉锦枫》、《生死恨》等剧目中的小生唱腔，都是由姜妙

《奇双会》中姜妙香饰赵宠 张君秋饰李桂枝

《生死恨》剧照 费穆导演 梅兰芳、姜妙香主演

香和琴师王少卿共同创作的。此外他还搭过朱琴心、徐碧云、程砚秋和马连良的班社，并参加演出一些新戏，马派戏、程派戏等剧中的小生唱段他都有新腔之作。七十岁还为《穆桂英挂帅》设计了小生唱腔。姜妙香在发展小生声腔艺术方面，承前启后，功绩卓著，受人喜爱，流传不衰。现在演梅派对儿戏的

小生，都还是继承姜妙香先生的演法。

姜妙香对于自己所演的戏中角色人物，都有深刻的见解，例如他对《奇双会》中赵宠这个人物的理解就有独到之处。赵宠是一个饱尝艰苦，初入仕途的善良书生，对妻子情真爱笃，不是善于谈情说爱的风流才子，也不是举止轻浮的浅薄少年。所以姜氏在《写状》一节中，从唱一段吹腔："我和你少年夫妻……"起，到写状的唱腔和表情身段，都是表现初婚后情真爱笃的情致。在《闯辕》一场，则着意表现赵宠的惊急失策，绝不"洒狗血"卖弄技巧。

姜妙香先生虽是旧社会过来的艺人，但他思想并不陈旧迂腐，而是与时俱进，1962年加入了中国共产党组织，这在京剧界可是区区可数的。

姜妙香先生知书识字，文质彬彬，尽管名气大，威望高，但他为人敦厚善良，谦逊质朴，有"姜圣人"之称。在他任中国戏曲学校教授期间，对待学生和蔼可亲，毫不保留，培养的弟子有：闫庆林、沈曼华、童寿苓、刘雪涛、荀令香、关韵华、张春孝、夏永泉、萧润德、叶少兰、韩世杰、于万增等近百人。

梨园界向有喜爱书画的好传统，诸多名角均擅丹青，姜妙香先生亦不例外，他酷喜绘事，曾从著名画家赵叔孺先生习画，工花卉，尤善画牡丹、菊花。姜先生为人和气，凡有人求画，他从不拒绝。他还与京剧界著名艺术大师如梅兰芳先生等合作绘画。谭富英

先生是他的女婿，翁婿也曾合作过，我们今天能够见到的多为谭富英书古人之诗，姜妙香绘牡丹花蝶。起先，我不集藏戏剧界名人书画，以致失去了很多机会，本文姜妙香先生写给谭资九的书法小品"爱梨清音"是他1961年秋所书，是我在2010年秋天在一次拍卖会上得到的。这帧书法，尺幅很小，只写了四个字，系其古稀所书，但笔墨不俗，钤一"慧波"两字的朱文印。

姜氏题字中"爱梨清音"之"梨"乃"梨园"之意。"梨园"出自《新唐书·礼乐志》："明皇既知音律，又酷爱法曲；选坐部伎子弟三百，教于梨园，声有误者，帝必觉而正之，号皇帝梨园弟子；宫女数百，亦称梨园弟子。"唐代杜甫《观公孙大娘弟子舞剑器行》诗："梨园弟子散如烟，女乐余姿映寒日。"后世称唐明皇为祖师爷，演剧的处所为"梨园"，戏剧艺人为"梨园弟子"或"梨园子弟"。

徐兰沅（1891-1967）京剧琴师。江苏苏州人。祖父徐承翰、父徐宝芳均工小生。八岁开始学戏，并经常练习琴艺。1908 年正式拜名笛师方秦为师，又从名鼓师沈宝钧习文武场面。1911 年为名旦吴彩霞操琴。后在京入四喜班、春庆社、富连成社等班社，为何桂山、刘永春等伴奏。后为谭鑫培操琴，得与名鼓师刘顺合作，进一步掌握了京剧艺术的奥秘。1921 年起为梅兰芳伴奏，曾赴日、美、苏等国及香港演出，与梅合作长达 28 年。徐兰沅的琴艺受名琴师梅雨田、孙佐臣、陆砚亭、王玉田的影响，熔各家之长

徐兰沅的「操琴生活」

徐兰沅先生是京剧琴师，俗称拉京胡的。他祖籍江苏，1891 年出生于北京。他出身梨园世家，祖父徐承翰，父亲徐宝芳都是唱小生的，光绪三十二年(1906)应喜连成(富连成前身)之聘，徐宝芳与花脸韩乐卿、武净范福泰(范宝亭之父)、旦角萧长荣(萧长华之兄)、花脸叶福海(叶春善之兄)、武生罗燕臣、老生王月芳、武戏汤明亮、苗广顺、场面李庆喜、梆子严耕池和李凤云共 13 人入社执教。因而徐兰沅八岁那年就开始学戏。八年之后，徐兰沅先生拜名笛师方秦、名鼓师沈宝钧为师改学文武场面，并侧重京胡，在琴艺方面得到名琴师梅雨田的指教。1911 年，徐兰沅先生成为名旦吴彩霞的琴师，后入四喜班、春庆社、富连成为何桂山、刘永春伴奏。再后来，他被谭鑫培先生请去为其操琴，直至老谭离世。之后，徐兰沅先生于 1921 年加入梅兰芳剧团，直至 1949 年，曾追随梅先生 28 年。其间，徐先生曾随梅先生赴日本、美国、苏联等国及香港演出。

徐兰沅先生之琴艺，受名家梅雨田、孙佐臣、陆砚亭、王玉田影响，融前辈各家之长，指音圆润深厚，弓法平稳严谨，节奏鲜明；配曲、伴唱、过门等都能从剧情、人物出发，慢而不温，快而不火。他还与王少卿先生合作，为梅兰芳先生新排剧目设计唱腔，创造了"反四平"、"反西皮"等旦行新腔，对京剧音乐的发展作出了贡献。所谓"四平调"也叫"平板二黄"，它的定弦、过门和二黄一样，也可以和二黄原板连接起来唱，可是唱腔的内部结构和各分句的落音，却和二黄原板不同。它的句法变化是比较复杂的，可以容纳很不规则的句子，长长短短的句法用四平调唱是比较方便的，像《贵妃醉酒》里"裴力士，啊，卿家在哪里呀，娘娘有话来问你，你若是遂得娘娘心，顺得娘娘意，我便来朝，把本奏丹墀，哎呀卿家呀，管叫你官上加官，啊，职上加职"，若用西皮二黄其他板头来唱是很困难的。四平调适合表达的情绪很多样，《贵妃

有枝无藝不算精
枝藝相合感情生
藝术表演心作用
枝巧乃是基本工
工夫练到垒难处
熟能生巧自然成
常演之戏不空演
深习炉火可纯清

兰沅

徐兰沅为谭资九题字手迹　16.5cm×21.5cm

于一炉。他操琴指音圆润浑厚，弓法平稳，尺寸严谨，节奏鲜明，托腔选字，平正大方。声音圆润中含刚劲，平稳中见俏头，慢而不温，快而不火。配曲、伴唱、过门等都能从内容、人物出发，丰富了京剧传统伴奏手法。他曾与王少卿合作为梅兰芳新排剧目设计唱腔，创造了反四平、反西皮等旦行新腔，对京剧音乐发展作出了贡献。徐兰沅晚年从事戏曲教育工作，培养了不少人才。传人很多，名琴师杜奎三、李慕良、黄天麟等都是他的入门弟子。所著《徐兰沅操琴生活》一书，是他一生的经验之谈，此书还收入了他创作的部分曲牌。

醉酒》的四平调是委婉、缠绵、流畅而华彩，《梅龙镇》、《乌龙院》的四平调，则是轻松、轻佻，比较闲散，《问樵闹府》、《天雷报》的四平调，又是激厉愤慨或苍凉的，《柳荫记》中"思兄"的四平调，则是抒情怀念的。四平调只有慢板、原版两种板头，它可以和二黄的导板、散板等一起唱。在京戏里除净角以外，其他各行角色都可以唱。"反四平"调是在正四平的基础上，个别句子临时转调的新格式，如梅兰芳先生唱的《生死恨》中"可怜我"、"棒打鸳鸯"、"幸遇着"、"当年旧债"、"纵死在黄泉死也安排"等句，即为合在正四平中的反调唱腔。"西皮"和"二黄"差不多，也有原版、慢板、快三眼、导板、散板、摇板等，西皮的唱

杨宝忠(头排左四)与徐兰沅(中持杖者)与诸名琴师合影

徐兰沅(中)、杨宝忠(右)、谭资九(左)合影,背面有谭资九题字

腔要比二黄跳跃活泼一些，在真假声的活动音域上，也就是在大小嗓之间的关系上，高低相差不是太悬殊的，唱起来要比二黄舒服得多。另外，西皮里还有二六、流水、快板，这是二黄里所没有的。"反西皮"的板类并不像反二黄那样多，它只有散板、摇板和二六等几种板头，有人也叫它为"哭板"，因为它多用在祭灵或是生死离别极悲痛的情况下。梅兰芳先生在《三娘教子》饰演的王春娥在"哭灵"时所唱即是旦角的反西皮二六。

徐兰沅先生晚年从事戏曲教育工作，培

《徐兰沅操琴生活》封面

养出许多优秀人才。名琴师杜奎三、李慕良、黄天麟等皆为其入门弟子。

徐兰沅先生历经清末到新中国，他在京剧艺术方面有着丰富的经验和深刻的体会、精湛的见解，为了继承、研究和总结传统的表演艺术，五十年代初期，北京市戏曲编导委员会曾经举办"京剧表演艺术讲座"，徐兰沅先生应邀讲《京剧音乐中的文武场》和《谈两个锣鼓牌子的用法和打法以及引子音乐的分析》。他在讲《京剧音乐中的文武场》时，开头就讲了京剧胡琴的"三准"：即耳音准、定弦准和摁字准，而这三方面主要的是耳音准。在《谈两个锣鼓牌子的用法和打法以及引子音乐的分析》这一讲中，他以通俗的语言讲授了京剧武场与京剧音乐的关系。后来，北京市戏曲编导委员会把徐先生的讲座经由唐吉先生整理由北京宝文堂书店出版。

1958 年和 1959 年，徐兰沅先生把他几十年来从事戏曲工作，继承优良传统的经验和心得口述，经唐吉先生记录整理成书，以《徐兰沅操琴生活》刊行问世。是书共二集，第一集于 1958 年完成，梅兰芳先生为是书作序，序不长，但却较为全面的概括了徐氏的操琴艺术及其他方面的艺术造诣，现照录于下：

> 徐兰沅先生是一位"六场通透"的乐师，他的胡琴伴奏，已经是举国闻名，无须介绍的了。他对培养下一代，一向是诲人不倦、知无不言的，因此他又是

北京文化局评定京剧演职员等级徐兰沅为一等

帮助。

徐先生在艺术上的卓越成就，和许多前辈对他的指点启发是分不开的，我的伯父梅雨田先生是戏曲界公认为近百年来杰出的胡琴圣手，徐先生首先就受了他的影响，得到很大的益处。

还有为谭老先生打鼓的名鼓师刘顺先生，由于经常工作在一起，徐先生也向他学习了不少东西，所以在这方面的经验和修养，也是异常丰富的。

徐先生不但精通戏曲音乐，而且熟悉梨园掌故，从他在北京人民广播电台讲戏曲的节目里，就可以看出他的见多识广、丰富多彩。

现在徐先生把他几十年来从事戏曲工作，继承优良传统的经验和心得，口述成书，刊行问世。我想，戏曲界的同志们，通过这本书，可以得到许多可贵的知识，这是一件很有意义的事。

梅兰芳 1958 年

一位具有教学才能的教师。

徐先生早年在富连成工作，二十岁后，为京剧界的杰出表演艺术家谭鑫培先生伴奏胡琴，从而熟悉了谭派的唱腔。谭先生故后，徐先生为我操琴，几十年来，我所排演的新戏，在场子的穿插、曲牌的选择、唱腔的组织上，都得到他

梅先生分几个层次叙述了徐兰沅先生艺术生涯的各个阶段，特别是他自二十岁为谭鑫培先生操琴经历和他亲历的谭鑫培之死，都富有传奇色彩，在这里不妨择录《徐兰沅操琴生活》中关于谭鑫培先生的逝世经

过。

1917 年的冬天，谭鑫培先生卧病在床，经大夫诊断需要休息，因此谭先生在这期间就闭门休养，所有演出一概谢绝。当时北京的步军统领左堂袁德亮、警察总监吴炳湘这些军阀政客们，在金鱼胡同那家王府欢迎广东督军陆荣廷，珍馐百味不能尽兴，于是通知谭鑫培先生为他们唱堂会。有病的人不能登台，便婉言谢绝。这下可恼怒了这些军阀老爷们了：一个小小的戏子，竟敢违背大老爷们的意旨！便使人再次通知谭说：如果谭愿意演，万事皆休，并且可以无条件把谭之子谭霜释放出狱（谭霜与人打官司被政府扣留）。如果不愿意演的话非但不释放谭霜，还要逮捕谭鑫培入狱。在严重的威胁与压力下，谭鑫培不

得不强作精神答应了演出。我记得很清楚：当时场面里也有两个人病了，还有一个因事出了远门，还有两个不知谭会有戏，只有我一人知道，武场是东拼西凑，结果总算凑齐了。

军阀们点了一出《洪洋洞》，实在不能唱全部，便从病房唱起。那一天谭老先生虽然在病中，可是唱得很齐整，却不料他回到后台时，竟伏在桌上晕倒了，很久才苏醒过来。自此以后，病势日见沉重，到第二年春天，约在三月里，一代艺术大师就这样阖目长逝了，享年七一岁。

徐老先生的《徐兰沅操琴生活》第二集，成书于十年国庆前夕。序言是萧长华先生写的，比梅先生的还要短，且内容大致相同，本文就不照录了。

梅兰芳（1894—1961）京剧大师。形成自己的艺术风格，世称"梅派"。代表戏京剧有《贵妃醉酒》、《霸王别姬》等；昆曲有《思凡》、《游园惊梦》等。所著论文编为《梅兰芳文集》，演出剧目编为《梅兰芳演出剧本选集》。梅派艺术传人有李世芳、张君秋、言慧珠、杜近芳、梅葆玖等。另有同名电影《梅兰芳》。

梅兰芳的戏里戏外

梅兰芳，本名澜，字畹华，又字浣华，号鹤鸣，乳名群儿。在京的斋室名"缀玉轩"，为诗人李释勘所起，取博采众家之长为一体之意。在沪居室称"梅华诗屋"，取其姓名及字而名。一八九四年旧历九月二十四日诞生于北京李铁拐斜街（今宣武区铁树斜街101号），后来迁至离此不远的百顺胡同。他的祖父梅巧玲，伯父梅雨田，父亲梅竹芬，直至他的后人梅葆玖、梅葆玥，剧艺四代相传，成为梨园佳话。1961年8月8日上午5时，梅兰芳以冠状动脉梗塞症，合并急性左心衰竭，在北京阜外医院逝世，享年六十九岁。

这个从事舞台表演五十余年的京剧表演艺术家，戏里戏外都成就非凡，所以噩耗传来，各界无不表示惋叹，而这位了不起的艺术家的死，当是戏剧界的损失。

他发病于7月30日下午，当天送入阜外医院，经心脏内科主任黄宛、协和医院内科主任张孝骞、副主任方圻、北京医院内科主任陶桓乐等会诊，其间还有北京医院中医科主

梅兰芳签名照

任龚志贤、中医研究院郭士魁也参加会诊。去世后由主治医师发表治疗经过,这在过去是没有的。

"治丧委员会"原由六十一人组成,第二天又加入了红线女、韩世昌及蔡楚生三人。刊在报上的梅兰芳最后之作,题为《春风动看昭苏遍》,末四句是:

鞠部驱驰积岁年,
新苗老树今争艳;
愿与同侪更锻炼,
踏步共登层峰巅。

中国有句老话:"三年出一个状元,三年却出不了一个戏子。"艺术人才造就之难,可以想见。梅兰芳唱好、道白好、表情好、身段好、扮相好。梅兰芳这三个字,不用说在中

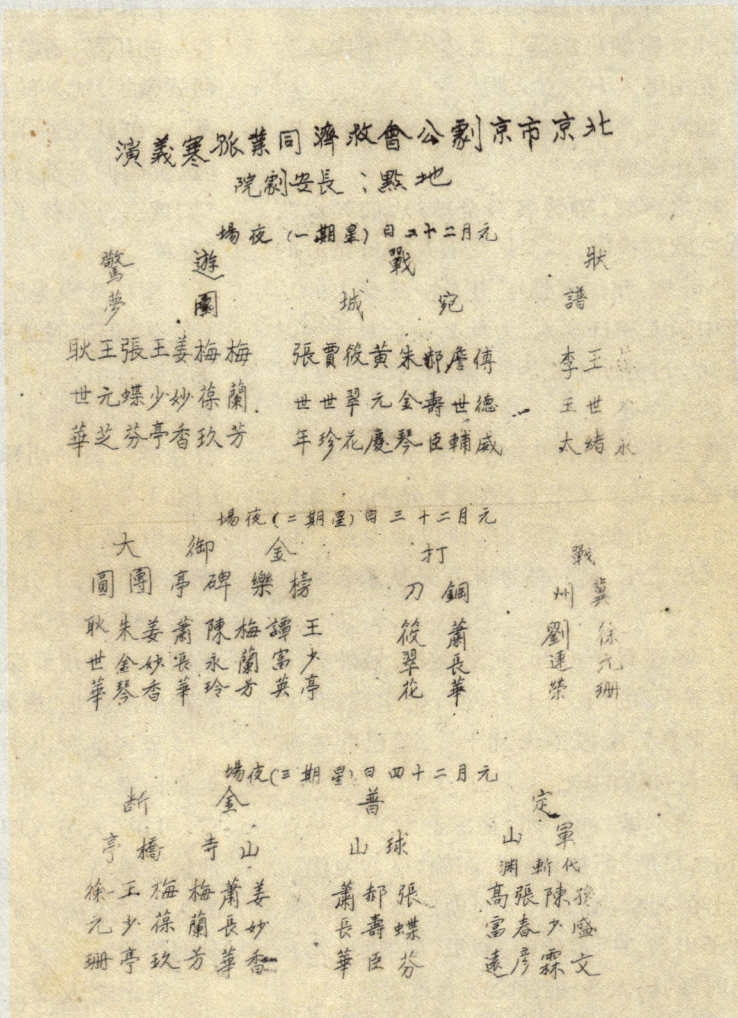

梅兰芳先生主持参加救济同业孤寒义演戏单 38cm×26cm

国戏剧史上乃至历史上也堪称不朽的了。

一个曾经看过梅剧的外国剧作家,问过著名外交家颜惠庆博士说:"你们中国人为什么要用男人来演女人呢?"

颜博士答说:"如果以女人来扮演女人,那还算什么稀奇?"

梅之声誉,确曾名满全球过,如其说西方人之欣赏梅剧,多少是受着几分好奇心的驱使,可是,我们看惯了男人扮演女人的几万万中国人和日本人,为什么独会对他加以爱慕呢?这分明不是因为"稀奇",而是他"更别有系人心处"。

梅兰芳先生才四岁时,父亲便去世了,十年之后,母亲又死了,他既无兄弟,又无姐妹,所以一小便孤苦伶仃,所以他说过:"世上的天伦之乐,有好些趣味我是从未领略过的。"

幸好还有个祖母,躬身抚养,另外有个"胡琴圣手"的伯父,七岁便开始学戏,开蒙是《玉堂春》,所以他未到十岁,就已哼着苏三那如泣如诉的幽怨旋律了。

在晚清咸、同年间,梅家在北京城便有了声名,虽然"所操者贱",而确"享名独优"。梅兰芳的祖父梅巧玲,当时便以演活泼的青年女子出名,在《渡银河》戏里,演"夜半无人私语时"的杨太真,能使全场春意盎然。

中国戏曲自宋、元以至梅巧玲之崛起,都是昆曲的天下。自元人杂剧至吴梅所搜罗的一百四十六种"清人杂剧",骚人墨客们着实绞过脑汁。至于情节的动人与唱词的娴雅,昆曲可说是已到登峰造极的程度,而其伴奏的乐器,则以笛子为主。但到了清末,昆曲式微了,代兴的是由南方北传的土戏——乱弹,也就是所谓的"黄腔"。据说:湖北黄陂、黄冈两县流行的"黄泥调",便是后来的"二黄",再杂糅了徽调、汉调便成为后来的"皮黄"。

梅巧玲原为昆旦,且能吹昆曲笛子三百套之多,但为时势所趋,他终于改业皮黄,成了京戏开山之一。不过那时梅巧玲所唱的京剧,不但词句是下里巴人,和昆曲不能比;主要伴奏乐器的胡琴,虽比笛子进步,所拉调门也十分简单。可是到了梅巧玲的儿子梅雨田手里,情形就不同了。以前胡琴调子的开板——过门,十分简单,梅雨田拉来,花样变多了,如二黄原版、西皮慢板、反二黄等等优美的过门,几乎都是梅雨田改良出来的,自然梅雨田就是"梅派胡琴"的祖师了。

辛亥革命以来,四大名旦的琴艺,几乎全是梅家一派,所以梅兰芳成为四大名旦之首,可说"天与人归",他的祖父和伯父都替他做了准备工作,集三世之大成,加上一己的天赋,"玉貌珠喉",成就了这位名伶,绝不是偶然的。

梅家之入京,当始于梅巧玲,至于他的祖籍何处,谈者各异其说。

《梨园轶闻》的著者许九野说:

梅胖子,名巧玲,字惠仙,扬州人。

此说殊不足信，扬州是烟花胜地，历来名伶都爱穿上扬州籍贯。五四运动时代，北京学人不知有何所本，硬说梅是安徽安庆人，和陈独秀、胡适是同乡，后来也不攻自破了。萝摩庵老人的《怀芳记》与齐如山君编的《梨园影事》则说梅家祖籍为江苏泰州，似较为可信。

梅巧玲是光绪八年（1882）十月去世的。而死因是"骤病心痛死"。这病现在叫——冠状动脉梗塞症。

梅巧玲有两个儿子，乳名叫大锁、二锁，大锁名竹芬，后改名雨田；二锁名肖芬。他二人子继父业，都是习旦角的。大锁年少时粉墨登场，曾被时人拟为《红楼梦》里的薛宝钗。这个大锁就是梅兰芳的伯父，后来因为倒嗓，不能再唱，而改行做琴师。

至于二锁则一直默默无闻，未及壮年便夭折了，但却养个空前绝后的佳儿梅兰芳。

据说梅巧玲重侠好义，每不惜巨金去接济那些为他捧场的寒士和同行失业的伙伴。他虽然做了四喜班头，也往往入不敷出，死时余资也不多。

在童年时代就相继死了父母的梅兰芳，家境非常贫困。但他天生丽质，又极聪明上进，所以他自十二岁取用艺名兰芳，在北京登台以后，雏凤清音，一鸣惊人。

梅先生幼年学戏的开蒙老师是吴菱仙老先生。路玉珊老先生也曾跟他说过刀马旦，茹莱卿先生跟他说过把子，王瑶卿、陈德霖二先生也教过他的戏，乔惠簖老先生是他的昆腔老师，他艺术上的伟大成就跟这些老先生们的教益也是分不开的。

作为一个演员来说，梅先生对舞台上的艺术劳动是极其严肃的，作为一个普通的人，又是非常谦虚诚恳的。据曾跟随他从事京剧艺术的人回忆，他对剧团所有的人，无论是名角儿还是一般的角儿、龙套，都是一视同仁的和睦相处。最可贵的是他非常虚心的倾听别人的意见，向他提意见的人哪怕就

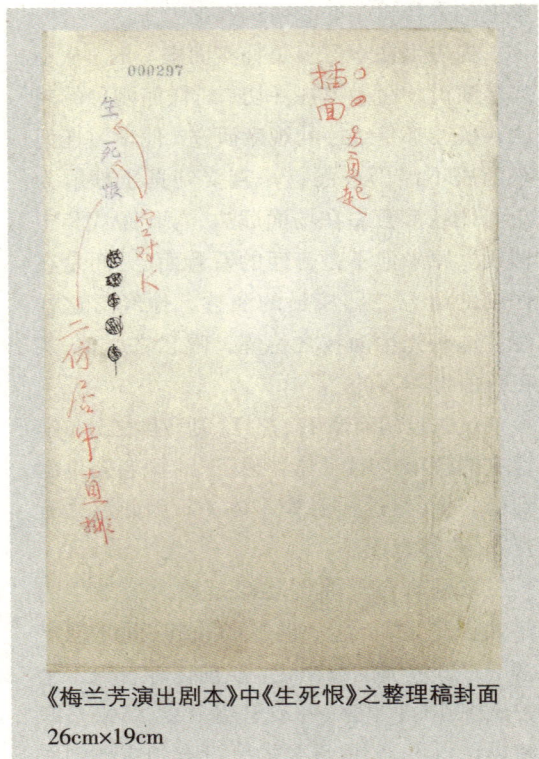

《梅兰芳演出剧本》中《生死恨》之整理稿封面
26cm×19cm

是检场的，他都虚心诚恳的听。如有人说："梅先生你那个身段表演得不好看。"他一定要说："依你的意见怎样好哩？"于是提意见的人说出自己的看法跟他研究及至第二次再演时，他一定要把经过研究的新动作带上舞台，如果反映好就充实到自己表演里去。反映不好或者不如第一次，再跟提意见的人反复磋商研究。当时剧团的人由于受了他良好品德的影响，人与人之间没有小的纠纷，因此很少发生争执。充满的是和睦空气，艺术上的合作也是非常协调和谐。

梅先生在学习上是朴实而虚心的。从不以名演员的骄傲漠视一切。对任何剧种的戏遇有机会都是细心的观摩研究。他学习任何东西决不浮于表面，一直要到真正理解为止。他经常会站在场面后边，看开锣戏和中轴戏。原来他不是普通的看看而已，而是在仔细的研究二路演员的演技，他经常这样说："这些先生演技之稳炼，唱念之严整，实在是值得学习的。"

过去旦角有青衣、花旦、刀马旦之分。唱青衣的就很少唱刀马旦，从王瑶卿老先生起到梅先生，给这些混为一体了。因此后来有青衣、花衫之说。

京剧舞台上的古装戏是梅兰芳先生的伟大创造，由于这一创造的兴起，同时也丰富了京剧表演的舞蹈化。从前田际云先生也曾试图在《斗牛宫》一戏里用古装，结果是服装设计得不美，更重要的是没有相应地创作

出适合古装舞蹈的表演身段，因此仅是昙花一现的过去了。引起梅先生创作古装戏的动机是这样的：有一次可能是陈德霖老先生做寿，一幅《麻姑献寿图》引起了梅先生的兴趣，认为古装很美，就仔细地研究，按照图上的样子设计了服装，首先在家里用一张八仙桌子放在院子里，然后穿起古装在桌上做着各种身段姿态，让大家研究，结果一致认为很好。继之以后，梅先生又研究创作了"盘舞"、"羽舞"、"剑舞"、"袖舞"。

自此古装便盛行于京剧舞台上了。他第一出创造的新戏是《牢狱鸳鸯》，接下来是《嫦娥奔月》、《天女散花》、《黛玉葬花》、《千金一笑》，跟着在唱腔上也逐渐的有创造了。当时是王瑶卿老先生帮助他研究，后来是他的琴师徐兰沅先生和王少卿先生，如二本《西施》、《洛神》、《廉锦枫》、《红线盗盒》、《三娘教子》、《宇宙锋》、《春灯谜》，四本《太真外传》、《生死恨》，这些戏的唱腔与曲牌的穿插都是梅先生与徐兰沅、王少卿二位先生研究创作的。

梅先生的嗓子清脆得犹如山涧流泉、出谷的黄莺。在唱功上他有极深的修养，凡一句唱腔的起落以及行腔都严格的讲求自然大方不做作，即使是唱腔上的一字一音都丝毫不苟。由于他行腔有分寸，该行则行，不该行则不滥行，唱一句、行一腔都是经过仔细揣摩，因此人们有这样佳誉说"梅先生唱戏，从无歪腔邪调"。

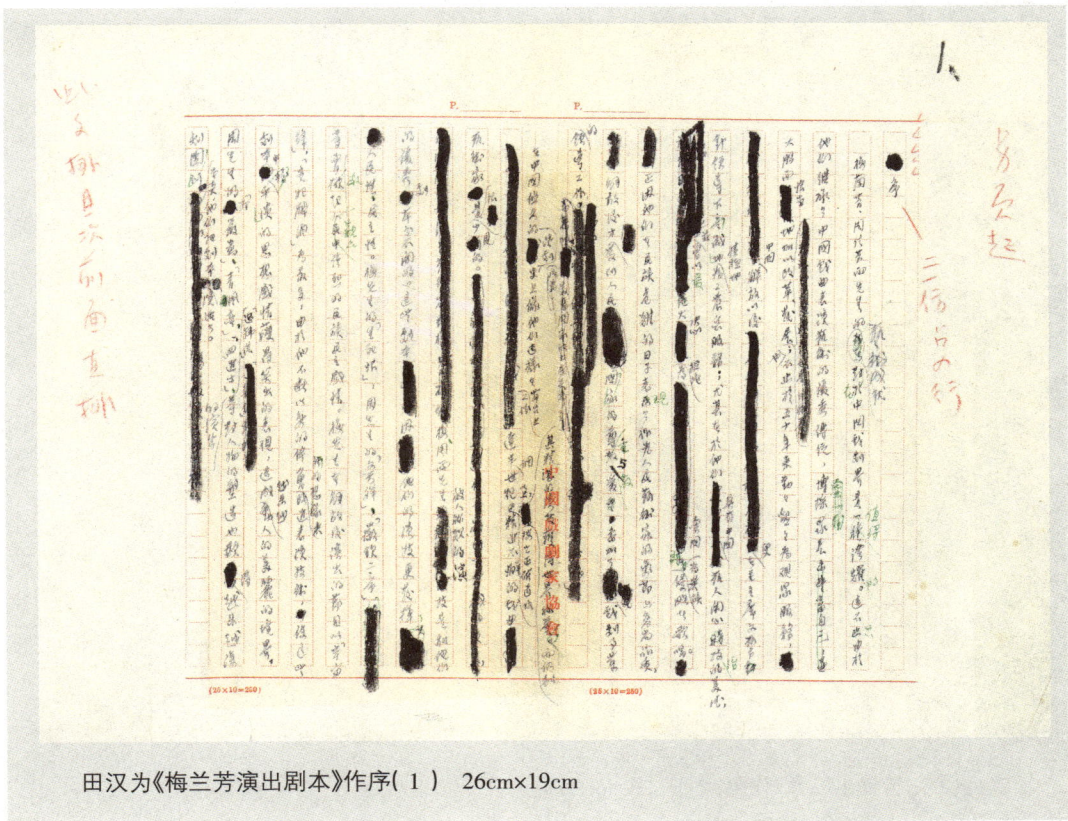

田汉为《梅兰芳演出剧本》作序（1） 26cm×19cm

在表演上，梅先生的最大的优点是人物性格刻画深刻，能引起观众对戏剧中人物身世的共鸣。

他演《黛玉葬花》，忧郁的身段加上悲凉的反调，凄楚哀怨极了。一个多愁善感的有着飘零身世的林黛玉被演绎得栩栩如生。

他演闹剧也是同样的使人敬服，如昆腔戏《春香闹学》，他能很巧妙地创造出一个顽皮的小姑娘天真活泼逗人喜爱的形象。

他还演过时装戏，如《一缕麻》《邓霞姑》，由于他掌握人物的性格，善于从历史的真实生活出发，体会人物的思想感情细致入微，因此各种类型的人物形象，经过他的塑造后都是鲜活无比。

京剧表演技巧讲究台步要方正，每一步都要节奏鲜明。演员在舞台上转弯，回身要

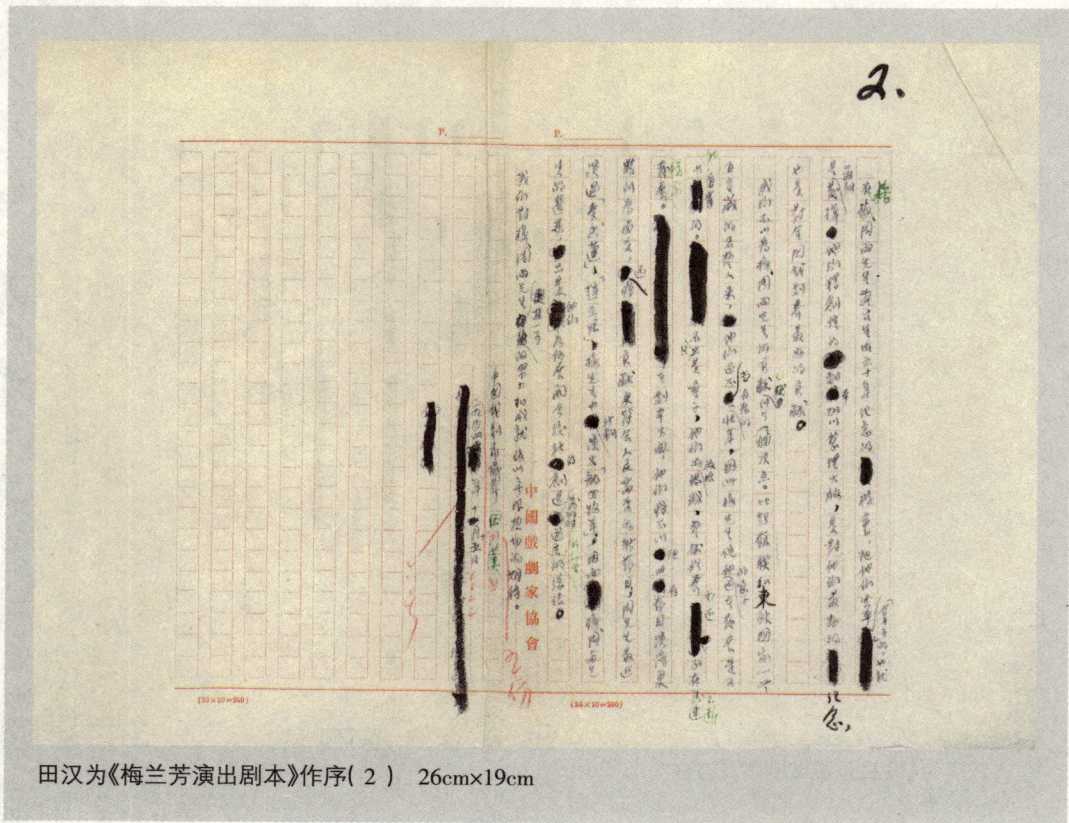

田汉为《梅兰芳演出剧本》作序（2） 26cm×19cm

有准确的尺寸和准确的方向，即是所谓的"稳准"。但在跨腿、抬手、转弯，还得要讲究"活圆"。一出手、一抬腿、一迈步、一转身又要瓷实有力，有棱有角；拖泥带水含混不清是合不上标准的。梅先生这方面真是炉火纯青，当他手指定一个方向的时候，无论是左指或右指，手过之处皆能成为一个圆圈，特别好的是由出手开始到静止，都是稳稳的停留在恰当的步位上，"圆活"的动作美极了。同时他的头、腿、眼、足，都是跟着手的动作不乱，要圆即圆，要方则方，真是随心所欲，顺畅自然。梅先生在表达内心感情的表演上也是高超的。如在《宝莲灯》里唱慢板时，过门的时间很长，而他是静止的立在舞台上，但是给观众的感觉不是呆滞而是觉得人物有着内在的激动，这一点是难得可贵的。

梅先生在唱念上给人的感觉除了美好动听而外，还有就是每一句唱腔都是非常饱满匀称。拿《贵妃醉酒》中的"长空雁"一句，这么长的唱腔，仅是三个字经过音那么多，由于他排列的好，听起来不觉空却非常到扣，"长"字拉一长腔然后接上"空"字，腔儿在这里翻叠了几次以后接上了"雁"字时用高音最后到结束，当唱到"雁"字时真似天外飞泉，急流而下。

《霸王别姬》里，从他的唱腔里可以给予人深远的意境。如南梆子里有一句"轻移步"，这句唱腔旋律的流动性很强，犹如月光照在水波上那种闪闪的银色反光一样，及至唱到"猛抬头、见落碧、月色清明"，在唱腔里很自然的呈现出一幅美人月下幽思，沙场凄凉景色的图画来了。

梅兰芳与姜妙香演的《奇双会》，把一双夫妇的闺房之乐，演的惟妙惟肖，但却没有一点庸俗之气，是今日之调侃和坦露艺术所难以企及的。总之，梅先生的表演艺术，无论是一个细微的动作或是唱腔中的一字一音，都是他毕生的辛勤劳动的结果。

梅兰芳先生对京剧的另一贡献是将二胡正式搬上京剧舞台，而成为伴奏青衣唱腔必不可少的乐器。二胡在梨园界称为"苏胡"，因为它是上海唱"苏州滩黄"用的伴奏乐器。故称为"苏胡"，在上海则称为"二胡"。

过去京剧舞台上所演的《荡湖船》，其中唱的"闹五更"、"十八摸"，就是用二胡伴奏，连小花脸的那段数板也夹杂着苏胡伴奏。琴师是不预备二胡的，而是由唱《荡湖船》的旦角自己带，"跟包"的在临唱前交给琴师，戏完了琴师再将二胡交给跟包的。

据徐兰沅先生回忆：记得1923年，在北京，我们排新戏《西施》，梅先生感到音乐伴奏单薄，就和我商量，恰恰我当时也有同感，就用了很多乐器来试听，首先是四胡，觉得加它以后，反而削弱了京胡脆亮的音色，用大忽雷小忽雷试，觉得很乱，最后就用最普通的二胡来试，大家一听之下，都觉得挺圆滑，京胡被衬托以后，更好听了，因此就决定用二胡。当时请王少卿先生兼拉（因王少卿先生当时随其父王凤卿先生操琴），但不是有唱必加，而是加在唱腔优美的地方。

当第一次二胡伴着京胡在舞台上出现的时候，观众觉得很新鲜，反对的也有……经过一些时间以后，人们的耳音也就换过来了……继而也就很喜爱了。从那时发展到今天，也就成为青衣唱腔的不可少的伴奏乐器，后来又经乐器制作者们根据京剧胡琴的使用习惯（一把位）创造出音色洪亮，专为伴奏京剧唱腔用的二胡（一个时期又称梅派二胡），这样京剧二胡和苏胡分开了。从此二胡在京剧音乐里占了很重要的地位。

梅先生不仅是艺术家，还是个有民族正义感，有良知的爱国者。

1931年，日本帝国主义悍然发动"九·一八"事变，侵占了我国东三省广大地域，他先

梅先生亲笔修订的《霸王别姬》手稿局部(1)　26cm×19cm

000088

（第二場）

實玉上

實玉：（唱引）
满苑春風，花如錦，快綠怡紅。

（念詩）
良辰美景庆華年，誦月吟風不羡仙；
光女情風不羡仙；
百無卿賴爲花前，

茗烟持書暗上。

茗烟：二爺。

小生實玉。自從興罘家妹妹入大觀園來，必

快樂。只是往得久了，又生厭煩起來。唉，茗烟。

須想今昌辰主意解閒才好。

茗烟：二爺。

二爺解閒兒。

室玉：書本，如此保且拿來我看！

茗烟：這個書興致不同，室像二爺這一看就覺喜欢。

室玉：如此保且拿來我看！

茗烟：慢看這是甚麽？

室玉：搖着喜悪一龍熟外得怨太真外覺也，哦，這是錢穆

外傳呀！西廂。善后呼做西廂也，得秀件細看來。

茗烟：回業二爺的話：小的早就看出來，二爺還两天有

室玉：我這两日煩閟得很，想個法兒解閒才好。

京兒不高興，昨庆我在書舖裡置了幾部書來，給

中國戲曲研究院稿紙

25×20＝500

梅先生亲笔修订的《黛玉葬花》手稿局部（2） 26cm×19cm

中國戲曲研究院

北京市京剧工作者联合会：

照撥来信并申请书三份收到。当即填好附上。

本会选我为主任委员，我适离京，不能参加会议，正为抱歉。

此次我会改组，今后北京市文化为大力支持，以发诸位同志的积极工作，才得顺利成功。

以后的会务仍希各位实际负责同志继续努力，向各发展。此致

敬礼

梅兰芳

一九五六、十、十一。

梅兰芳书札信封
19cm×9cm

梅兰芳致北京市京剧工作者联合会书札　26.5cm×19cm

后编演了京剧《抗金兵》和《生死很》，表达了中华民族宁死不屈的抵抗侵略的决心。当1937年"卢沟桥事变"发生以后，他毅然告别了舞台，先后隐居香港和上海，蓄须明志，不管敌人怎样威胁与要挟，宁可过着清贫生活，决不为敌人演出。为了自己家人的生活和接济京剧界同仁，他靠出卖丹青度过艰难困顿的岁月，成了中国京剧界抗敌的表率。

新中国成立后，北京京剧工作者联合会第二次常务委员会会议上梅先生以全票通过当选为主任委员。此时，梅先生正在上海，未能出席会议，由此可见梅先生在业界的威望是旁人不可及的。除担任北京京剧工作者联合会主任委员，他还曾任中国剧协和中国政协的重要职务。

关于梅兰芳先生在艺术上的成就，仅凭以上寥寥数言，是不能尽述的，好在目前有关梅先生的传记类的书籍很多，足以满足读者的需求。

戏外的梅先生修养品味也是常人不能比肩的。在戏剧界流传梅先生临场借扇子的故事。

一次，梅兰芳先生演《贵妃醉酒》，临上场时，管服装道具的人找不到杨贵妃手里拿的那把漂亮的扇子，急得满头是汗，直打自己的嘴巴。梅先生心里也急，但仍平声静气地安慰他："别着急，找找看。"这时梅先生已走到上场门边，一声"摆驾"已念出，扇子仍未找到。他灵机一动，顺手把身边一位朋友正在扇着的普通扇子拿过来，稳步登台，把这场戏从容应对下来。这时管服装的才把揪着的心放下来。

梅先生擅丹青，从王梦白为师，又和陈师曾、汤定之、齐白石、姚茫父、金拱北相切磋。而他推重齐白石先生的故事，至今依然流传。二十年代，齐白石的画在北京尚遭冷遇，当时已有"伶界大王"之称的梅兰芳却独具慧眼，推重齐白石的画，经常向齐白石请教，二人友谊逐日加深。一天，梅兰芳约请齐白石先生到自己的住宅缀玉轩叙谈，在座的还有戏剧界的朋友，一起谈论艺术，气氛极为融洽。梅兰芳请齐白石画草虫以便观摩。梅兰芳亲自理纸磨墨，齐白石欣然提笔，所画草虫栩栩如生。画刚完成，梅兰芳歌喉婉转，相报一曲，声清韵冷，使人感叹。第二天，齐白石写了两首绝句赠给梅兰芳，其中一首是：飞尘十丈暗燕京，缀玉轩中气独清。难得善才看作画，殷勤磨墨就三升。

梅先生画作传世有限，敝斋有幸藏梅先生1932年（壬申孟冬）绘花鸟一幅，1947年（丁亥秋月）蔬果图一帧，并有诗云："西风吹动锦斓斑，晓起窥园露未干。三月宿醒醒不得，正思风味到辛盘。"梅先生的画，真迹留存并不多，有的是梅氏之师梦白先生代笔，而市场或拍场所见则以赝品居多，绝无真迹韵味。

梅先生亦擅诗词，常与友人唱和，还喜欢即兴写诗。位于北京鼓楼的"烤肉季"存留

54

梅兰芳绘的《花鸟图》 65.5cm×35.5cm 与《果蔬图》 95cm×35cm

梅先生《赠烤肉季》诗，为梅先生即席所作，现钢笔底稿存敝斋中，诗曰：

名满上都烤肉季，和风吹拂鼓楼前。

客来欣喜皆知味，更识今朝领导贤。

　　　　　　季家烤肉补壁

　　　　　　一九六〇年十月

为纪念印度诗人泰戈尔诞生百年亦有诗作（底稿亦在鄙处）：

《印度诗人泰戈尔诞生百年纪念怀旧有作》

诗翁昔东来，鬖铄霜鬖叟。高誉无骄矜，虚怀广求友。当日盍簪初，叨承期勖厚。欢赏我薄艺，赠诗吐琼玖。影声描绘深，格律谨严守。紫毫书纨扇，笔势蛟蛇走。微才何足论？鼓舞身曾受。百岁逢诞生，人琴怅回首。纪念谈轶事，肤词扫以帚。惟翁恋震旦，称说不去口。愿偕中国人，相倚臂连手。文章与美术，探讨皆不苟。如忘言语隔，务使菁华剖。忆看升讲坛，响作龙虎吼。黑暗终消亡，光明

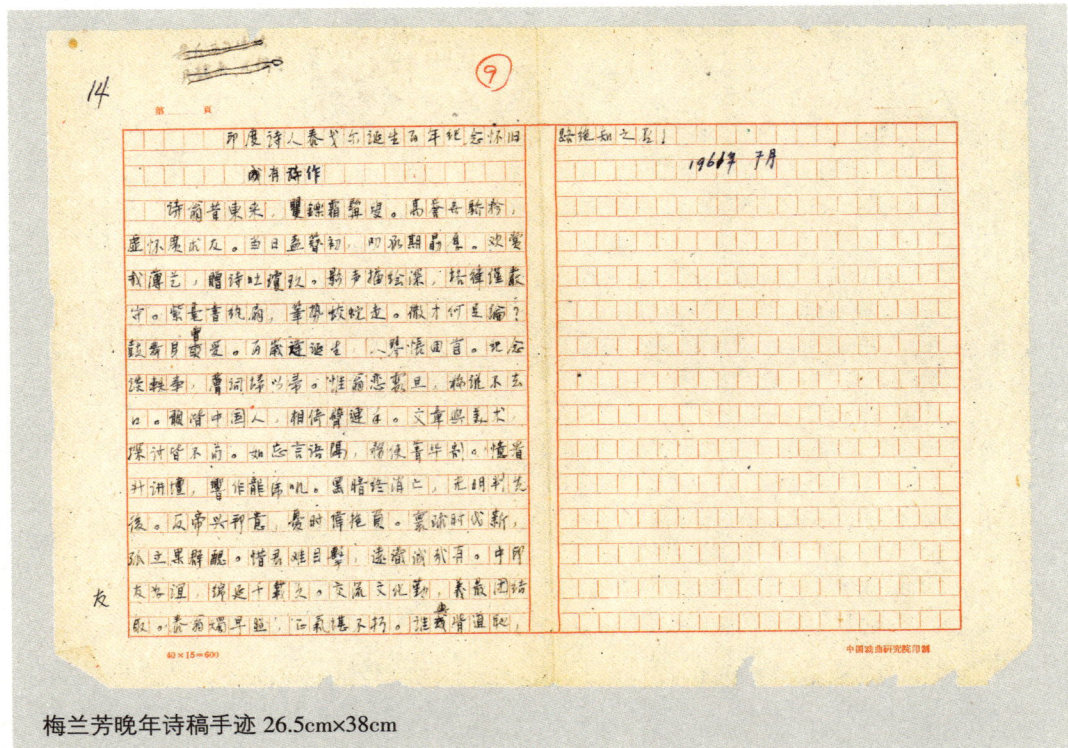

梅兰芳晚年诗稿手迹 26.5cm×38cm

判先后。反帝兴邦意,忧时伟抱负。环球时代新,孤立果群丑。惜君难目击,远识诚哉有。中印友好谊,绵延千载久。交流文化勤,义最团结取。泰翁烛早照,正气堪不朽。谁与背道驰,路绝知之否!1961年7月

云此诗为"怀旧有作",因泰戈尔来中国梅氏与其有过从也。

梅先生私生活相当严谨,不吸烟、不喝酒、不狎妓、不赌博。他培养的许多弟子,如程砚秋、张君秋、言慧珠、杜近芳,都具有很高的造诣,享有很高的声誉。

在谭资九先生的旧藏中，有著名京剧老生雷喜福先生所赠两件物品，一件是辛丑九月雷先生为其所书写"寻声有谱"的题字，另一件是雷氏在戏中饰演孔明的剧照，照片的背后有雷先生用钢笔写的"敬赠资九兄惠存留念"。时间是 1961 年 10 月 8 日。

作为清末喜连成科班喜字辈的学生，雷喜福先生的大名，今人知其者已经很少了。我知道他的名字和他的艺术成就也只是近些年的事情，那是因为我买了一批民国时期的戏剧杂志，翻阅了几册，有记述雷氏的文章，读了之后才得知雷先生在民国时期是很有声望的。二十年代末曾与徐碧云合作，在北京中和戏院长期演出，与王瑶卿先生在北京崇文门外的广兴园搭班，著名的须生马连良、谭富英、高庆奎等先生都曾跟他学过戏。

雷喜福先生祖籍绍兴，出生于北京。有资料说，雷喜福本姓李，祖籍浙江绍兴，他的父亲名叫李十。当初自绍兴来京定居的是李十的父辈弟兄两个，在崇文门外西兴隆街西口经营珍味斋，卖羊汤为业，后来昆仲都故去。李十的妻子也故去了，留有一子，名叫十秃子。因家境衰落，李十无力抚养，将儿子卖给一个叫雷振山的人为养子，后雷氏夫妇又相继过世，七岁的十秃子便由养母之父张九抚养。十一岁时，叶春善正招收徒弟，张九便将其送入喜连成学艺，因是入科学生的第五名，为取"五福临门"之吉意，故排名张喜福，直至 1912 年对外演出时，仍用此名，曾以张喜福之名与赵松樵之姐艺名明月英演出《法场换子》。出科后因其生父李十不务正业，屡次找喜福索要钱物，后经社长叶春善先生同意，改张为雷姓。那年雷喜福先生刚满二十一岁，已经很有名气，从这年开始他沿用雷喜福之名。

雷喜福是喜连成科班（创建于光绪三十年，富连成前身）最早招收的六名幼小学员之一。按顺序是：赵喜奎（亦作雷喜福(1895—1968)，北京人。七岁入喜连成科班（后改富连成），为喜连成六大弟子之一。初学武生，后改老生。在十八岁倒仓时期曾在富连成任教，嗓音恢复后曾在广兴园搭班演唱，同班中有贾洪林、高庆奎等著名演员。雷曾向贾洪林问艺，得到贾的指导，在做工上能传贾的衣钵。他嗓音洪亮、白口干净、擅长剧目以做工戏为主。如《审头刺汤》、《盗宗卷》、《状元谱》、《打严嵩》等。二十年代末他曾搭徐碧云班，与徐配演大轴戏。后任富连成科班教师，许多著名演员如马连良、谭富英、李盛藻等均得其教益。他在富连成科班大家都称他"大师兄"。新中国成立后，在中国戏曲学校任教。

雷喜福为谭资九题字手迹　19.5cm×13.5cm

"魁"）、赵喜贞（艺名云中凤）、陆喜明、陆喜才、雷喜福、武喜永。

　　据京剧名家钮骠先生记述，这六位喜字辈师兄弟，都是京剧界的开山人物。赵喜奎和赵喜贞是哥俩，他们是同时入的喜连成。哥哥喜奎，初由萧长华先生开蒙，习文丑；后改学花脸，受业于花脸叶福海先生（叶春善之兄）。先演铜锤，如《二进宫》之徐延昭，《洪羊洞》、《穆柯寨》之孟良，《打龙袍》之包拯等。又从武生罗燕臣、韩乐卿先生学架子花。

萧长华先生为科班排《三国志》，赵喜奎能演其中的张飞。后兼演武二花，《长坂坡》中的张郃，《金沙滩》中的杨七郎，皆有独到处。出科后长期在东北搭班演出，后定居于佳木斯市，可惜英年早逝，三十六岁时卒于佳木斯市。弟弟赵喜贞，入科后初从罗燕臣先生习武旦，举凡《泗州城》、《青石山》、《摇钱树》、《蟠桃会》、《取金陵》、《夺太仓》、《东昌府》等武旦应工戏，都能出色表演。其跷功和打出手都很可观。稍后从萧长华学文式小生，喜字科所排《三国志》，一直由赵喜贞扮演周瑜。出科后远游江南，仍以武旦戏擅长，艺名云中凤。

陆喜明、喜才为兄弟，出身梨园世家，为著名昆曲老生陆长林之孙，著名小生陆连贵之子，名净陆德山、名丑陆金桂之侄，名旦陆凤琴之弟；富连成著名教师蔡荣桂之外甥。陆喜明入科后初从苏雨卿学青衣，后因嗓变音，拜李庆喜为师习胡琴，出科后以操琴搭班为业。陆喜才为喜明之弟，入科后初从叶德凤、叶福海学花脸，后从罗燕臣、韩乐卿学武丑，又从萧长华学文丑。出科后专演武丑，如《打渔杀家》之大教师、《溪皇庄》之贾亮、《连环套》之朱光祖、《刺巴杰》之胡理等，皆擅长。尤以《扈家庄》王英通场走矮子开打，演来精彩异常。清末民初，在著名武丑王长林之前享名者，为满族演员德子杰，故陆喜才出科后，内行皆以"小德子"呼之。

喜连成科班最早招收的六名幼小学员中，排在最后一位的是武喜永。他初学老生，后归里子老生，卒未成材。据钮骠先生说，他曾见过武喜永一剧照，扮《失印救火》的门子，后不知所终。

与雷喜福先生同科的师兄弟，除了武喜永名不见经传，其余五人都是很有成就的。二赵短寿，知之者少。雷喜福于1968年卒于北京，享年七十四岁，艺龄最长，成就与贡献较大。

雷喜福先生在喜连成入科后，初习青

衣，后改武生，一年后专工老生。先是从罗燕臣先生学武生，后从师叶福海先生和萧长华先生学老生，在《八大锤》中饰王佐，在《三国志》中饰孔明，颇受好评。十八岁变声后一度留在富连成任教，嗓音恢复后再次登台演出。二十年代末曾与徐碧云合作，在北京中和戏院长期演出，使雷喜福声名大噪。他在舞台上十分注重演好配角，常说："演好主角不易，但演好一个配角也得凭能耐。角色无大小，就怕演不好。"他除演出一些做派老生主角外，还经常扮演一些老生的二、三路角

敬赠 资九兄 惠存留念

雷喜福
1961.10.8

雷喜福剧照

色。他不仅能与主角配合的珠联璧合，而且每每演出必能得到观众的喝彩。

雷喜福非常崇慕贾洪林的作派，每次出台演戏都细心观察反复习练，日久深悟其髓，而且在念白和表演的技巧上大有起色，以后雷喜福认贾为师，在做派老生的表演技艺上得到贾氏的精传。

雷喜福的嗓音宽亮，以念白、做工见长，演唱古朴大方，表情逼真，富于生活气息，其擅演剧目以做功为主，拿手戏《四进士》、《一棒雪》、《九更天》、《审刺客》、《盗宗卷》、《葫芦峪》等，在《四进士》中他扮演宋士杰，大段的念白，声情并茂，具有极强的感染力。常演的剧目有：《审刺客》、《打严嵩》、《琼林宴》、《打渔杀家》、《审头刺汤》、《盗宗卷》、《状元谱》、《群英会》、《失印救火》等，同时兼演唱功戏《定军山》、《当铜卖马》、《南阳关》、《珠帘寨》等谭派剧目。

雷喜福擅演戏，更擅教戏。他1912年5月16日出科，时年十八岁。效力三年后，被留社内任教。富连成社自第二科起受其教学者颇不乏人，连、富、盛、世、元字科诸班学生，如马连良、谭富英、李盛藻、叶世长、谭元寿等均曾受业于雷先生。他教学认真负责，一丝不苟，对学生严格要求，决不懈怠，他常说："在教学上严是爱，松是害"。经他教授的学生均有明显的提高，而且在以后的艺术发展上都取得了良好成就。许多老生名家都曾得过他的教益。

新中国建立前，雷喜福先生流落到乌鲁木齐挑班演出，恰逢战事时局，穷困潦倒。新中国建立后的1951年5月，雷喜福先生经政府帮助得以返回北京，不久经萧长华举荐，被延聘为中国戏曲学校教师，时年五十七岁。此后，他多次为学生作示范演出，与萧长华合演《选元戎》、与侯喜瑞合演《打严嵩》、与梅兰芳、姜妙香合演《奇双会》、与程砚秋、萧长华合录《审头刺汤》等。积极参加抗美援朝义演，演出了《失印救火》、《审头刺汤》、《搜孤救孤》等。1952年又将自己的私房戏装全部捐献戏校，受到戏校领导和师生的赞誉。他教学认真从不马虎，传授百余出戏。得其传授并毕业于该校的学生有：朱秉谦、萧润增、逯兴才、毕英琦、陈国卿、冯志孝。

周信芳与「麒派」

周信芳就是中外闻名的麒派创始人麒麟童。民间有南麒（周信芳）、北马（马连良）、关外唐（唐韵笙）三大贤一说。

麒麟童是周信芳的艺名，幼时在京为皮黄（京剧）唱工须生，因歌喉失调改习做派，最为拿手的有《南天门》、《打严嵩》、《铁莲花》等剧。他原籍甬江，据周信芳在 1957 年 11 月 6 日《文字改革月刊》发表文章说："我的父亲是一个旧社会里不受重视的贫苦京剧演员，他的收入不足以维持全家生活开支，这就不得不促使我在童年时代读了不满一年书，就离开了私塾而从师学戏。学戏后，经常听到老先生们讲述小说演义中的故事，才了解戏曲剧目大都来自小说里面，于是开始阅读小说，但限于当时的文化水平，实在无法一一理解，只有将不认识的字和不能理解的句子全部记录下来，遇着机会就向人求教；就在这种情况下，逐渐从独自阅读小说、剧本起，知道理解《汉书》、《史记》、《文选》止，整整经历了十余年的艰苦程途，才突破了这个难关。"

他的艺术造诣是深厚而渊博的。他的唱法具有沉着老练、感情充沛、吐字清楚等许多优点。这是因为他不仅继承了京剧界很多老前辈的艺术成就，而且更广泛地吸收地方戏曲的精华，特别是京剧产生的本根徽调和汉调的东西来丰富他的演技，所以他每一个剧目的演出，都是那样的圆足饱满，精彩非常。

"麒派"唱腔有其独特的风格，"麒"腔的主要特点是朴实，与语言结合很紧密，故能字字入耳，丝丝入扣，是戏曲音乐中把语言精练、典型化了的最好范例。周先生的表演，一举手、一投足，均能切合剧中人的思想感情，既准且美。至于麒派有独到功夫的道白以及表演过程中的节奏、身段、表情等细节，都不是文字所能详记的。这些正如周先生自己所说，需要依靠经常地观察、体验与锻炼了。

《四进士》是周先生的代表作品之一，从他十五六岁时

信芳

周信芳（1895—1975）中国京剧表演艺术家。名士楚，字信芳，艺名麒麟童。浙江慈城人，1895年1月14日生于江苏清江浦（今淮阴市）。父周慰堂、母许桂仙均为春仙班演员。六岁在杭州学戏，七岁随王鸿寿（三麻子）赴汉口演出，艺名"七龄童"（后改"七灵童"、"麒麟童"）。其工老生，文武兼备。尤擅做功，嗓音沙哑，苍劲浑厚，世称"麒派"。自上世纪50年代，历任中国戏曲研究院副院长、华东戏曲研究院院长、上海京剧院院长、中国戏剧家协会副主席等职。代表性剧目有《追韩信》、《四进士》、《文天祥》、《徐策跑城》、《清风亭》、《乌龙院》、《义责王魁》、《海瑞上疏》等。影片有《宋士杰》、《周信芳舞台艺术》。著述有《周信芳戏剧散论》、《周信芳舞台艺术》、《周信芳演出剧本选》等。

演起始终未曾间断。戏中他扮演的宋士杰《盗书》和《公堂》两场，西皮导板和原板转快板是盗书一场所唱，另一段西皮散板则是第三次公堂被判刑以后所唱。从声腔上就能够知道它是符合老于世故而又勇敢仗义的宋士杰那种口吻和感情的。几十年来，在演出中不断丰富和提高，获得广大群众的赞许。这个本子是周先生与华东戏曲研究院吕仲共同整理的。

《打严嵩》是周先生的演出本。由华东戏曲研究院编审室吕仲协助周先生整理，最后又经田汉先生认真进行了阅订。

《投军别窑》（又名《平贵别窑》）是全部《王宝钏》（又名《红鬃烈马》）中的一出。这是周先生早年演出代表作之一。数十年来，经周先生的不断丰富和提高，在舞台表演艺术上益趋精练。

《凤凰山·独木关》取材于小说《薛仁贵征东》故事，两剧可以连续演出，但也有它各自的独立性，可以单独演出。是周先生在1907至1936年间经常演出的剧目。

《清风亭》是周先生从1923年以来经常演出的剧目之一。新中国成立后，周先生早已将雷击张继保含有因果报应部分删除不演。

《乌龙院》是根据《水浒传》中的故事改编的一个传统剧目。本剧是周先生和华东戏曲研究院编审室的吕仲等共同整理的。整理时，将旧时流行的演出本中歪曲宋江性格的地方作了一些修改。增加了对阎惜娇性格的

描绘。此外，丰富了《刘唐下书》一场的内容。还增加了一场《晁盖修书》，使全剧故事首尾更加完整。

《萧何月下追韩信》是麒派到处风行的名剧，周先生并且是首先编演者。周先生饰演的萧何第一次上殿举荐韩信时所唱的西皮流水板，速度很慢，能尽量发挥唱腔，更由于周先生的咬字和口法关系，唱得有如斩钉截铁一般，十足地表现出麒派的唱腔特点。1954年7月在上海灌唱片时，根据周先生意见，又作了一些修改。

《徐策跑城》是民间传说《薛家将》中的一节，是麒派的保留剧目之一，周先生自三十岁时就开始演这出戏，经过数十年的舞台实践，逐步加工丰富，无论在演、唱、念等方面，都达到炉火纯青的境界。《徐策跑城》本是从徽调移植来的剧目，曲调全部是高拨子。这种曲调的特点是朴素而激昂的，适合于表现波动较强烈的情绪。后来它之所以被广泛地采用，主要是它具有这种效能，同时也丰富了京剧的唱腔，溯其来源，还是从《徐策跑城》这个戏开始的。

《赵五娘》是周先生根据明代伟大剧作家高则诚的《琵琶记》改编的演出本。是周先生1922年以来经常演出的剧目之一。

《鸿门宴》是周先生于1926年参考了《史记》以及《西汉演义》和昆曲《千金记》中的《鸿门》、《撇斗》等出编写的。写成后，成为他在1926至1948年经常演出的剧目，直到

周信芳《徐策跑城》剧照

周信芳常演剧本《徐策跑城》

现在他的一些学生还不断演出。

《文天祥》是周先生 1940 年抗日战争时期在沦陷区上海演出的剧本。对鼓舞民族气节曾起了一定的作用。

简要说了说麒派的演唱风格和长演剧目,再来说说周先生的个性特点和新中国成立后的行踪。

据《瘦影楼剧话》(半狂):"麒麟童对于后台诸物一齐不管,即排成新剧后,配置布景诸事亦不过问,惟研究自己的角色之出风头。"

另据剧界传闻:麒麟童和盖叫天一文一武两大名伶,饮食习惯截然不同,盖叫天信佛,常年食素,不沾荤腥。而麒麟童从小就不吃蔬菜,佐餐只吃鸡鸭鱼肉,尤其爱吃鸡;一吃蔬菜就要呕吐。有一次,麒麟童两眼充血,医生关照他忌食荤腥,只能吃蔬菜。吃饭时,桌上的荤腥他不敢吃,素菜他又不能吃,只好用酱油汤浇饭充饥。

周先生写一手精致小字,敝斋藏周氏毛笔信并诗两纸和 1957 年 11 月 6 日在《文字改革月刊》发表的文章钢笔底稿一份。毛笔信是写给一位名叫李立青的小姐的,信的开头说道:

蒙赠黄花一束,供置案头,冷艳淡香,医人尘俗。欣赏之际,窃欲拟之天女散花,不觉自惭凡鄙。率成四章聊博一粲,并馨谢忱 此陈 立青小姐郢政。

昨朝小雨浥尘新,
手植庭花不厌频。
应是仙葩储有待,
撷来散与说经人。

座围红紫小香城,
彭泽孤芳品最清。
分赠一枝如拱璧,
金英相映半窗明。

重阳节后气萧条,
客里光阴感寂寥。

蒙贈黃花一束供置案頭冷豔茨香醫人塵俗欲賣三除竊
欲撥立天女散花不覺自慚心鄙牽成四章聊博一粲并
鼇謝晚此凍

立青小姐郢政

昨朝小雨范塵新于種庭花不厭頻應昆仙范儲

有待擷東散興說經人

庭園紅紫小香城彭澤孤芳品最清兮贈一枝如栱

麈金英相映半窗明

周信芳致李立青小姐书札(2-1)　31cm×21.5cm

李立青小姐玉展

周信芳致李立青小姐
书札信封　21.5cm×8.2cm

重陽節後氣蕭條客裏光陰感寂寥一束黃花須

紫館辦香庋藝謝雲翹

珂鄉蘭芷極芳香草情懷想未忘願寫綠章今

代奏乞封嘉貺作花王

信芳貢拙 民國丙子秋九月

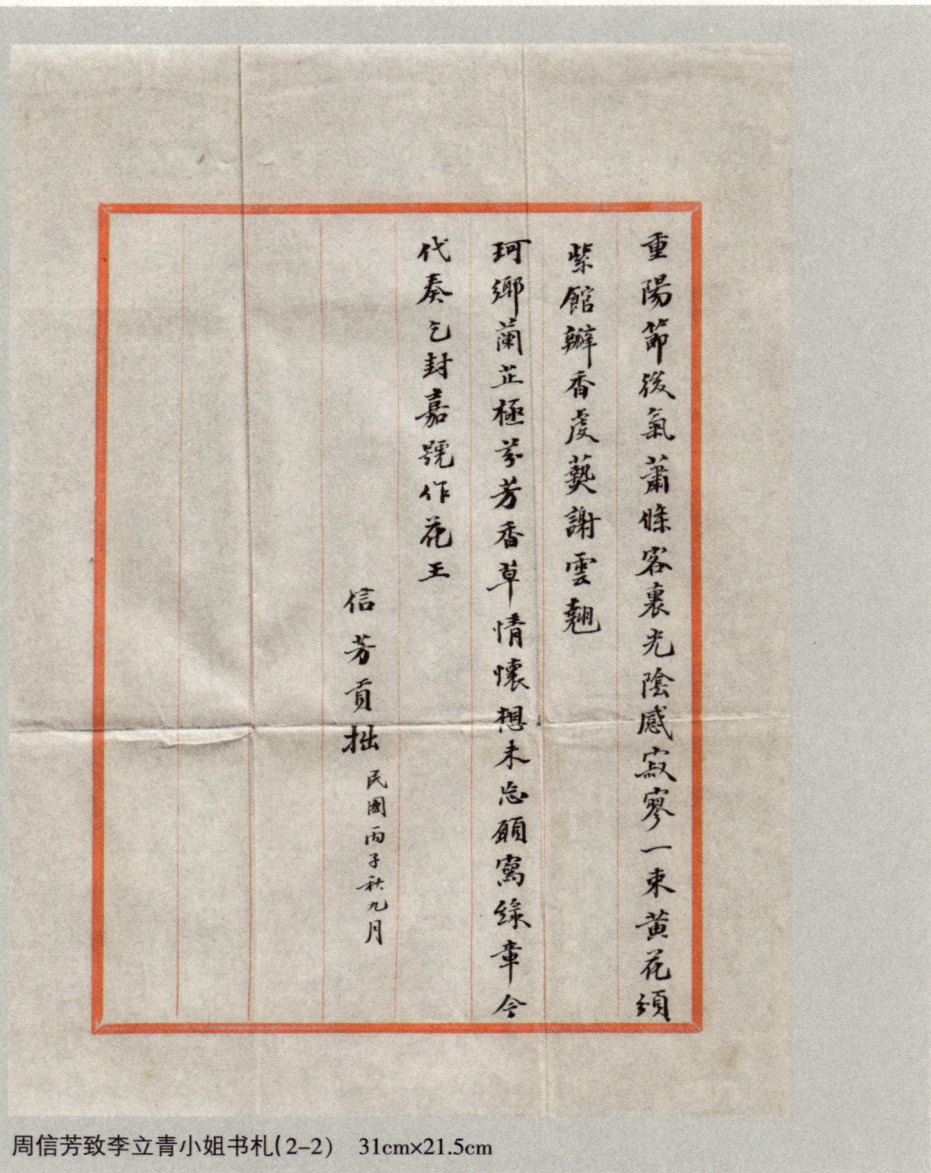

周信芳致李立青小姐书札(2-2) 31cm×21.5cm

一束黄花须紫馆，
瓣香虔爇谢云翘。

珂乡兰芷极芬芳，
香草情怀想未忘。
愿写绿章今代奏，
乞封嘉号作花王。

信芳贡拙
民国丙子秋九月

周氏信书于民国丙子秋九月，即公历1936年秋。据信并诗，显见这位李小姐一定是周先生的"粉丝"了。敝斋尚存这位李立青小姐的家书若干封，从她写给他的丈夫王海波先生的信里，得知她和许多社会名流显贵都相识。如徐特立、邓颖超、杨卫玉、贺耀祖、萧三、袁翰青、韦悫、贝聿铭、陆志韦，尤其是文化界人士如刘海粟及其子刘虎、刘豹，潘伯鹰、欧阳予倩、欧阳山尊等等。新中国初，她从香港返回大陆，并上了"革大"。在她写给她的三叔的信中说"田汉的太太也来了革大。王昆仑的妹妹和我同房。张治中的女儿、女婿都在这儿。"由此也可看出，李小姐的身份不同寻常。

抗日战争时期，周信芳先生出任上海戏剧界救亡协会歌剧部主任。上海戏剧界救亡协会歌剧部是上海戏剧界救亡协会中负责戏曲活动的部门，实受中共的领导。歌剧当时即指戏曲，其中主要是京剧。在周信芳、田汉主持下，该部做出决议，改编演出具有民族意识的传统剧目，并迅速组成团体，投入抗日救亡宣传活动。1937年11月12日，上海沦陷前夕，各抗日救亡团体大都撤离上海，留沪歌剧部成员分别成立了欧阳予倩领导的中华剧团和周信芳主持的移风剧社。欧阳予倩借"改良平（京）剧运动"之名，编导了《渔夫恨》、《梁红玉》、《人面桃花》、《新玉堂春》、《桃花扇》等剧，在上海演出半年之久，影响很大。《桃花扇》一剧因借古讽今，触怒了日寇和汉奸，横遭禁演。周信芳主持的移风剧社，以转变当时上海苟且偷安、妥协投降风气为宗旨，在上海孤岛坚持战斗四年之久，编演了大量具有民族意识和爱国思想的剧目，起到了很好的爱国宣传教育作用。其中《徽钦二帝》，也因触动日伪，被日伪勾结英租界当局下令禁演。周信芳、高百岁等人多次受到敌伪恐吓，仍威武不屈。

周信芳先生还曾担任上海伶界联合会会长。上海伶界联合会是上海京剧艺人行会组织。1912年3月，京剧演员潘月樵、夏月珊等呈报临时大总统孙中山批准成立。"以改良旧曲，排演新戏，表扬革命真铨，发阐共和原理，使萎靡之社会日就进化，旁及教育慈善事业"为宗旨，经费除由在业艺人按月交纳包银的千分之五外，主要靠义演筹款。由理事会主持会务。夏月润、赵如泉、陈月楼、周信芳先后任会长。新中国成立后，改名为上海京剧公会，由周信芳任理事长。1956年并入中国戏剧家协会上海分会。

李多奎（1898-1974）出生于河北河间，本名李万选，字子青。四岁随父来到北京，八岁入庆寿和科班学艺，向贾志臣先生学河北梆子和京剧老生。九岁登台，十二岁便以《打金枝》《朱砂痣》唱大轴。十六岁变声后，从程春禄先生学京胡。二十四岁嗓音恢复，二十六岁拜罗福山先生为师改学老旦。并得到龚云甫先生教益，后又深得龚先生琴师陆彦庭先生的教授和辅佐，艺事大进。常与程砚秋、高庆奎、金少山、马连良等名家合作，深受欢迎。新

2010 年4月1日《北京晚报·五色土副刊·戏品问茶》栏刊有一篇李鸿钟先生的《忆得那时"四郎探母"》文章，开头部分，提到了李多奎先生与人合演《四郎探母》的往事：

> 几十年前，京城似乎不少人都会哼哼几句皮黄，上世纪四十年代到处播放李多奎的"叫张义……"；五十年代初，京城人都有份工作，每月工会发理发票，电影票，有时还给一张戏票。1956年春，李和曾、张君秋、尚小云、吴素秋、奚啸伯、陈少霖、马富禄、萧长华、姜妙香、马盛龙、谭富英、马连良、李多奎、李砚秀等在中山公园的音乐堂合作演出全部《四郎探母》……

京剧《四郎探母》是一出流传悠久、被广大群众所喜爱的传统剧目。讲的是：杨四郎（杨延辉）在宋、辽金沙滩一战

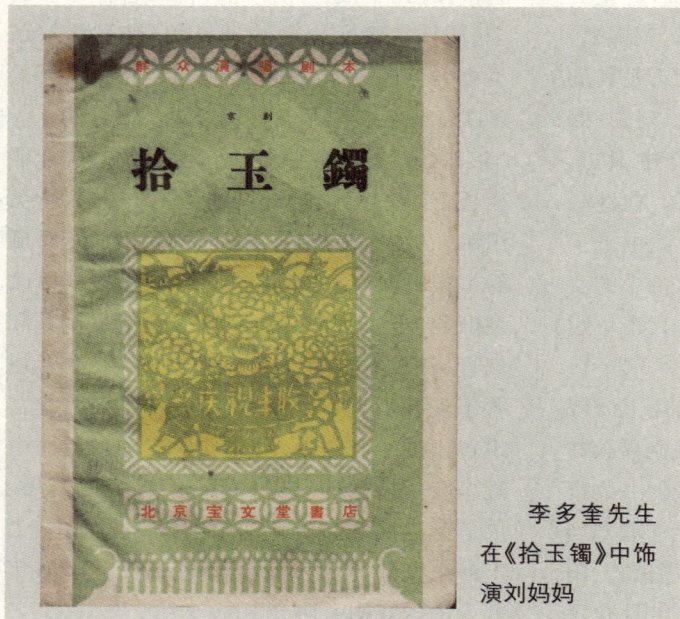

李多奎先生在《拾玉镯》中饰演刘妈妈

李多奎的「李派」旦角艺术

中，被辽掳去，改名木易，被招为驸马，与铁镜公主结婚。十五年后，四郎听说六郎挂帅，老母佘太君也押粮草随营同来，难掩思母之情。但两国交战，无计过关见母，愁闷非常。公主问明隐情，盗取令箭，四郎趁夜混过关去，正遇杨宗保寻营查夜，误将四郎当作奸细捉回宋营。六郎见是四哥，亲自松绑，去见母亲等家人，大家悲喜交集，抱头痛哭。只是匆匆一面，又别母而去。由于百余年来演唱艺人的不断加工和提炼，在表演艺术上获得了很高的成就。在《四郎探母》这出戏中，饰演佘太君的李多奎，在第四场《探母》中，以（唱"倒板"）：

"一见娇儿（喏）泪满腮"，
（双叫头转"快板"）
点点珠泪洒下来，
沙滩会一阵败，
只杀得杨家好不悲哀。
儿大哥长枪来刺坏，
儿二哥短剑下就命赴泉台。
儿三哥马踏如泥魂，
我的儿和八弟失落番邦未能回来。
儿五弟看破红尘把性情改，
削发为僧出家在五台。
儿六弟三关为元帅，
最可叹儿七弟，被潘洪绑至在那芭蕉树上乱箭穿，身死无葬埋。
娘只说我的儿呀今不在，
我的儿吓，

哪一阵风（儿）把你吹回来呀？

这一大段唱词，不知打动了多少听众。

李多奎先生是河北省河间人，原名李万选，字子清，是我国现代京剧史上著名的老旦演员。老旦是旦行的一支，扮演老年妇女，唱念用本嗓，唱腔虽与老生相近，但具有女性婉转迂回的韵味。老旦多重唱工，兼重做

中国成立后，加入太平京剧社，与谭富英、裴盛戎、梁小鸾等名家合作演出。后参加北京京剧团。1961年与裴盛戎先生排演《赤桑镇》，大获好评。李多奎先生嗓音洪亮苍劲，吐字清楚，行腔流畅，韵味浑厚，中气尤为充沛，势如穿云贯石。李盛泉、李金泉、时世宝和赵鸣华、王梦云、王晓临、李鸣岩、林丽娟等皆宗法之。

李多奎在《钓金龟》中饰演康氏

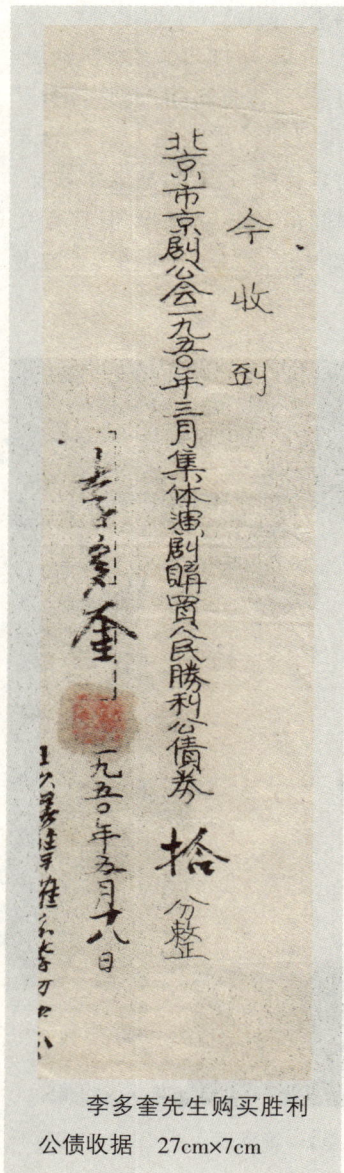

李多奎先生购买胜利
公债收据　27cm×7cm

工。有些剧种称老旦为夫旦或婆旦。

李多奎先生原本工老生。四岁时他随父（梆子班鼓师，绰号"矬人李五"）进京，八岁时进庆寿和科班，拜贾志臣为师习老生，翌年登台，因其嗓音甜润洪亮，十一岁时便演唱《战太平》中华云、《定军山》中黄忠等主要角色，每场戏可挣八十吊铜钱，从而享受去戏园乘骡轿车的待遇。十四岁时因倒仓而辍演，遂改习胡琴，操琴之余，从不忘吊嗓练唱，以图东山再起。十年后嗓音复原，一次吊嗓时，前辈老师发现他嗓音中带有老旦的雌音，认定他有演老旦的天赋，从此他就又拜"同光十三绝中"之一的郝兰田之高足罗福山为师，改学老旦。1921年，已经二十三岁的李多奎正式演唱老旦。因其与龚云甫乃咫尺之邻，故经常前去求教，并请龚之琴师陆彦廷（时有"老旦琴师第一名手"之称）为其操琴。他兼取罗福山、谢宝云、龚云甫三师之长，经数年之勤学苦练，结合自己的条件注意韵味，古朴大方，苍秀挺拔，韵味醇厚，创立了老旦新腔，世称"李派"。

李多奎以老旦应工搭班演出不久，一次在前门外中和戏院演唱《钓金龟》，他以清晰的吐字，有力的喷口，洪亮的嗓音，流畅的行腔，博得满堂喝彩，并赢得诸多内行的赞许。《钓金龟》说的是，康氏中年居孀，抚育二子成人，长子进京赴考，次长张义打渔奉母，母子相依为命。一日，张义在孟津河钓得金龟一只，母子喜出望外，忽闻长子在京高中，声言不养老母，张义即持母所用拐杖别母寻兄，问其不孝之罪。1926年，上海大舞台到京邀角，二十八岁的李多奎应邀去沪与金少山合作演出《打龙袍》，二人嗓音皆高亮浑厚，唱腔挺拔如江河一泻千里，观众席上，掌声雷动，时有双绝之称。翌年，李又随梅兰芳赴沪演出，声名益发显赫。1929年随程砚秋到上海演出，《钓金龟》中，李多奎饰演的康氏所唱有三段著名的唱段，悦耳动听，韵味无穷，轰动申城，震动浦江两岸。后又与高庆

《打龙袍》为北京京剧团演出的经典剧目之一

中的换、偷、提、喷、吞、吐、收、放各种用气之法安排精细到家。他在演唱中无论是急促的快板，还是长拖腔的慢板，都能唱的气足神通，保持声音的圆润悦耳，他还十分注意声韵的变化和感情的表达相结合。

　　新中国成立后，李多奎先生参加北京京剧团，1961年与裘盛戎合作整理演出了《赤桑镇》再次引起轰动，成为老旦、铜锤戏的代表作品。《赤桑镇》的剧情与《铡包勉》紧相连接。在这出戏中，裘盛戎先生扮演包拯，李多奎扮演包拯嫂嫂吴妙贞。第三场李多奎饰演的吴妙贞与裘盛戎饰演的包拯的对唱表演，淋漓尽致，炉火纯青，后人无可比拟，更是无法超越。

　　在多年的演出实践中，李多奎先生又总结出了"亮"中加"柔"，"脆"中掺"润"，这样一种老旦唱腔技法，把剧中人物不同环境下的感情变化表达得细致入微，极富听觉欣赏之美感。演出实践中，观众听起来亮、脆、宽、窄、润、柔、甜、沙兼而有之，力求展现京剧老旦演唱技巧的音乐完美性，李多奎也在这方面投入了很大的精力，获得了良好的艺术效果，成为龚云甫之后我国京剧艺术界影响最大、最深远的老旦名家，也是京剧表演艺术队伍中一位承前启后、精益求精的艺术大师。

奎、金少山等合作，经常演出于京沪各地。李多奎所擅演的剧目是《龙凤呈祥》，当年多次在大合作戏中与梅兰芳、马连良、谭富英、杨小楼同台演出。

　　李多奎先生的演唱，重于用气之功，他常说"气为音之本，无气无声"。他对于演唱周子厚（1897–1962）著名京剧伴奏（鼓）大师。原名周德禄，北京人。师从汪子良等人，1958年到天津市戏曲学校任教。

在谭资九先生的旧藏中有著名京剧伴奏（鼓）大师周子厚先生为其所题："能文能武，交友有方"的墨宝，这是周先生对谭资九的总体评价，还是恰如其分的，谭资九不仅京戏文武场面皆能，而且习武兼功书法。

作为京剧的一代鼓界大师，周子厚先生并不为世人熟知，因为这个行当是在幕后的。对于喜欢京剧的人来说，如果您问"四大名旦"、"四大须生"、"四小名旦"乃至京剧流派的代表人物，也许会对答如流。可是如果问京剧的文武场著名鼓师有谁，恐怕不会马上答出，这并不奇怪。这是因为京剧的文武场是幕后英雄，很少有人提及。京剧的文武场，也就是京剧的乐队，而这个乐队是由打击乐和管乐、弦乐组成的。在京剧里打击乐叫"武场"，管弦乐叫"文场"。武场大概地说，包括鼓板、大锣、铙钹、小锣四件乐器。这四件乐器是经常在一起合奏的，可以说是京剧锣鼓的四件基本乐器。此外，京剧还有很多别的打击乐器，但它们只是在特殊需要时加入的。比如在战斗时，还需要加入大堂鼓或小堂鼓；在伴奏水中战斗时，还要加用大铙；在表现夜间行走时，就常常改用小镲锅来代替铙钹，大锣就不打了；在文场演奏曲牌的时候，也常有使用水钹或小镲锅或碰钟（俗称星子）来打节奏。文场大概地说是以胡琴为主的丝弦乐器，其中包括胡琴（即京胡）、二胡、月琴、弦子四件乐器。这一组乐器主要伴奏西皮、二黄腔调，在皮黄戏里所用的弦乐曲牌，也是这组乐器来演奏，它是京戏里有代表性的一组伴奏乐器。第二组是以笛为主的竹管乐器，包括笛和笙两件乐器。这一组主要伴奏昆曲、吹腔以及一些杂腔小调，如《小上坟》的"柳枝腔"，《小放牛》的"小调"，《探亲家》的"银纽丝"等。还有在昆曲戏里所用的细吹牌子也是用这一组乐器来演奏的。以上两组乐器中，胡琴和笛子是主要乐器，其他的都是配合的乐器。现在随着时代的发展，京戏里的乐器逐渐增加，如琵琶、扬

周子厚和「四大鼓师」

周子厚

能文能武

交友有方

周子厚
一九六一
十·十九

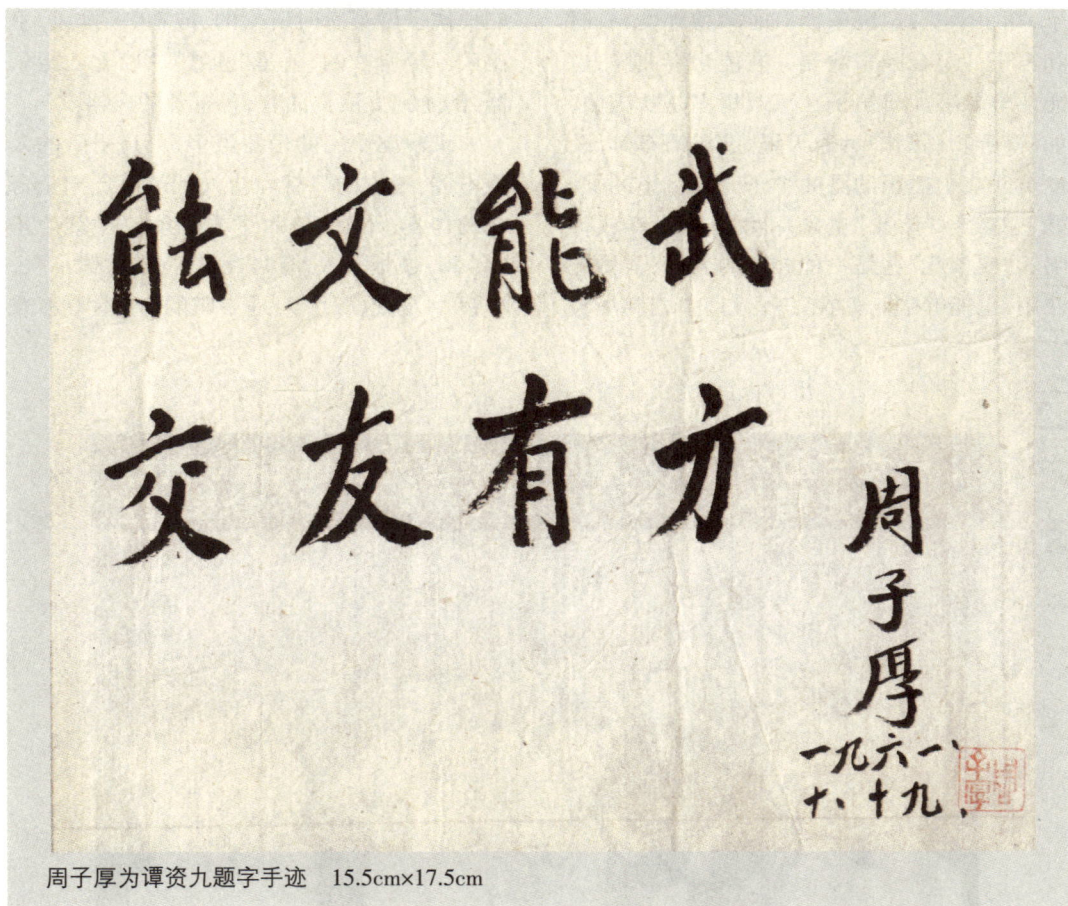

周子厚为谭资九题字手迹　15.5cm×17.5cm

琴、秦琴、低音胡等，但都是可有可无的。第三组是一对唢呐，唢呐在京戏里占有非常重要的地位，它不但能吹奏很多性质不同的曲牌，同时也能伴奏歌唱。比如戏里的发兵、打猎、演操或押运粮草过场等，多用唢呐伴奏，在比较大的群众场面中，也时常用唢呐来伴奏群众歌唱。文官武将在上场后，到台口唱几句散板的牌子，如"点绛唇"、"粉蝶儿"时，也是用唢呐来伴奏。还有京剧腔调中的"唢呐二黄"也是用唢呐伴奏。《打面缸》、《打杠子》戏里所唱的"南锣"和《锯大缸》戏里所唱的"云苏调"也是用唢呐伴奏。第四组是海笛子,即小喇叭,这种乐器有时单独伴奏,有时和笛子一组合起来演奏,它能吹奏曲牌,也能伴奏歌唱。海笛子在京戏里多是吹昆曲,如《夜奔》《嫁妹》《通天犀》《挑滑车》以及皮黄武戏中插用的昆曲牌子。京戏里的"娃娃"也叫"耍孩儿"也是用海笛子伴奏或伴唱。"耍孩儿"这是一种腔调的名称,能做配曲用,也能够唱。如在《三岔口》中刘利华夫

妇挂幌子做买卖时所吹的,或在《杨排风》里比武一场所吹的,就是"娃娃"。以上四组乐器,都能独立演奏曲牌,各有各的风格。

京戏里使用的乐器虽多,可是乐队的人数不多,最少的只有六个人就可以负担全台戏的伴奏。当然这六个人必须兼操其他乐器。即:鼓板一人,有时兼打小鼓;大锣一人,小锣一人,这两个人是专职的,基本上不兼

一九五九年夏日戏剧专家韩慎先谭资九名司鼓家杭子和周子厚名琴师杨宝忠五老联欢会合影留念

天津中国1959

周子厚与友人合影(中为韩慎先,左一为谭资九,右二为杭子和,左二为周子厚,右一为杨宝忠)

其他乐器，因为大锣和小锣在每出戏里，时刻都会用到的；胡琴一人，兼拍板。拍板就是在演奏唢呐曲牌或笛子曲牌时，用小水钹来打板；月琴一人，兼打铙钹。最早京戏里是不用铙钹的，只有鼓板、大锣、小锣，后来加入了铙钹，就由弹月琴者兼打；弦子一人，兼吹笛子、唢呐、海笛子，和兼打小堂鼓。在戏班里称弹弦子的人为"一马三件"，就是一人要兼操三种不同性质的乐器。随着京剧的发展，一般旦角演唱时，又加入了二胡。同时由于武戏的发展，铙钹也由专人担任了，于是京剧乐队由六人发展到七人或八人。就是鼓板、大锣、小锣、铙钹，各有专人，胡琴一人兼拍板，二胡一人兼笛或笙，月琴一人兼唢呐、笛子或兼打云锣，弦子一人兼唢呐、笛子、海笛子和堂鼓。

而京戏的乐队中，鼓板是乐队的指挥乐器。所谓鼓板实际上是两件乐器，即单皮鼓和檀板，这两件乐器在演奏时，是由一人掌握的，有时演奏者左手执板，右手打鼓，有时将板放下双手打鼓。因为这两件乐器都是起指挥和击打节奏作用的，所以人们习惯把鼓和板连起来说成是一种乐器了。鼓板的演奏者，京剧界俗称为"鼓佬"，对德高望重的"鼓佬"称之为"鼓师"，而正规的称呼为"司鼓"，戏单子上印的也是"司鼓"，他是包括文场在内的全乐队的指挥。作为一名鼓师，不但需要很高的演奏技术，同时还必须要了解戏。他要知道所指挥的戏、剧本、台词是怎样的。

场子穿插是怎样的，每个人怎样上场、下场，要唱什么腔调，是什么情绪的，身段表演是怎样的，戏里的多么细致的问题，鼓师都应该知道，所以打鼓是一件非常复杂而难能的工作。

本文介绍的这位周子厚先生就是京剧界享有很高声誉的鼓师。他是北京人，原名周德禄，出生于 1897 年，光绪二十三年（丁酉）；逝世于 1963 年，农历癸卯年；享年六十六岁。周子厚先生自幼习武场，十一岁拜迟清泉为师，十九岁在京参加梆黄双下锅的小班社，开始司鼓。曾在北京燕舞台戏园、天津大观茶园打梆子和京剧。京剧、梆子分台演出后，前期专为梆子演员金小仙、金小香、蔡桂凤、小达子（李桂春）等司鼓。后期在富连成、荣春社科班专打京剧。为提高司鼓技艺，1937 年师从汪子良。周先生鼓艺精湛，造诣很深，腹笥渊博，戏路较宽。对京、昆、梆等各种剧种都能驾轻就熟。尤善打旦角戏，配合剧情严谨。对唱腔过门的鼓套子，奏来流畅华丽，准确大方，并能灵活多变地运用锣鼓点及曲牌以配合演员的表情。在他近五十年的司鼓生涯中，曾为李洪春、谭富英、白家麟、李盛藻、杨宝森、陈少霖、徐东明、徐东霞、金少山、傅德威、金少臣、吴彦衡、杨盛春、梁慧超、程砚秋、尚小云、荀慧生、章遏云、李世芳、毛世来、言慧珠、童芷苓、杨荣环、丁至云等司鼓。1956 年入天津市京剧团乐队专职司鼓。1958 年调天津市戏曲学校任教,对学生循循善诱、倾囊而教,深为人们敬重。留有口述资料《司鼓散论》一文。

与周子厚先生齐名的鼓师尚有杭子和、白登云和上海的高明亮,有四大鼓师之誉。

杭子和另有专文。

白登云(1906—1990),鼓师。河北冀县人。七岁入塾,尔后随父在本乡梆子班学习锣鼓。十二岁至北京,在梆子班打锣并习鼓板,曾为十二红、玻璃翠、崔灵芝担任场面,十七岁拜鲍桂山为师,后从京剧鼓师郭德顺习艺。自二十年代后,一直为名角司鼓,先是为杨小楼伴奏。其后曾为梅兰芳、王凤卿、余叔岩、谭小培、郝寿臣、孟小冬等司鼓。1934年起专任程砚秋的鼓师,多年来对程派艺术研究精深,为发展"程派"作出了贡献。他还曾为李玉茹、童芷苓、赵燕侠等伴奏。其打鼓技艺精湛,打文戏舒展细腻,稳而不温,打武戏宽绰明快,强而不火。以稳练鲜明,准确严谨著称。在京剧伴奏上形成了独具风格的"白派"。1951年在中国戏曲研究院实验京剧二团司鼓。1956年随梅兰芳出访日本。

高明亮,自幼习场面打小锣,后拜汪子良先生习鼓,曾在鸣春社、富连成等班社司鼓,他伴过很多名角,极受重视。如:李万春、奚啸伯、李洪春、言慧珠、童芷苓、徐碧云、王玉蓉等。

另有四大鼓师一说,没有高明亮,是刘友林。

刘友林(1904—1978),章丘人。出身艺人家庭。自幼喜爱戏曲。八岁进庆乐班学艺,从师董庆海学司鼓,先学河北梆子,后习皮黄。出科后鼓技出众,深得师傅器重,留在班内打鼓。其后,又自学京胡、唢呐、笛子等乐器,逐渐成为"文武场"全能,"横竖"不挡的多面手,有"六场通透"之称。1930年前后,董庆海等去徐州演出,他便留在济南"坐包",成为济南的"场面头",直至济南解放。这期间,他曾先后为尚和玉、高盛麟、尚小云、奚啸伯、王芸芳、黄桂秋、宋德珠等名角司鼓。由于他博学众长,兼收并蓄,不拘守于一家一派,技术上灵活精巧,与人合作配合默契,深受名家赞许,称他有"七孔玲珑心"。他打鼓技巧熟练、火爆,富有激情,特别是双楗轮击的快点,更为突出。尤以伴奏武戏见长,拿手的剧目有《恶虎村》《挑滑车》《铁笼山》等。中年后左眼失明,但仍对艺术潜心以求。他一面傍角,一面收徒传艺,为山东戏曲界培养了许多人才。1956年在山东第二届戏曲观摩大会,佐袁金凯演出《武松打虎》,以精湛的技艺,获乐师奖。1960年,由山东京剧团至山东戏曲学校任教。

于连泉以花旦而独树一帜，是我国京剧"四大名旦"以外的旦行名宿。他擅长表演风流泼辣的角色，自九岁登场，四十年没离开过舞台。

据民国七年《近世伶工事略》（燕山小隐述）：

筱翠花为某庖人之子，以面庞绝佳，遂进富连成学戏，色既娟秀可怜，音又娇婉动听，故演贴戏人多为所倾倒。壬癸之交都中有翠花，当时翠花年方十二三，亦可见其盛况矣。其技以闺门旦、粉旦为最佳，余如玩笑旦、刀马旦则以稍逊。……

于连泉生于1900年，卒于1967年。他是富连成社连字科的毕业生，山东登州人。由于他在科里演梆子戏《三疑计》里的丫环翠花演得很出色，所以萧长华先生就给他起一个艺名，叫筱翠花。（另一说，因为他在富连成社演《遗翠花》一剧中的丫环翠香非常出色，因而得名筱翠花。语出《中国京剧史》）。

于连泉九岁入老水仙花主办的鸣盛和科班学艺，演梆子、京剧花旦，曾名盛琴，艺名"小水仙花"。1911年，鸣盛和科班解散，次年加入富连成科班，经萧长华、郭春山等名宿教导，技艺大进。他从郭际湘、田桂凤、路三宝、侯俊山、余玉琴、王瑶卿都学过戏。他虽然正式拜的老师是田桂凤，但他昆曲、梆子皆通，武功根底深厚，这一点与路三宝相同。他与梅兰芳同师事路三宝（玉珊），也受教于王瑶卿。因他专工花旦，故亦兼得杨小朵、余玉琴、田桂凤之长。他演《醉酒》，与梅先生早年平分秋色，异曲同工，戏路更接近余玉琴、路三宝。从戏路子上讲，于先生擅演的《坐楼杀惜》、《战宛城》等花旦刺杀戏带有凶狠煞气的精湛表演，也是继承了"面有惨厉之色"的路三宝后，再加以丰富发展的。而对于连泉"筱派"艺术风格影响最大的，也是路三宝。1918年出科后，于连泉搭入斌庆社演戏。后来曾辅佐尚小云，并参加尚派新戏于连泉（1900-1967）京剧花旦演员。名桂森，又名树德，学名连泉，字红霞，号绍卿，又号霭芬，艺名筱翠花。直隶冀州衡水县人。原籍山东登州（今蓬莱市）。他九岁入郭际湘（艺名水仙花）主办的鸣盛和科班学艺，演河北梆子、京剧青衣花旦，曾名盛琴，艺名"小水仙花"。1911年，鸣盛和科班解散，次年加入富连成科班连字科，经萧长华、郭春山等名宿教导，技艺大进。因替人扮演《三疑计》的丫鬟翠花，演得非常出色，萧长华就把剧中人的名字加上一个"筱"字，作为他的艺名"筱翠花"。他从田桂凤、路三宝、侯峻山、余玉琴、王瑶卿都学过戏，

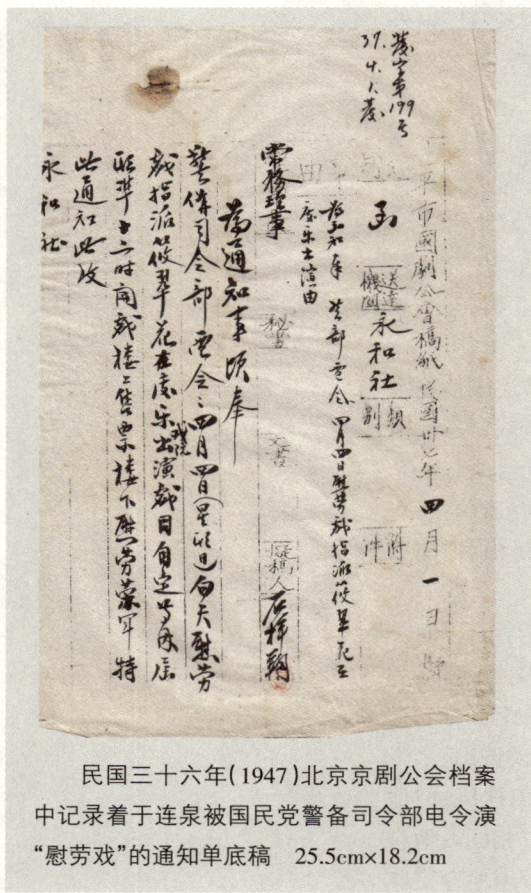

民国三十六年（1947）北京京剧公会档案中记录着于连泉被国民党警备司令部电令演"慰劳戏"的通知单底稿 25.5cm×18.2cm

《婕好熊当》、《白兔记》等演出。

《戏剧月刊》第一卷第十二号有署名卢绮思之《谈小云翠花之全部雷峰塔》一文的第二段是专门谈筱翠花的：

> 筱翠花演《金山》、《断桥》两场水斗之快步，矫健中有娇怯气及遇许仙长唤

一声："冤家"，推开青儿相与偎倚而去，万缕柔情，传神却在双目，极妙，极妙。

于连泉与尚小云搭戏由来已久。《戏剧月刊》第一卷第十一号署名看云楼主人之《顾曲余话》中有语云：

> 小云此次南游"配角之最得力者厥惟筱翠花一人。翠花貌非甚美，而神韵独绝，嗓固不佳而婉约动人……"

于连泉也和杨小楼演过《东昌府》、《战宛城》，和余叔岩演过《坐楼杀惜》、《游龙戏凤》等。最后，自己组班，在北京、上海、汉口等地演出，声誉大振。

民国《戏剧月刊》另有署名肖伧者（按：或为张肖伧先生）于《蒨蒨室剧话》中有语云：

> 老于顾曲者必盛称田桂凤、路玉珊、杨小朵之如何佳妙。但桂凤、玉珊、小朵之擅长，筱翠花实能兼而有之。翠花除唱音字眼道白有可议处外，其色、其跷工、其身段、表情意态、丰姿及技艺平心而论，已驾桂凤、玉珊、小朵而上之。然而，世人皆震乎梅、尚、程、荀四大名旦之名，而忽于翠花之艺，恐十余年后求一纯粹花旦人才不易得矣。

于氏戏路博广，他从陈啸云学过《战蒲关》、《二进宫》、《走雪山》等青衣戏；从张彩林学过《秦良玉》、《玉虎坠》、《珍珠扇》等刀马旦戏；也学过《捡柴》、《梅降雪》、《紫霞宫》、《杀狗》等河北梆子花旦戏。他的《铁弓

筱翠花在《乌龙院》中饰阎惜娇

于连泉《乌龙院》剧照

博采众家之长，以擅演花旦戏著称。他会戏多，戏路广，文武兼备。1918年出科后，他搭入斌庆社演戏。后来曾辅佐尚小云，并参加尚派新戏《婕妤熊当》、《白兔记》等演出。他也和杨小楼演过《东昌府》、《战宛城》，和余叔岩演过《坐楼杀惜》、《游龙戏凤》(又名《梅龙镇》)等。最后，自己组班，在北京、上海、汉口等地演出，声誉大振。新中国成立后，于连泉曾担任北京市戏曲研究所研究员，并在中国戏曲学校任教。

缘·英杰烈》是师法郭际湘，自己又有所突破创新。他演过昆曲《昭君出塞》、《琴挑》和吹腔《奇双会》；古装戏演过《貂蝉》。曾参加过高庆奎的新戏《七擒孟获》饰祝融夫人，全部《庆顶珠》饰萧桂英。他自己挑班后，兼演闺门旦、泼辣旦和刀马旦，能戏极多，而庄谐并擅。他演过《樊梨花出世》、《梵王宫》等戏；武打戏他演过《巴骆和》，并演过《演火棍》；反串戏则演过《八蜡庙》的贺人杰。

于连泉的扮相好，身段苗条，眼睛大而秀美，双目似会说话，正所谓"美目盼兮，巧笑倩兮"。嗓音虽然略带沙哑，但他的唱、念

功力深厚，又打远又响堂，字字能送到最后一排观众的耳朵里。他的技艺精湛，表演精细，刻意求工，跷功已臻化境，一举一动，一步一趋，皆具法度。他的《龙凤店》，以其娇小玲珑做工细腻有传神阿堵之妙，令人想见梅龙镇上慧美无伦之酒大姐也。

中年以后，于氏多演泼辣旦即荡妇型人物，《挑帘裁衣》、《坐楼杀惜》、《翠屏山》、《战宛城》一时脍炙人口。而他的闺门旦小戏，如《拾玉镯》、《得意缘》、《荷珠配》、《打樱桃》等，潜气内敛，不温不火，庄谐得中。至于近于舞剧之《小上坟》、《小放牛》，鬼剧《红梅

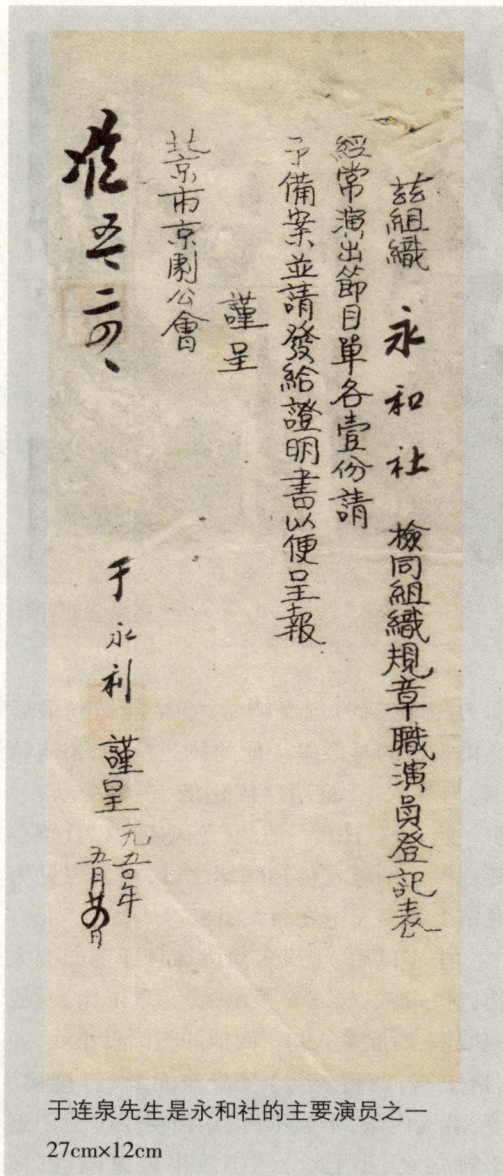

于连泉先生是永和社的主要演员之一
27cm×12cm

阁》《活捉》和久不上演的《阴阳河》,可谓"筱派"戏之绝唱。他与梅兰芳合作的《樊江关》,与尚小云合作的《梅玉配》,更是铢两悉称,精彩绝伦。

于连泉的表演艺术最难能可贵处,即他一举一动、一颦一笑,乃至信口谈吐、眉目神情,无不从妇女现实生活中提炼摹绘出来。1936年在天津大义务戏演出中与马连良合作的《坐楼杀惜》,戏工极佳,饰阎惜娇一角演出了《水浒》《金瓶梅》中人物的风韵。1948年在北京于连泉、奚啸伯、侯喜瑞合演的《胭脂虎》,除演员珠联璧合外,主要在于最后一场于连泉、侯喜瑞两人的演技纯熟,"盖口"严紧,表演俏皮;且两人极少合作,使观众感到千载难逢,机会难得。

有文章在评论"筱派"艺术时说,他不但掌握了一般市井妇女言行举措的生活习尚,甚至也窥透了女性私生活中的精神世界,甚至在现实生活中,真正的女性对自己身上独有的语态行踪和心灵上特具的细微思想活动,都没有能体察到如此细致熨帖,而作为男性演员的筱翠花,却不但能丝丝入扣地表演出来,而且还升华到高品位的艺术境界,这就不能仅用什么糟粕或鄙俗之类的评价去一笔抹杀了。我们从京剧大师身上看到写意艺术的超越于生活表象的美,却同样也从筱翠花身上体察到植根于现实生活的写实艺术的深入于膝理内心的自然美。看到这一层,才谈得上去粗取精、去伪存真、由表及里和遗貌取神等等艺术上批判地继承的真谛。从京剧旦行这一方面说，四大名旦在艺术上所达到的出神入化的境界，我们同样能在筱翠花表演艺术的领域里寻得出、找得到。如果说四大名旦的表演是不朽的艺术精华的代表，那么筱翠花的艺术成就同样是不朽的，是值得深入挖掘、钻研并予以传承、借鉴的。

新中国成立以后，文化部宣布一批禁戏，其中好多是他最叫座的剧目。戏改中的清规戒律，更使他胆颤心寒，跷功被废除了，他擅演的一部分戏因这个是丑化了工农，那个是侮辱了妇女。于是，什么戏都不敢演了，也解散了自己的戏班——永和社。后深居简出，索性连功也不练了……

1956 年，上边提

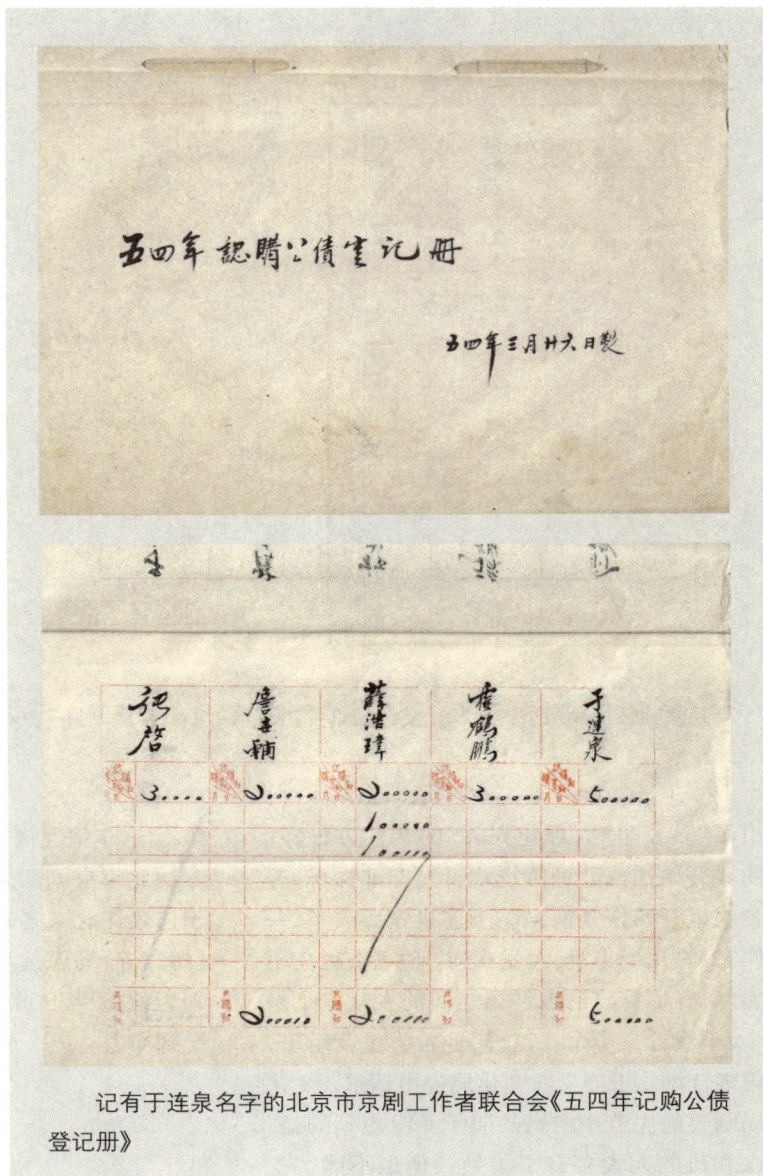

记有于连泉名字的北京市京剧工作者联合会《五四年记购公债登记册》

于连泉担任主要演员的永和社演员名单　26cm×18.5cm、常演剧目　26cm×18.2cm

出了"百家争鸣,百花齐放"的文艺方针,戏曲界开始挖掘整理传统戏,像《四郎探母》等禁戏也开始恢复演出。于连泉先后演了《一匹布》等几个小戏,大受欢迎。他兴奋得夜不能寐,算了算自己现在还能演的大戏有十来个,小戏近二十个。这样,他希望重新组班,再现江湖。于连泉向文化局提出请求。文化局则要他先造个组班的册子。没想到的是,永和班的人大多有了去处。他也不能"挖角"。这个情况被马连良得知后,立即邀请他参加北京京剧团未果,但1957年反右前夕,于连泉在北京各家剧场上演《活捉三郎》和《海慧寺·马思远》,因主事者张伯驹先生被划为"右派",自此一蹶不振。"文革"初起,即受到冲击。

杨 宝忠字信忱,是京剧界闻名遐迩的琴师,有"曲停音不断,音断意不折"之美誉。他和四大须生之一的杨宝森先生是一爷之孙。祖父杨朵仙是与梅兰芳祖父梅巧玲同时的著名花旦,父亲杨小朵为清末民初的著名演员,亦工花旦。叔父杨孝方也就是杨宝森先生的父亲,是著名的俞派武生。杨宝忠堂叔伯弟兄三人,宝忠居长;二弟宝义,习花衫,曾从吴彩霞学艺,不幸青年时病逝。大排行杨宝森行三。杨宝忠的大妹夫是著名青衣林秋雯,上海人,曾与马连良合作,时间不长即因体弱多病而辞班返回上海。

　　杨宝忠先生幼时即开始学戏,家里请人教习,因此未受坐科之苦,师从张春彦、鲍吉祥等工须生,后又随钱金福、许德义等武净宗师习武功,后经陈秀华教习,拜余叔岩为师,颇得真传。二三十年代是杨宝忠舞台生涯最活跃的黄金时代,虽然没有挑班唱头牌,但他在京剧舞台上已是一位很有名望的老生演员。他与杨小楼、尚小云、筱翠花、章遏云等许多名演员都合作过,很受倚重。他当年所演《击鼓骂曹》、《南阳关》两出,后世尊为经典。三十年代初,焦菊隐先生创办中华戏曲学校,聘请著名京剧演员担任教师,杨宝忠亦被约聘。焦菊隐知道杨宝忠的《骂曹》有名,请他教授此戏。就在他踌躇满志之时,却因倒仓辍演。据说杨宝忠有饮用烈性白酒的嗜好,这也是他倒仓的原因之一。休养期间,本来就有极高音乐天赋的杨宝忠,志趣转向胡琴,有了改行的打算,当他把自己的想法与姑丈王瑶卿先生和盘托出之后,王瑶卿先生坚决反对,杨宝忠主意已定,姑丈及家人也就妥协了,于是杨宝忠按照梨园行里的规矩改行另行拜师。对于杨宝忠来说,拜师只是一种形式,其实早在唱戏期间就业余爱好京胡,也向许多名琴师请教过,在他未正式从事操琴行业之前,他的京胡在京剧界就有了一定名气,当时的名票夏山楼主(即京剧名票、文物收藏家韩慎先)、李适可、赵贯一等

杨宝忠「改行」的成就

杨宝忠

常到他家调嗓。

　　杨宝忠先生正式登场操琴是拜师后的第四天，为马连良伴奏《借东风》，随即马连良邀请他加入马家戏班"扶风社"。马连良处处以礼相待，酬劳极高，不但在广告、报纸和戏单上，加上"特请杨宝忠操琴"的旁注，而且在舞台上设立琴师专座。杨宝忠先生原本须生出身，能戏很多，腹笥渊博，熟知戏理，虽说是半路"出家"，但他比起那些自小学徒

门里出身的琴师更能理解和把握演员的心理，明了演员的发声、吐字、气口、韵味，因此在伴奏时与演唱者的配合协调默契，相得益彰。他在《空城计》西皮慢板"我本是卧龙岗散淡的人"之后的花过门，每每演出，必赢得喝彩声。在《击鼓骂曹》中创编的鼓套子，和曲牌《夜深沉》天衣无缝的结合，使剧中人物祢衡的忿、怒、哀、怨表现的酣畅淋漓。马连良的演唱和杨宝忠的伴奏在风格上有很大

杨宝忠（1900—1967）中国京剧余派老生演员，后专工操琴。安徽人。幼年酷爱音乐，与琴师陈彦衡过从甚久，对谭腔和胡琴演奏技巧有深湛研究。他又嗜西乐，从朱蛛隐习小提琴，并将小提琴的某些弓法融于胡琴演奏中。他的指法灵活，弓法顺畅，独具一格。中年以后，正式拜奚子刚为师，专业操琴，先后与言菊朋、马连良、杨宝森等合作，配合默契。他与杨宝森和鼓师杭子和的合作，被观众称为三绝。著有《杨宝忠京胡经验谈》。

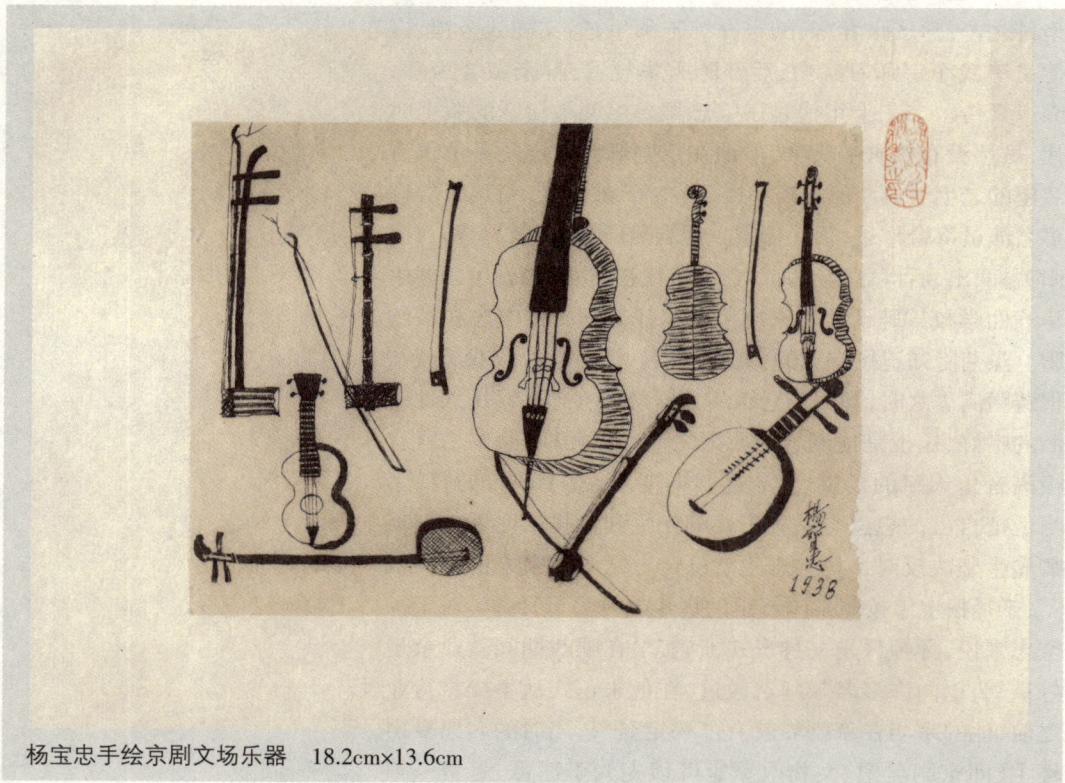

杨宝忠手绘京剧文场乐器　18.2cm×13.6cm

苦学不倦
丝竹精湛

楊寶忠題

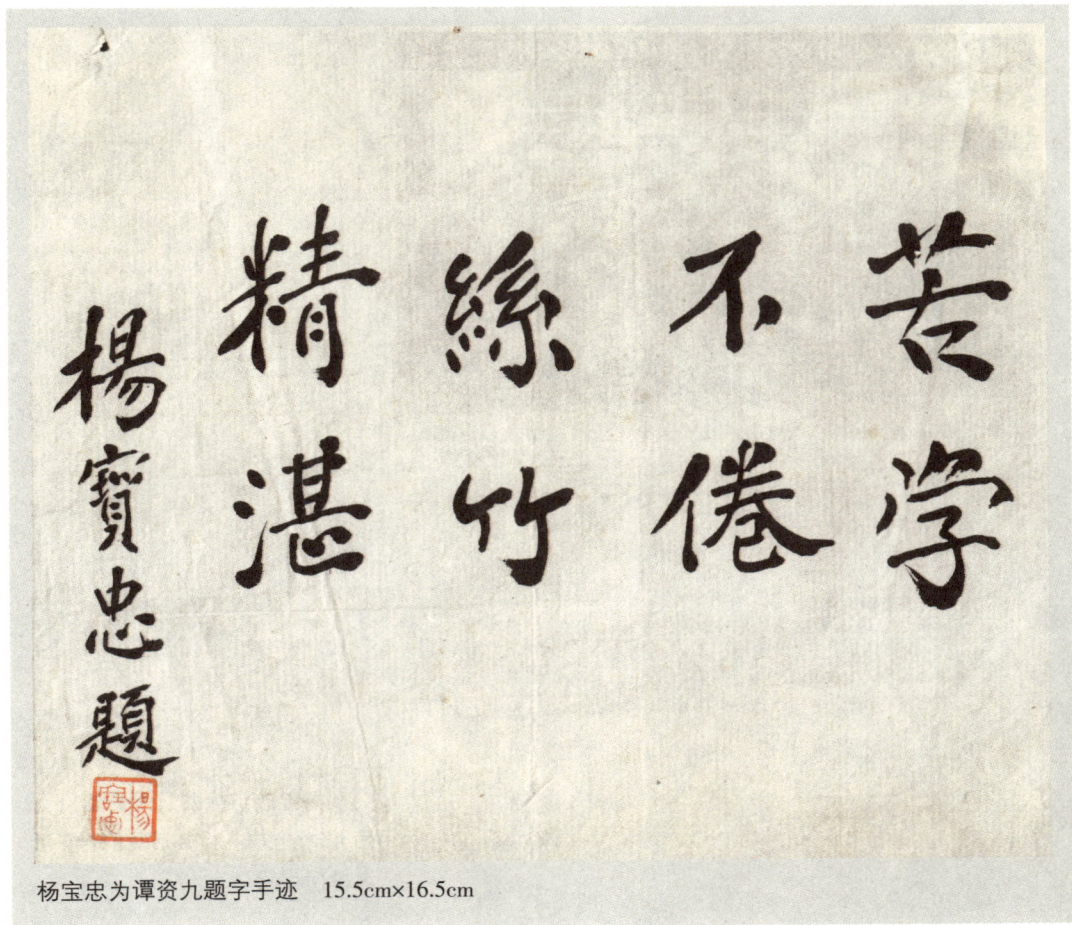

杨宝忠为谭资九题字手迹　15.5cm×16.5cm

的不同,但那时他俩合作的《借东风》、《甘露寺》、《苏武牧羊》等,却配合得极为默契。抗战爆发,马连良先生主持的扶风社面临困境,为缩减剧社支出,马连良先生起用了才刚出道的李慕良。

杨宝忠离开扶风社,改为其堂弟杨宝森先生琴师,他一心扶佐堂弟杨宝森。为提升杨宝森的地位和影响,每逢杨宝森演出,宣传海报上都有非常醒目的"杨宝忠操琴"五个大字。有了堂兄的支持,杨宝森的表演更

名琴师聚集第一乐器社 鉴定创制木制京胡成功会后合影留念 1957.4.15

前排由右第一人顺序：
靳文锦 李德山 李慕良 于善民 徐兰沅
杨宝忠
二排由右第二人顺序：
阚岳平 周文贵 姜渤 王瑞芝 吴炳璋
何顺信 杨深泉 索天晴
三排由右第二人顺序：
马竹青 唐在炘 江本真 傅雅山 李炳麟

贯九贤弟惠存

杨宝忠赠
一九五九年五月于北京

杨宝忠与徐兰沅等合影（正面）及杨宝忠在照片后写的合影者名单(背面)

加潇洒自如，嗓音也越加洪亮，大受戏迷追捧，最终成为继余叔岩之后、成家立派的老生，跻身京剧"四大须生"的行列。五十年代中期杨宝忠任职于天津京剧团、天津戏曲学校副校长并兼课授徒。

杨宝忠先生不仅在胡琴上有高超的技艺，而且对于二胡、板胡以及大提琴、小提琴、扬琴等都有极高的造诣。十七岁那年，杨宝忠倒仓后，居家休养期间，开始研究胡琴及钢琴、小提琴和西方音乐理论知识。此间他还与当时的音乐名家交往，如老志诚、刘天华等。他会拉一手非常好的小提琴，每个音符都好似一条优美的弧线，或出于幽谷，或腾入云端，余韵不绝。1938年，他送给兆惠小姐的画作，也是独出心裁地画了包括京胡、二胡、板胡、大提琴、小提琴、扬琴在内的乐器。据说杨宝忠还常在天主教堂给唱诗班伴奏圣歌。当年北京协和医院礼堂举办音乐会，其中有老志诚的钢琴独奏，也有杨宝忠的小提琴独奏。杨宝忠用小提琴演奏中国传统乐曲《梅花三弄》，被美国胜利唱片公司以优厚的酬金请其灌制成两面一张的唱片，畅销全国。尚小云演出的新戏《摩登伽女》里，最后一场叫"斩断情丝"。尚小云以西洋踢踏舞蹈场面作为结尾，而杨宝忠则身着西服，风度翩翩地走上舞台，以小提琴为其伴奏。

"文革"开始，杨宝忠被戏校的红卫兵以"反动权威"的罪名打入牛棚。之后，杨宝忠身患重病，回北京的家中就医。在此期间，杨宝忠常去西单一家乐器行，在乐器行里面的一间屋子摆弄乐器，因房间光线太暗，他便转移到临街的玻璃窗下。一天，路过这里的天津市戏曲学校红卫兵、造反派发现了他，把他押回天津戏曲学校，关在一间小屋里，无人管理，无人过问，几日后，冻饿而死。

尚小云（1900-1976）原名尚德泉，字绮霞，祖籍河北南宫。京剧四大名旦之一；汉军旗籍人，清平南王后裔。祖父尚志铨曾任清远县令。父尚元照在光绪年间充那王府总管。1909年尚小云进入"三乐社"科班，师承孙怡云，又得益于王瑶卿，其特色是字正腔圆，善于使用颤音。他的武功根底相当深厚，擅演刀马旦，艺术上有"尚派"之称，1937年开办"荣春社"科班，亲自执教，弟子有黄咏霓、赵啸澜、黄玉华等。

尚小云先生，河北南宫人。祖隶汉军旗籍。幼时入北京三乐科班，初习武生，后改正旦，以演青衣戏为主。他本名德泉，字绮霞，号平南裔子，艺名三锡。斋室名"芳信斋"，因其曾任梨园公会会长，住处挂有"管领群芳"匾额，故此而名。

据《戏剧月刊》署名涵庐之《追记北京之票选名剧》记述，民国五、六年春间，北京《顺天时报》举行希望剧之票选，各界人士投票之结果，被选男伶三十一人，共八十五出，最著者为梅兰芳之《嫦娥奔月》、《汾河湾》和《黛玉葬花》。梅兰芳的雍容华贵大家风范，尚小云的丰姿飒爽明亮昂扬，荀慧生的娇声荡气甜润柔媚，程砚秋的举止端正幽咽委婉，各有特色。因尚小云嗓子冲，武功好，常常在剧中连唱带舞，人们

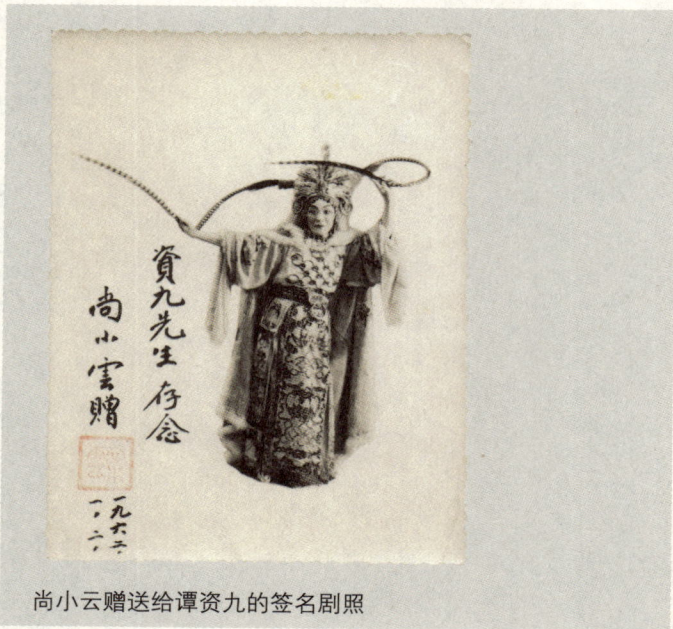

尚小云赠送给谭资九的签名剧照

尚小云

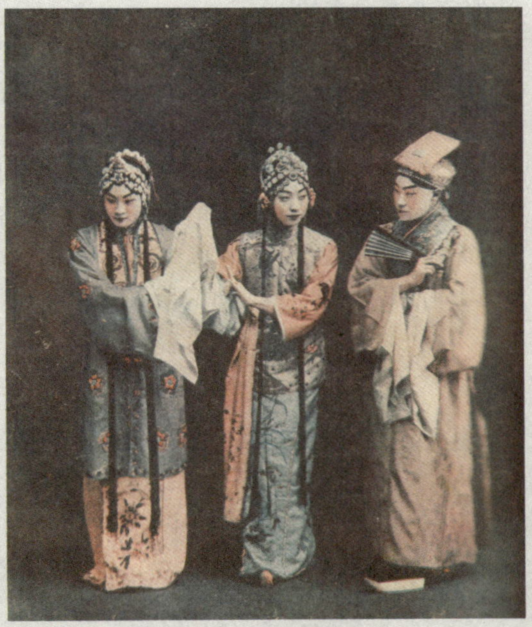

尚小云、梅兰芳、程砚秋之剧照

尚小雲劇团团員名冊（一九五六年三月）

姓名	性別	年齡	籍貫	文化程度	專長
尚小雲	男	59	北京	私塾	青衣
尚長榮	々	17	々	初小	淨
尚富霞	々	51	々	私塾	小生
田榮芬	々	34	々	三年	花旦
赵和春	々	31	々	仝	武生
唐榮昌	々	30	々	二年	淨
方英培	々	43	々	三年	生
李喜鴻	々	27	々	三年	花旦
李藴秋	々	37	天津	初中	青衣
錢榮順	々	30	北京	初小四年	武生
華世麗	々	39	々	识字	丑
吳榮森	々	29	々	四年	小生
刘少奎	々	31	々	识字	淨
蘇連漢	々	37	々	私塾	々
馬元祿	々	32	々	高小三年	老旦

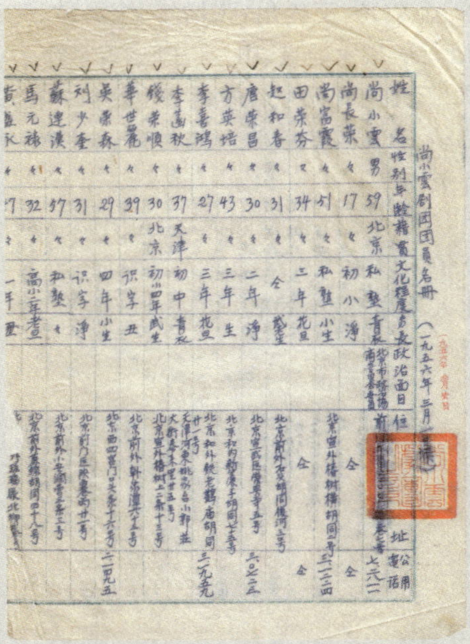

尚小云剧团团员名录(局部) 26.5cm×36cm

赞誉他是“铁嗓钢喉”。

尚小云先生是四大名旦之中最高寿的一位，1976 年 4 月 19 日逝世，享年七十五岁。其次为荀慧生，1968 年 12 月 26 日，因心脏病并发肺炎，故于北大医院，享年六十九岁；梅兰芳，1961 年 8 月 8 日因心脏病发作逝世，享年六十七岁；程砚秋，1958 年 3 月 9 日，因心脏病突发性梗塞离世，年仅五十四岁。

尚小云先生和荀慧生先生同庚，都生于 1900 年，荀慧生先生，1968 年离世，赶上了“文革”的头两年，也遭了不少罪，据有关资料：1966 年 8 月 23 日，农历丙午年七月初八日上午，北京大学和北京第八女子中学的红卫兵学生闯到文化局和文联机关，把北京市文化局和“文学艺术家联合会”的作家、艺术家和干部拖到文庙批斗毒打，共 29 人，包括老舍、骆宾基、荀慧生、白云生、侯喜瑞、顾森柏、方华、郝成、陈天戈、王诚可、赵鼎新、张梦庚、曾伯融、苏辛群、季明、张国础、商白苇、金紫光、王松生、张增年、宋海波、张治、张季纯、端木蕻良、田兰、江风、萧军等。……第二天，遭受批斗后的荀慧生便被押往沙河劳动，由于身心受到严重摧残，心脏病并发肺炎离世。

尚小云先生是四大名旦中唯一经历了新中国以后历次运动的人，而且经历了"文化大革命"的全过程，也因此，他遭的罪，受的苦也是最多的。

新中国成立后，同梅兰芳、程砚秋、荀慧生三位先生一样，尚小云解散了经营多年的"荣春社"，成立北京市尚小云剧团。剧团成立后，排演的新戏中有一出叫《洪宣娇》，说的是太平军的故事。为了这出戏，尚小云自筹资金，置办了全新的行头，可戏排好了，主管部门却迟迟没有批准。致使，戏最终演了，但没

尚小云致北京市京剧
工作者联合会书札
26.5cm×18.5cm×2 信封
23cm×10.5cm

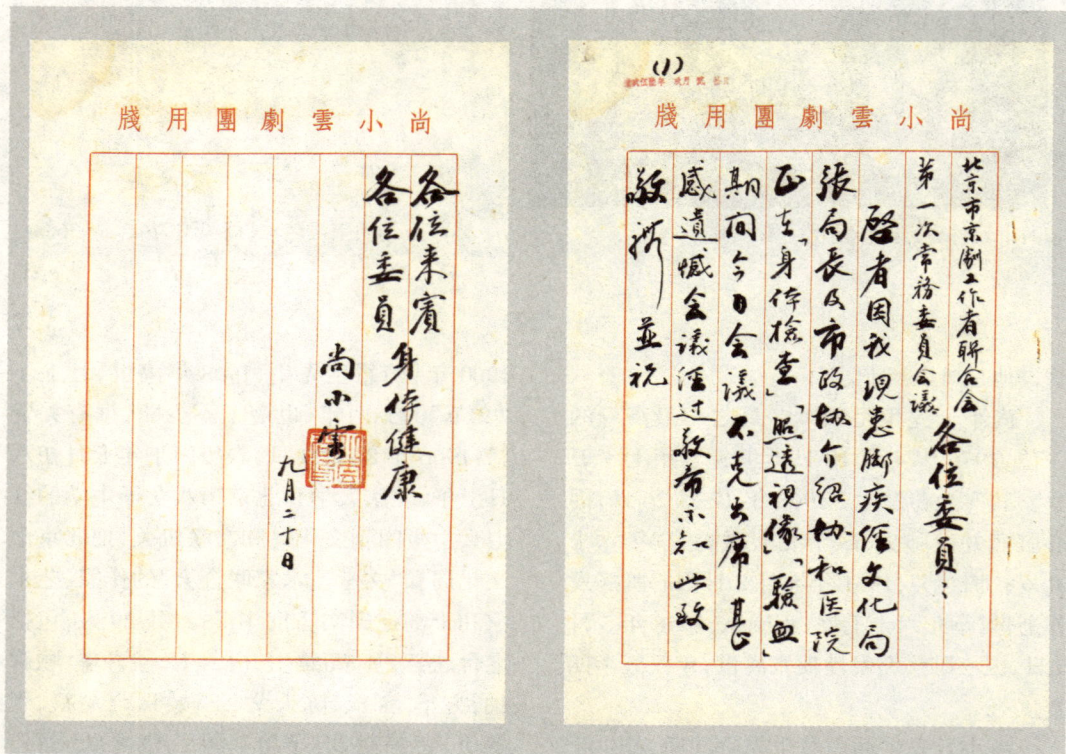

有取得成功。尽管这里的原因是多方面的，但尚小云先生依然体味到了失意和冷落。他毅然离开北京，到外地演出。三年后尚小云先生回到北京，原本住在宣武区椿树上二条大院子里的尚小云一家，因故搬到了宣武区校场六条一个只有六、七个房间的小院。

1957年，陕西省戏曲学校成立，尚小云先生受聘于陕西省戏曲学校担任艺术总指导。谁知，这一去，直到"文革"后期，身患重病的尚小云才得以回京。

尚小云先生虽然去了西安，不久又担任了陕西京剧院院长，可他仍是北京市尚小云剧团的团长，户口也依旧在北京。

1960年，北京市文化机关决定：为了加强党的领导，将梅（兰芳）剧团、尚（小云）剧团、程（砚秋已逝，由程氏弟子赵荣琛、王吟秋主演）剧团、荀

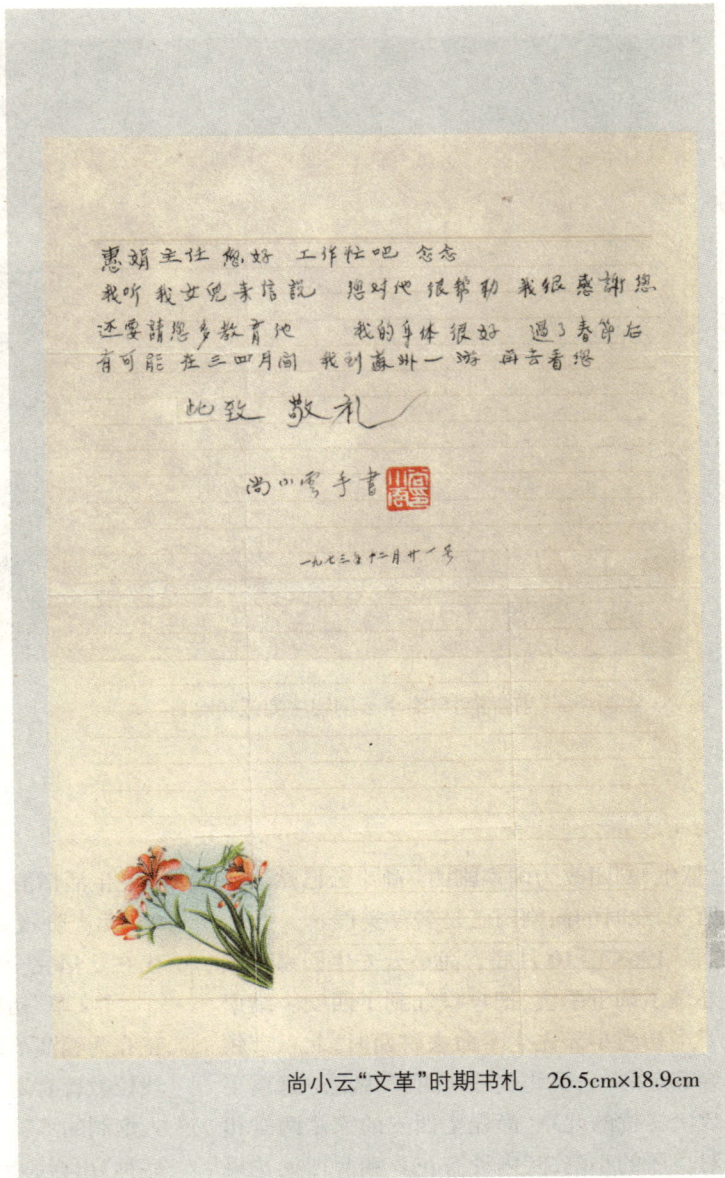

尚小云"文革"时期书札　26.5cm×18.9cm

1951 年尚小云（前排中）与尚小云剧团主要成员合影

（慧生）剧团改为国家剧团。尚小云已然去了西安，此时的尚剧团已是名存实亡。

1963 年 10 月底，尚小云先生回京正式办理了调干手续，把户口迁到了西安。结束了当初尚小云先生奉命去陕西时，北京市领导确定的"一半北京一半西安"做法。远离了政治纷扰的北京，尚先生西安的家是两排相对房屋的小院，院内种有花草和两棵无花果树。生活恬静、舒适，如果不是那场史无前例的"无产阶级文化大革命"的到来，尚小云先生在这里完全可以颐养天年。

"文革"初期的 1966 年 5 月，尚小云先生正在为编演革命现代京戏《秦岭长虹》和改进戏校教育奔走。同年 6 月 1 日，林彪、康生等人炮制的那篇大动乱宣言书《横扫一切牛鬼蛇神》出台，戏校就和全国一样，大字报铺天盖地，红卫兵和革命造反派组织的批斗会、抄家、游街频频出现。尚小云先生难逃此劫，立即被扣上了"资产阶级反动艺术权威"的帽子，随即被关押批斗。污蔑、造谣、诽谤等等不实之词，一股脑儿的加在了他的头上。而这些个罪名之中，对尚小云先生伤害最大的是说他在抗战时期曾做过"伪事儿"。

关于这件事的起因，要从北平梨园公会说起。自清代起，伶人为维护整个梨园行公共利益组织了自己的行会组织"梨园公会"。凡组班邀角、穷苦艺人的生养死葬以及其他集体公益事项，都通过公会或由公会出面办理。会首一职推举由有声望的艺人担任。该组织从清代一直延续到二十世纪五十年代初，"北京京剧工作者联合会"取代了梨园公会。在梨园行和朋辈中，尚小云先生生性豪侠，能急人之所急，以疏财仗义享名。同行里的人有了难事，只要找上门来他都给予接济。其他慈善事业，尚先生也从不后人。因尚小云先生的慷慨大义，在抗战以前就被推举为"北平梨园公会会长"直到民国三十六年（1947）春（已改名为北平国剧公会），辞去北平国剧公会理事长之职。而尚小云担任梨园公会会长期间，日寇侵占北京，梨园会划归由日本人主持的新民会管辖。新中国成立后，尚小云先生抗战时期曾任新民会管辖的"梨园公会会长"自然成了严重的历史问题。"文革"时被上升为"罪行"也是很自然的事情。

本来已被定性为"资产阶级反动艺术权威"的尚小云先生，又被加上了这顶"汉奸"的帽子，已届古稀的尚小云曾多次被拉到西安闹市中心，被野蛮地挂牌游街。同时，他的家多次被抄，门被糊上了封条，尚小云一家人被扫地出门，挤在一间小屋，每月三十六元生活费。三只碗、六根筷子是他们的全部家当。这位昔日四大名旦之一的老艺术家，每天独自用小车清扫八栋楼的全部垃圾。挨斗时，造反派知道他功夫好，就让他站到三张垒起的桌子上，胸挂一张沉甸甸的大牌子。……最让尚小云先生痛心的是他多年集藏的《九宫大成》、《集成曲谱》、《遏云阁》等大量关于戏曲、诗词、历史的古籍，都同其他财物一起被红卫兵抄走，自此再也没有了下落。说到这里，需要提及的是，尚小云先生自幼喜爱书画，曾得到名家陈师曾的指导，擅长画花卉，也长书法。而且还喜欢收藏字画、古董、玉器。1959 年刚到陕西不久的尚小云，把自己珍藏了大半辈子的字画、玉器共六十六件（见附件），无条件捐献给了陕西省博物馆。也因此，"文革"时期这批珍贵的文物得以保存下来。

这场降临到尚小云先生及全家的灾难，6 年后的 1972 年 12 月，才开始有了转机。敞寓所藏尚小云先生写给女儿慧英（按：慧英或为尚之儿媳）的信中，记载了尚先生得知自己即将被"解放"，被红卫兵抄走的"东西"也将"准备发还"的消息之后的喜悦心情：

文革时期尚小云写给女儿慧英的书札　25cm×17.2cm×2

慧英女儿:你好哇。孩子们都好,正在想念你。昨天十三号接到你由苏州寄来的白糖。同时也由明珠孙女由涿县寄来了巧克力和白糖。我都收到了。我们三老太高兴啦。天气冷啦,但是我同你娘和你爹身体更好啦,更健康啦。明珠入了文工团,我听了很高兴。我以(已)给他写信去了。慧英儿,我现在不买什么东西。我

们这里情况是这样,现在京剧院的负责人,天天在那里整理咱们的东西,准备发还。在这十二月底,我的事情解决,解放。我接到喜信,我就给你打电报道喜。慧英儿,你等着吧!咱们事情一解决,我马上就给你写信,派你到上海买东西,在苏州买东西。准备叫你把买的东西亲自送来。慧英儿,你等着吧!在我的(生日前后)可

能把买东西的(款)和你的路费给寄去。你娘问你明珠结婚了吗?大宝结婚了吗?她们老姐俩非常关心他们。你把我信上所说的情况,你写信告诉荣安吧!这是近来我们在陕西的情况。言不多叙。你三弟荣儿问候嫂嫂好!你三弟妹问候你们全家好!

　　七十四岁老人尚小云给女儿的亲笔信。

　　一九七二年十二月十四号。

　　不久,尚小云先生终于获得了"解放",回到了自己的家。此时的尚小云先生,已然是73岁的老人了。经过8年的折磨,尚先生坚持每日练功的雄健身体被摧残了,先是全身伤痛,继之左眼失明。

　　1974年秋,尚小云先生获得有关部门的批准和夫人到北京求医,北京的住房已被没收,先是挤住在女儿家里,女儿家中窄小不便,早年弟子吴素秋接待安顿了他。

　　1975年春天,尚小云先生从北京返回西安。经过一段时间的治疗,尚先生的身体得到了一定的恢复,虽然被抄走的东西仍然没有发还,北京的房子也没有着落,西安的临时住房既小又热,但各项问题的解决都已有了准信儿,此时的尚先生的心情还是比以前好了许多,这时的情况,在他给女儿慧英的信中亦有反映:

　　惠英女儿:你好哇!好久没给你写信啦。我们三老现在身体非常之好,很

健康的,女儿勿远念。大宝来西安很好,很听话。就是我们招待的不好,住的房子太小啦。五个人睡一间房子,又热,又高,照顾的吃不得吃,睡不得睡。(哎)委曲了孩子。本想搬家在(再)叫他回去,因为找的房子很可心,房东在七月四号才能交房。你娘与长荣商量,先叫大宝回去根(跟)他父亲见见面,等他父亲回银川,在(再)打电报叫他来。现在情况是这样,搬家是小事,主要是发还我的东西是大事。东西是绝(决)定七一后还给咱们。里面的一切一切的情况、原因,我不写信,叫大宝亲自对你口说。我们计划是这样,我们三老叫你在八月初旬来西安。把这里的事情整理好了然后一同回北京,接收北京的房子、东西。

　　惠英儿,你对我们三老这样的孝顺,我们是又高兴,又感动,将来准备叫你每年在苏州住半年,在北京家里住半年,这是我们三老的心愿,有可能实现。等着吧!大宝的婚事,我负责给娶。大宝回来口说一切的事,千万对外不要讲(注意……)只有你们母子知道,荣安当然叫他知道。荣安回来时说我们三老问他好。这里有什么好消息,我极(及)时给你写信。

　　七十五岁老人手笔信。尚小云。

　　经过了反反复复的等盼,已经75岁的尚小云先生终于回到了阔别已久的北京的家。1976年春,尚小云先生在家中突感身体

不适,家人送他往医院抢救,因系心脏病猝发,4 月 19 日,尚小云先生最终没有等到为之平反昭雪的那一天,便悄然离世了。

1980 年 10 月 30 日,北京各界人士在八宝山为尚小云举行了隆重的追悼仪式,人们纷纷对他表示了怀念之情。他所创立的"尚派"艺术后继有人,仍为菊坛瑰宝。

附件:尚小云捐献名人字画、玉器目录(六十六件)

(宋)宣和画鹰图条幅
(宋)赵千里青山绿水图条幅
(元)唐棣飞琼图条幅
(明)冷谦人物图条幅
(明)金圣叹行书条幅
(明)海瑞草书条幅
(明)杨继盛行书条幅
(明)史可法行书条幅
(明)倪元璐行书条幅
(明)董其昌书法条幅
(明)张瑞图行书条幅
(明)唐寅荷花图条幅
(明)赵松雪雪景图条幅
(明)赵松雪设色山水图八开条屏
(明)周之冕八哥树林图条幅
(明)周之冕翎毛花卉图条幅
(明)蓝瑛山水图条幅
(明)徐渭花卉二乔图条幅
(明)徐渭画鹅图条幅
(明)谢时臣山水图条幅
(明)八大山人草书条幅
(明)戚继光行书条幅
(明)陆治石壁图条幅
(明)刘珏山水图条幅
(明)陈星海秋林读书图条幅
(明)黄钺岁朝清供图
(清)董诰灵岩山图条幅
(清)董诰灵岩山图条幅
(清)石涛山水图条幅
(清)石涛山水图册页十二条
(清)陈洪绶人物图条幅
(清)新罗山人花鸟图条幅
(清)张崟万松图条幅
(清)高其佩观瀑图条幅
(清)潘恭寿寒江独钓图条幅
(清)潘恭寿仿宋山水图条幅
(清)翁寿如雪景图条幅
(清)李永之金山寺景图条幅
(清)边寿民平安图条幅
(清)钱坫篆字条幅
(清)金农漆书对联
(清)邓石如隶书对联
(清)郑板桥隶书对联
(清)瑶华道人山水图册页十二开
(清)瑶华道人山水图册页大十二开
(清)顾见龙李笠翁小像
(清)顾见龙圣贤册页十开
(清)吴履仕女小照

（清）李鱓五松图

（清）金农达摩像图

（清）邓石如隶书条幅

（清）潘思牧烟雨图

（清）李世倬观瀑图

（清）沈铨桃花树林图条幅

（清）黄慎树阴三马图

（清）黄慎太白饮酒图

（清）黄慎梅花图条幅

（清）顾鹤庆蕉山秋霄图条幅

（清）方观承字册页八开

（清）宋葆淳鸳鸯图条幅

现代 王梦白楼台图条幅

现代 齐白石钟馗图

清御赐折扇两匣（每匣二件）

汉白玉玉圭一件

汉白玉玉璧一件

荀慧生（1900–1968）初名秉超，后改名秉彝，又改名"词"，字慧声，1925年起，改名荀慧生。八岁登台表演，十一岁跟师父入北京三乐班。后从陈桐云、乔惠云、曹心泉、陈德琳、吴菱仙、孙逸云、路三宝等名师改学京剧。与侯喜瑞、刘鸿口合演《胭脂虎》一炮打响。1919年与杨小楼一起组班赴沪，被剧院一再挽留，前后在沪达四年之久。四年之中投师访友，技艺日进，成为崭露头角的旦角名伶。1927年和1931年两次当选"四大名旦"。荀慧生在京剧四大名旦中，唱念做打都有其独特的风格和魅力。他的唱腔委婉动听，俏丽多姿，声情并茂，感人至深。在传统唱腔、唱法的基础上，他结合剧中人物的需要，根据自己的天赋条件大胆创造，如《勘玉钏》中的"二黄快板"、《红娘》中的反汉调"听琴吟"、反四平调"佳期颂"、《还珠吟》中的四平"节妇吟"等等都成为学习荀派的必修

荀慧生先生是京戏中"荀派"艺术的创始人，与梅兰芳、程砚秋、尚小云，合称京戏"四大名旦"。荀慧生花旦戏风行一时，善于刻画贫苦而富于正义感的女性，技法如铁线白描，风格人情均在个中。比如乐曲，亦时有华彩乐章，绝不浅薄单调。荀慧生擅演天真、活泼、温柔一类的妇女角色。同时还培养了一大批戏剧演员，可谓桃李满天下。荀派代表剧目主要有：《胭脂虎》、《红娘》、《绣襦记》、《丹青引》、《勘玉钏》、《钗头凤》、《鱼藻宫》、《荀灌娘》、《贩马记》、《玉堂春》、《十三妹》、《得意缘》、《花田错》、《元宵谜》、《辛安驿》、《香罗带》、《金玉奴》、《红楼二尤》、《杜十娘》、《霍小玉》等。

荀慧生，原名才，又名秉彝、秉超，字慧声，号留香，曾自名词，艺名白牡丹。关于荀慧生先生自名、号、艺名，要从他的经历说起。

清光绪二十五年旧历腊月初五（1900年1月5日），荀慧生先生出生于河北省阜城县土山乡谷庄（早年隶属东光县）。1907年家道中落的荀父，携带妻儿前往天津谋生。由于生活所迫，荀才（即荀慧生）与哥哥荀仓二人以五十元身价被送进小桃红梆子班习艺。荀仓难忍学艺之苦，逃往他处。班主退回荀才并向荀父索要银元，无奈荀父再次把荀才转卖侯俊山弟子庞启发（艺名庞艳云）学艺，以此身价钱退还小桃红。荀慧生初习武生后改旦角，八岁便于天津韦陀庙首次登台演出梆子戏《王春娥》，因年幼紧张临场忘词遭到师父的毒打，为记此事，荀慧生先生自起名"词"，以铭记"别忘词"之意。

荀慧生先生以"白牡丹"艺名，始于1909年。那年他九岁，首次于天津下天仙戏院演《忠孝牌》。1910年，他刚满十岁，即随师进京，得侯俊山亲传其《小放牛》、《辛安驿》、《花田错》、《英杰烈》等。1913年7月于前门大街打磨厂"福寿堂"与师兄庞三秃合演《小放牛》，年仅十三岁便踩跷演出，颇受

荀慧生德艺双馨的一生

赞誉。后随师同入"三乐社"科班,边演出边学艺,与尚小云、芙蓉草(赵桐珊)被誉为"正乐三杰"。学艺之时,曾随庞师先后居住前门外銮庆胡同及长巷二条。1917年,荀慧生先生出师,当年12月于庆乐戏院正式改演京剧,并向王瑶卿、曹心泉等请益。1919年,他随杨小楼赴沪演出,得杨提携在《长坂坡》中饰糜夫人、《翠屏山》饰潘巧云,谭小培饰杨雄。并让其以《花田错》挑梁演出,尚小云为其傍演小姐刘玉燕。随之又陆续演出《荀灌娘》等诸多剧目,此行以"三小一白"誉满上海滩。

1925年,正当"白牡丹"声誉日升的时候,由杨小楼、余叔岩建议,荀先生将艺名"白牡丹"改为荀慧生,并登报启示。1927年被公认为"四大名旦"之一。

"留香"二字,出自于荀慧生先生斋室"小留香馆"。斋室名"小留香馆",为陈墨香取"千古留芳"之意,故荀氏又号留香,有横幅悬挂书房,故而荀先生又自称"留香馆主"。荀慧生先生享有盛名,固然有自己的天赋与勤奋,而尚有一个非常关键的人物,就是为荀慧生先生编剧的陈墨香先生。

1924年,荀慧生先生经王瑶卿先生介绍结识剧作家陈墨香先生,两人合作十余年,陈墨香先生为其编写剧目三十余出。据荀慧生回忆:"从1924年到1935年,这十一年中陈先生共为我写出了45出戏,另外整理老

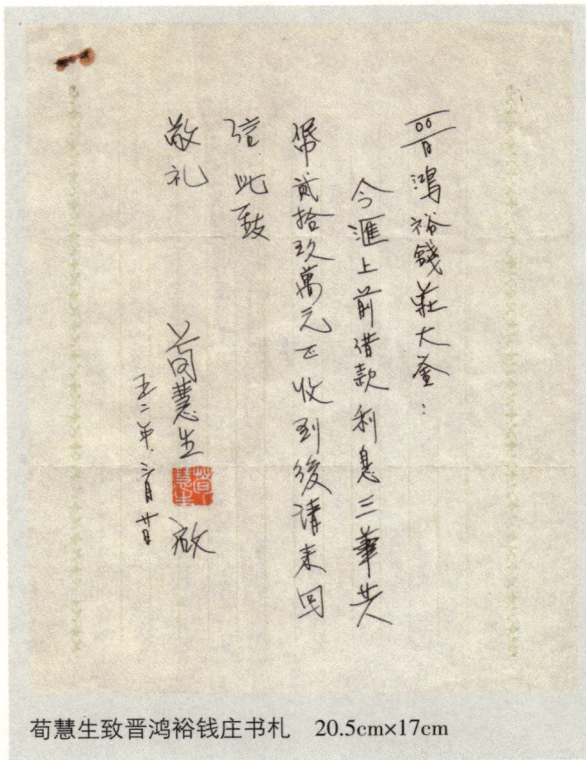

荀慧生致晋鸿裕钱庄书札 20.5cm×17cm

戏还有20多出。他与我合作剧本,总是由他先打出全剧的提纲,然后逐一研究剧中人物的性格,以及重要的场子和唱、做、念的安排。经过一再研究、修补,算作初稿,并在排演和演出中继续修订不妥之处,才算定稿。回想我们的合作,真像刀对鞘一样,彼此知心,相互启发。"

作为四大名旦之一的荀慧生,和梅、尚、程三位至少有三个方面的不同。首先梅、尚、

课。在念白上他创造出介于京白、韵白、苏白三者之间的所谓"风搅雪"的念白,顿挫有致,娓娓动听。既具有音乐美,又具有生活美。荀慧生一生演出了三百多出戏,其中常演的也有三四十出:六大喜剧《元宵谜》、《丹青引》、《绣襦记》、《勘玉钏》、《红娘》、《卓文君》;六大悲剧《钗头凤》、《杜十娘》、《鱼藻宫》、《红楼二尤》、《霍小玉》、《晴雯》;六大武剧《陶三春》、《大英杰烈》、《荀灌娘》、《美人一丈青》、《婚姻魔障》、《盘丝洞》;六大传统剧《贩马记》、《玉堂春》、《十三妹》、《棋盘山》、《得意缘》、《金玉奴》;六大移植剧《花田错》、《赵五娘》、《辛安驿》、《元宵谜》、《香罗带》、《庚娘》;六大跌扑剧《蝴蝶梦》、《东方夫人》、《九曲桥》、《东吴女丈夫》、《战宛城》、《翠屏山》;可见其能戏之多,绝不似有些人所认为的荀派仅能够唱花旦。

留香社常演剧目单 25.5cm×35cm

程三位虽然也都是经历坎坷,但毕竟他们都出身于较为殷实的家庭,而荀慧生则幼时已经家道中落;其次梅、尚、程自幼学习皮黄,京剧科班出身,而荀慧生本为梆子演员,十九岁才正式改唱京剧;其次,梅、尚、程都是本工青衣,兼擅花旦,而荀慧生是花旦出身,再学青衣的。据说,荀慧生刚入行皮黄时,很多京剧名角很是看不起他。他在前台演出,而幕后总有人嘲笑他,有的还故意学唱他那稍带梆子味的南梆子唱腔,声音之大甚至扰乱了舞台上的演出。荀慧生听在耳里气在心头,忍气吞声而已。所以,后来荀慧生称自己的艺术发展史是"一部伤心史"。

不过,也正是由于他是唱梆子戏出身,荀慧生在唱腔方面,有了不少的发明,在他的新戏中,"南梆子"特别多,运腔也好,演悲

荀慧生手书荀慧生剧团巡回演出剧目表
25.5cm×17.5cm

花旦出身,再学青衣的,按说,会对他的表演带来一些不利的影响。然而,荀氏在他的表演中,却熔青衣、花旦、闺门旦、刀马旦表演于一炉。并且根据剧情发展和人物性格的需要,吸收小生、武小生及其他行当的表演技巧。

除了上述,荀慧生先生还根据自己的天赋条件,在唱腔、念白、身段、服装、化妆等方面进行大胆的革新,最终形成了感情细腻,活泼多姿,文武兼备,唱做俱佳的表演风格。

荀慧生先生的唱腔,素以柔媚婉约著称。他有不少精彩的唱段,成为荀派弟子的必修课目。他的唱腔委婉动听,俏丽多姿,声情并茂,感人至深。他敢于标新立异,创造新腔;广采博收,吸取其他剧种唱腔的长处,设计新腔。如《红娘》中那段"反四平调"脍炙人口。他善于使用上滑下滑的装饰音,听来俏丽、轻盈、谐趣,具有特殊的韵味。荀慧生编制新腔坚持三条原则:一是让人喜悦;二是让人听懂;三是让人动情。

在念白上,荀慧生更有独特的风格,柔和圆润,富于韵律美。他不照搬传统的韵白和京白,从人物的情感出发,富含人物的思想感情,充分显示出人物的内心世界,轻重缓急,恰到好处,流利感人,又声声入耳。既具有音乐美,又具有生活美。

在塑造人物时,荀慧生非常注意刻画心理状态,重视角色的动作,提倡旦角动作要美、媚、脆。他强调旦角每个动作都要给人以

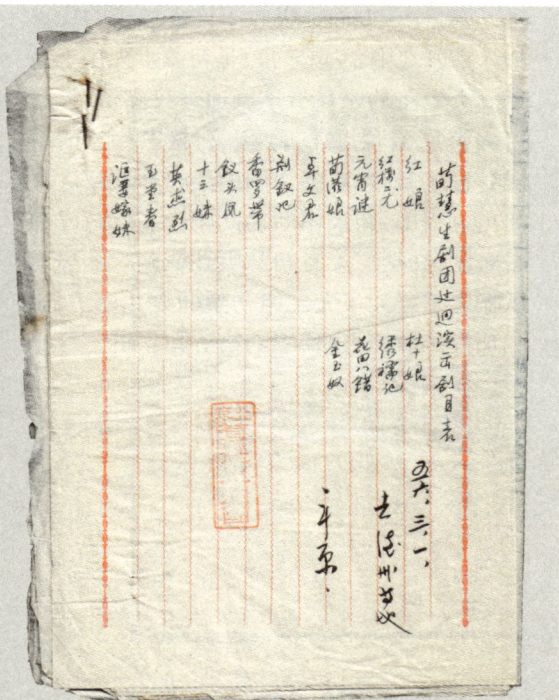

喜剧都有独到的地方。他的代表作《红娘》中的"反四平"、"汉调",《勘玉钏》中的二黄快板,《卓文君》中竟采用了《辕门斩子》的老生唱腔,但每一个新腔都结合剧情。也因他有梆子的基础,做工既有规格,却又比较自由,台步自然、轻盈,坐、立、动亦有独到之处。

旦行之大别有六,一老旦,二青衣,三武旦,四刀马旦,五闺门旦,六花旦。荀慧生是

美感，要求演员把女性的妩媚闪现于喜、怒、哀、乐、言谈举止之中，同时身段动作变化多姿，尤其讲究眼神的运用，角色一举一动、一指一看都要节奏鲜明，使观众醒目，演员一出场就光彩照人，满台生辉。

和梅、尚、程三位一样，荀慧生先生也对许多的传统剧目进行了整理和修改。荀先生改演京剧后，把一些梆子戏如《花田错》、《辛安驿》、《三疑计》等翻成二黄演出，一方面丰富了剧目，一方面也吸收了许多梆子的优点加入京剧之中。《鱼藻宫》是荀慧生先生上演了三十多年的剧目。该剧通过汉高帝时，吕后为争立储君，谋害戚姬和赵王如意的事实，揭露了封建王朝宫闱中黑暗和残暴。在演出过程中，荀氏不断对此剧作了修改。荀派名剧《红楼二尤》，荀慧生在演到王熙凤借秋桐之手害死了尤二姐初生的婴儿，尤二姐唱那段二黄原板时，唱到第五句："诉不尽心

荀慧生手书留香社职演员经历表（首页） 26.5cm×40cm

内的苦,珠泪难忍!"一失神,把最后一句唱词忘了。他灵机一动,赶紧把已死的婴儿抱起来,现编了一句:"想必是我的儿,他……他又复生!"算是把忘的那句词补上了。事后很多熟人都说,他这句改得好,更充分地刻画出了尤二姐遭受迫害后精神错乱的形象。他自己也觉得这临时诌出来的词比原词还生动,从此就按这句唱下去了。

荀派艺术丰富多彩,流传极广,弟子甚多。四小名旦中的宋德珠、毛世来及童芷苓、李玉茹、吴素秋、赵燕侠、小王玉蓉得于荀氏的亲授;荀慧生先生指导和亲自传授的后人、学生、徒弟尚有:李玉芝、吴纪敏、金淑华、李薇华、荀令莱、张正芳、尚明珠、厉慧敏、陆正梅、宋长荣、李妙春等等,还有许多人虽未拜师,但多得其亲授。

荀慧生先生创造的荀派艺术已是人所共知的了,但在他做人的原则上,有几件事似乎是鲜为人知的。

荀慧生具有平民性格,他表演的人物多为底层的丫环、侍女、小家碧玉。他自己也是平易近人的。他看到当时的艺人社会地位低下,生活无保障,甚至死后无葬身之地,他除常常解囊相助外,还发起了募捐购买义地的活动。在他的倡议和筹备下,以四大名旦为首,加上余叔岩、杨小楼等人齐心协力,每人出300元,在宣武区自新路买下了12亩空地,盖了个小祠堂,派人看守,此即所谓"梨园公墓"。这件事本是荀慧生先生倡议的,但他从不在人前炫耀自己的功德,只在日记中写了一句"关注贫穷同仁,乃是吾等应尽之责"。

1937年"卢沟桥事变"爆发,荀慧生前往前线慰问29路军抗日将士,他一曲《荀灌娘》令全军振奋。敌

荀慧生先生剧照

机袭来，一战士身负重伤。战士临死前最大的愿望就是听一段荀慧生的《红娘》。荀慧生抱着他为他演唱，战士与荀慧生合唱着："叫张生隐藏在棋盘之下……"战士在荀慧生的怀抱中离开了人世。当荀慧生得知我们没有飞机抵抗不了日军的空袭，他激动了。回到北京他义演七天，将全部收入捐献给29路军，他要尽一个中华儿女的爱国之心。

荀慧生的爱女得了急病，正当北平沦

荀慧生先生便装照

丧，国难当头。日本军强占医院，逼迫大夫赶走病人。女儿不治而死，荀慧生悲痛欲绝。不久，溥仪在东北建立伪满洲国。在举行登基大典时，曾邀请北京"名角儿"赴东北做庆祝演出。有些艺人惧于权势被迫前往，但荀慧生坚决不去，知道硬抗不行，便悄悄躲到天津一位友人徐先生家中，从此有家不能回。荀慧生的宅子被日伪汉奸霸占，荀母气急身亡。荀慧生也受到日伪的通缉。他常言："绝不与汉奸为伍"！这体现了他的民族气节。

遗憾的是，荀慧生先生逃脱了日寇和反动势力的魔爪，却在十年浩劫中遭受到迫害至死。

新中国成立后，荀慧生先生和梅、尚、程三位一样，组织了以自己名字命名的剧团——北京荀慧生剧团。剧团的前身即是他早年创办的"留香社"。1950年"留香社"进行了重新登记，荀先生按照有关部门的要求，亲笔起草了"留香社"组织规章、"留香社"职、演员经历表、"留香社"经常演出节目单。1952年，"留香社"更名为"留香京剧团"，再次报请北京市人民政府文教局文艺处。需要说明的是，"留香社"及其更名后的"留香剧团"虽为荀先生创办，但登记注册时的社长是他的女弟子，后来成为他妻子的苏昭信女士。

对于大多的读者来说，苏昭信这个名字是陌生的，这里不妨多说几句。

荀慧生先生的原配乃著名青衣吴彩霞

之妹。当时,荀每晨在陶然亭喊嗓子,认识了唱青衣的吴彩霞之子吴彦衡,吴曾拜余叔岩为师,引为同调。吴时虽年幼,却看出荀专心用功,认为前途无限,回家求其父以姐妻荀,其父以为稚子之言,置之不理。吴求其姐,姐亦不从,乃往说吴彩霞之妹,即其姑母,姑首肯,终成婚配。后来荀之庆生社中,武生一席多用吴彦衡,盖舍姑丈夫表侄关系之外,兼有谢媒之意在焉。不幸的是,吴氏并未陪伴荀氏终生。

苏昭信本是青岛富商之女,幼时受父母影响喜欢荀腔。青年时代到北平辅仁大学就读时经常去看荀慧生的演出,两人由此相识并相爱。1946年,二十一岁的苏昭信毅然舍弃了父母的荫庇和丰厚的家产,与丧偶独居的荀慧生结为伉俪,成就了一段梨园佳话。婚后,他们育有一子名荀令言。但好景不长,荀、苏黯然离异。苏昭信离开了北京,去了黑龙江。

大约在1955年6月,"留香剧团"更名为"北京荀慧生剧团"。剧团向主管部门报送的名单中已经没有了苏昭信的名字,荀慧生先生主持全团事务。

时间到了1960年以后,年过六旬的荀先生,自知年岁已高,出演花旦,全然没有了昔日形象。为此,他提出改制。经批准,上级同意把荀剧团改为集体所有制。1963年夏,北京市文化部门对这梅、尚、程、荀四个剧团的现状作了深入的研究。认为梅、尚、程、荀

四个京剧团的问题,是"在政治上使我们很被动,业务上不能做到继承发展,经济上又亏损。既不能体现党的文艺方针,也失去了工作的意义。局面不能再维持了,一定要采取有效措施,进行彻底整顿。"征得中央文化部的同意,梅、尚、程、荀四个剧团被取消。

1960年秋,荀慧生被安排到北京市戏曲研究所任所长,同时,还在中国戏曲研究院、中国京剧院等处兼职授课。

据有关资料,1963年7月14日,荀慧生在政协礼堂清唱了《红楼二尤》选段,悠悠清歌,竟成绝唱。此后,他再也没能回到他所挚爱的京剧舞台上。

1966年春夏之交,"文革"序幕已经拉开。荀慧生先是得到田汉、周信芳等老友被打倒的消息。随后,荀氏也被戴上"反动艺术权威"的帽子。原本以为自己出身贫苦,历史上也没有污点,不致受到更大的冲击。出乎其预料的是,就在这一年的8月23日上午,他在北京孔庙的市京剧团和一些老演员一起被红卫兵狠狠地摁住头批斗。红卫兵则在院内焚烧戏衣、唱本和书刊。同日下午,与他结交了几十年的知己好友,直至新中国成立后,仍在他的"留香社"挂职文书的著名作家老舒先生,也从市文联被批斗后,被押送到这里。他永远忘不了,老舍先生在遭凌辱时绝望的眼神。直到夜晚,他才被放回归家。当他拖着伤残的身子回到家中,家中已一片狼藉。第二天,遭受批斗后的荀慧生便被押往

沙河劳动,由于身心受到严重摧残,心脏病并发肺炎,1968 年 12 月 26 日故于北大医院,享年六十九岁。

四大名旦中的梅、尚、程三位,都擅丹青。荀慧生先生亦不例外。荀慧生自幼喜爱绘画和书法,早在 1921 年秋,荀慧生先生到上海演出时,因仰慕吴昌硕先生的书画艺术,在书法家刘山农的介绍引荐下,荀慧生拿着自己所绘的书画册页,向吴昌硕先生请教。本来就喜欢京戏的吴昌硕,见二十一岁的荀慧生不仅擅长京戏,而且有意于书画艺术,十分重视,欣然阅毕册页,并满心欢喜地予以指导点拨,使荀慧生得到许多启发。从此他便对吴昌硕行弟子之礼,甚为恭谨。1925 年正式拜吴昌硕为师,学习花卉和书法。由于吴喜爱梅花,荀耳濡目染,他画梅花颇得吴昌硕的神韵。他又向齐白石、陈半丁、傅抱石、李苦禅、王雪涛等名师求教,丰富了他的艺术生活,提高了他的艺术素养。在书画艺术上,荀慧生擅长青绿山水、花卉、书法,据说,老舍、欧阳予倩、叶恭绰等人生前都十分喜爱他的画作。

梅、尚、程、荀四大名旦的手迹,我最早得到的是荀慧生先生的一封钢笔信。那是他 1952 年写给晋鸿裕钱庄的。信中说:

晋鸿裕钱庄大鉴:

今汇上前借款利息三笔共币贰拾玖万元整。收到后请来回信。此致

敬礼

荀慧生启

五二年三月廿日

和这封信用大头针别在一起的还有中国人民银行发行的第一版人民币共五百元,三张是民国三十七年发行的,两张是民国三十八年发行的。至今我也没弄明白,这五百元钱与这封还借款利息的信究竟是什么关系。

刘连荣与《霸王别姬》

刘连荣先生是著名的京剧净角演员，他和马连良先生是富连成科班师兄弟，同时是梅兰芳先生的老搭档。与梅先生合作最多的是《霸王别姬》，梅兰芳饰虞姬，刘连荣饰项羽。

京剧《霸王别姬》于1921年改编，是梅兰芳大师和武生泰斗杨小楼两位艺术家在1921年下半年合作编演的。剧本是根据《史记·项羽本纪》、《西汉演义》和《千金记》传奇，在1913年杨小楼、尚小云、高庆奎、钱金福等演出的一至四本《楚汉争》基础上，由齐如山、吴震修改编而成的。杨小楼与尚小云、高庆奎在1918年演出的《楚汉争》剧情整出的《霸王别姬》有20余折，后来梅先生对这出戏进行精简，全场压缩到两个小时左右，很多大段唱腔都被去掉。梅兰芳先生主演

刘连荣与梅兰芳合作《霸王别姬》剧照

刘连荣

刘连荣（1900-？）京剧净角演员。北京人。15岁入喜连成科班，先学梆子老生，后从姚增禄学武生，又改花脸，师从萧长华等，以演架子花为主。后留在科班演戏，不计名利，善于配戏。曾与梅兰芳、马连良等合作时间尤长，极受梅兰芳倚重，30年代，曾随梅访美，访苏，与梅合演《霸王别姬》等剧。1949年后仍在梅兰芳剧团，为梅葆玖配戏。

的《霸王别姬》主要艺术特色是歌舞并重，除唱腔庄重、优美、感人外，由于在设计舞蹈，深化剧本主题方面不断改进，使该戏的思想性、艺术性不断得到升华。在表演上，梅先生把情绪舞蹈、武术舞蹈同表演舞蹈有机结合。当剧情发展到项羽被困垓下，预感大势已去，愤愤高歌吟叹："力拔山兮奈若何"时，虞姬见项羽慷慨悲歌为大王饮酒解愁曼舞一回，恰到好处穿插带表演性质较完整的、大家熟悉的"剑舞"，具有较高的艺术欣赏价值。梅先生自青年时期，直到晚年，一生演了多少场已无法统计，他到六十二岁高龄时，他演此剧的剑舞，仍然是身段干净利索，套路层次分明，神情表里如一，技艺娴熟程度令人赞赏，不减当年，美不胜收。

与梅兰芳一生合演的霸王先后有七位，即杨小楼、沈华轩、周瑞安、金少山、刘连荣、汪志奎和袁世海，前三位是武生，后四位是花脸。当今舞台上的霸王一角多由花脸扮演。他们各有千秋，如杨小楼的"矮霸王"、金少山的"金霸王"、刘连荣的"架子霸王"各具特色，相得益彰。

按顺序，杨小楼先生是第一位与梅先生合演的霸王。第二位是沈华轩先生，是他开创了武生饰演霸王的先河。1922年梅兰芳率承华社赴香港演出时，因《霸王别姬》是新排演的戏，港方要求杨小楼演唱此剧，但杨小楼患病，未能同行。遂特邀武生沈华轩配演霸王一角。第三位是周瑞安先生。1923年梅

兰芳再次去沪演出，著名武生周瑞安时在上海，由他与梅合作演此剧数场。至此，与梅合演《霸王别姬》霸王一角，均是由武生饰演的。

第四个与梅兰芳先生合演《霸王别姬》霸王一角的是花脸演员金少山。当1926年梅赴上海演出此剧时，戏院老板原预备约当地武生杨瑞亭饰项羽，梅兰芳认为杨的武功和戏路虽值得佩服，但嗓音太细，个子瘦长，不适合出演霸王。当时金少山是上海戏院的班底演员，梅见他身高一米七八，嗓音响若洪钟，声震屋瓦，遂而选定由金配演此角。一经演出，果然声容俱佳，真是叱咤风云、气势磅礴，大受欢迎。金少山从此红遍全国，并博得了"金霸王"的美号，被公认为是杨小楼以后最理想的霸王。

第五位与梅兰芳先生合演《霸王别姬》霸王一角的即是著名花脸演员刘连荣。

刘连荣先自1929年加入梅兰芳的承华社后，多年与梅先生合作，演出《霸王别姬》时，项羽一角多数由刘配演，赴国外演出，刘连荣均随去。1955年梅兰芳先生拍摄舞台艺术片中《霸王别姬》一剧，即由刘演霸王，别具风采。

第六位是汪志奎先生，那是新中国成立后的1949年末，梅兰芳在上海中国大戏院演出，为了精简节约，未从北方邀去很多演员，而是就地取"材"。项羽一角梅先生主张就在戏院班底中找，戏院负责人说只有花脸

演员汪志奎。当时有人担心汪志奎名气太小，难孚众望，但由于梅先生的坚持，最终决定由汪配演。

第七位与梅兰芳先生合演《霸王别姬》霸王一角的是著名京剧表演艺术家袁世海。他早年即与梅兰芳配演过霸王，新中国成立后，在一些招待会和晚会上以及1956年赴日本演出时，袁世海均多次与梅合演此剧。

以上叙述的与梅兰芳合作演出《霸王别姬》的七个霸王，前四位不用说了，后两位，汪先生与梅先生合作是偶然为之，袁世海先生虽与梅先生有较多合作，但多是在新中国成立后，并非固定合作伙伴。与梅先生合作场次最多，时间跨度最长的是刘连荣先生。自1929年始，直至五十年代中期，长达近三十年。

除了这七位，还有一位曾经被梅先生邀请与其合作出演霸王，但被这位先生婉言谢绝了，否则与梅兰芳合作演出《霸王别姬》的霸王就不是七个而是八个了。

说起这位先生之所以婉言谢绝梅先生的盛情，还真是与刘连荣先生有着重大的关联。这位先生即是"南麒、北马、关外唐"的唐韵笙。这三位是京剧老生其中三种表演流派的名称，也是社会对三位京剧大师的艺术造诣的赞誉。"南麒"是指南方的麒派（麒麟童周信芳），"北马"是指北方的马派（马连良），"关外唐"是指东北地方的唐派（唐韵笙）。

这件事情发生在上个世纪五十年代初。

1950年9月23日，梅兰芳先生率梅剧团由沪抵津，露演于中国大戏院。梅先生对唐韵笙先生欣赏已久，这次特意派人专程到苏州唐宅请唐韵笙赴津门联袂演出。唐韵笙先生亦以为与梅先生合作，是与梅先生学习的极好机会。于是欣然赶赴津门。梅先生对唐氏自然是热情款待，设宴洗尘之后，唐氏和他带来的马童、琴师、司鼓住在了梅先生事先安排好的国民饭店。给予唐氏的待遇也是最为优厚的，薪水每天150元，与梅先生并挂头牌。其时《天津日报》专刊登出梅兰芳剧团与"特约合作文武老生唐韵笙"演出的海报。在此期间，唐韵笙先生先出演，梅先生大轴。唐韵笙演出了《逍遥津》、《徐策跑城》、《刀劈三关》、《汉寿亭侯》、《千里走单骑》、《呼延赞表功》、《枪挑小梁王》等拿手戏。对于唐氏演出，梅先生极为重视，每次都站在边幕鼓师身后，聚精会神地观看，唐韵笙的戏后是梅兰芳的大轴《宇宙锋》、《西施》、《贵妃醉酒》、《霸王别姬》、《奇双会》及梅氏父子、俞振飞合演的《金山寺》、《断桥》。有时候梅先生有应酬唱不了，唐韵笙就唱大轴，前边由中国大戏院的底包垫戏。梅先生代表作《霸王别姬》演出时间长，前头唐唱一出戏，梅再唱《霸》剧加起来三四个点。梅先生知道唐韵笙曾演过霸王，便与唐商量，同台演一出《霸王别姬》。可令梅先生预料不到的是，唐韵笙思索片刻，虔诚地说："谢谢梅大爷对我的提携，和您同台是我的荣幸。可是，请见谅，这

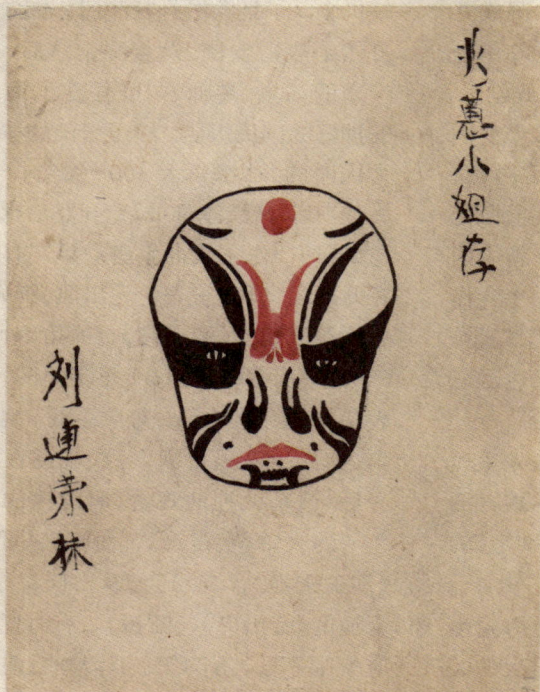

刘连荣绘"霸王"脸谱　18.2cm×13.6cm

出戏我不该演。"更令梅先生想不到的是，他不能出演的原因，竟然是因为刘连荣先生。按照唐先生的原话儿"您想，自杨小楼、金少山先生以后，一直是刘（连荣）先生陪您唱霸王。我不是驳您，因为刘先生傍您那么多年，本来他的活儿，我来顶了，对得起刘先生吗？再说，刘先生不是不好，他擅长这个角儿，您二位珠联璧合，我不行，我一演好像和刘先生比高低。咱俩合作是一时，你们合作是几十年哪！"梅先生被唐韵笙如此真诚打动，当即取消了这个念头。

据说唐氏婉言谢绝梅先生还有个秘而不宣的原因：刘连荣每当陪梅先生演霸王，梅先生都是给他双倍"戏份"。倘自己替换刘唱霸王,岂不等于夺人饭碗,怎么能干呢?虽然《霸王别姬》未能合演,但唐韵笙尊重同行、不抢台、不争名的艺德使梅先生很受感动,刘连荣闻知此事对唐更是钦佩不已,遂传为菊坛佳话。

梅、唐二氏在有三层楼、两千多座位的中国大戏院合演40来天,共41场,座无虚席。1950年11月4日合同期满,梅兰芳返回北京,唐韵笙则赴青岛。在此期间梅、唐两位还是合作同台演出了《法门寺》,梅先生饰宋巧姣,唐氏饰刘媒婆、赵廉。

刘连荣先生不仅与梅兰芳先生合作演出《霸王别姬》,他在梅先生出演的戏中还出演过其他角色。1932年初,日军又在上海制造"一·二八事变",中国守军十九路军奋勇抗敌。全国各地各行各界纷纷捐款捐物,支援淞沪抗战。梅兰芳参加了京剧界在北平的义演,为淞沪抗敌受伤将士筹措医药费。之后梅兰芳毅然举家南迁上海。为编排一出有抗敌意义的新戏,梅兰芳与叶恭绰、许姬传等搜集资料,3个月编写了《抗金兵》剧本,首演于上海天蟾舞台,梅兰芳饰梁红玉、林树森饰韩世忠、姜妙香饰周邦彦、金少山饰牛皋、王少亭饰岳飞、萧长华饰朱贵、刘连荣饰金兀术,演出很受欢迎。 接着,梅兰芳又想编演一出以青衣唱、做为主的爱国戏。他和友人讨论后决定把齐如山根据明代传奇编写的京剧《易鞋记》改编为《生死恨》,以古映今,表现沦陷区人民的痛苦生活和反抗精神。1936年2月26日,《生死恨》在天蟾舞台公演,由梅兰芳(饰韩玉娘)、姜妙香(饰程鹏举)、刘连荣(饰张万户)主演。演出场场爆满。其中《夜诉》一扬,梅兰芳的唱、做打动人心,服饰、道具、舞台布景也衬托出韩玉娘国破家亡、凄清苦楚、盼望亲人的悲哀景状。

抗战期间刘连荣先生曾是扶风社中的主要花脸演员,为了暴露侵略者的残暴行径,表达人民反抗异族统治的决心,扶风社决定把《反徐州》改编成京剧《串龙珠》。改编者是著名戏剧家吴幻荪先生。《串龙珠》描写的是元朝末年徐州王完颜龙对百姓施行血腥统治,花云之妻被剁去左臂;哺乳民妇被剜去双眼;侯伯清被掠去财宝;康茂才被无辜监禁。徐州知府徐达欲替百姓申冤,完颜龙便要将其罢官。在百姓的愤怒推动下,徐达终于揭竿而起,消灭了完颜龙。在改编过程中,吴幻荪借古喻今,借题发挥。剧中描写了侵略者的残暴行径,表达了人民反抗异族统治的决心,是一出鼓舞民族斗志,共同抗击侵略者的好戏。原本让刘连荣饰演凶狠残暴的徐州王完颜龙,但刘连荣的师弟马连良认为,刘连荣性情老实、敦厚,表演比较本色,饰演凶狠残暴的徐州王完颜龙不太合适,于是马连良决定请曾与自己合作多年的架子花脸大家郝寿臣先生饰演这个角色。此时郝已谢绝舞台,为了帮助马连良把这出新戏做一个完美的首演,郝先生毅然出山。1938年4月23日,在北京新新大戏院把这出新戏奉献给了广大观众。当郝寿臣先生在台上念道："想这中原乃是孤征服之地，容留尔等在此生存就是宽大为怀。慢说踏坏了几亩田园，就是将尔等驱逐境外，也算不得什么大事……"把个侵略者的狰狞面目刻画得淋漓尽致，台下观众想到自己身为亡国奴的处境及日寇的残暴统治，与台上情形一般无二，顿时引起共鸣，喊声四起。

刘连荣先生生前住在宣武区菜市口附近的北大吉巷，这条始建于明代的胡同曾以居住过多位梨园行和曲艺界名人著称。刘宅是北大吉巷 39 号院。与刘连荣的祖宅相隔不到 50 米，是北大吉巷 22 号院。这里最早曾是四大须生之首余叔岩的房产，后又成了著名京剧武生演员李万春的府邸。著名京韵大鼓白派创始人白云鹏等人的祖居也在这条胡同。

和郝寿臣先生一样，刘连荣先生也喜欢勾画脸谱，敝寓所藏兆慧小姐旧藏京剧名家书画册中，有刘氏画一京剧花脸脸谱，落款：刘连荣抹。

马连良
晚年的戏剧生涯

此时间不可闹笑话，

胡言乱语怎瞒咱，

在长安你也曾夸大话，

为什么事到而今耍奸猾，

左手拉住了李左车，

右手再把栾布拉，

三人同把那鬼门关上爬，

生死二字且由他！

这一脍炙人口的唱段，是马连良先生整理并主演的京剧《十老安刘·淮河营》中扮演的老生蒯彻所唱。《十老安刘》的剧情取自民间传说。汉高皇刘邦死后，他的妻子吕后要做女皇，大封吕氏宗亲，他想怀柔刘章，并且鼓动刘长去杀汉朝宗室。刘长本是刘邦妃子香宫娘娘所生，香宫娘娘被吕后暗害。吕后把刘长抚养成人，所以刘长只知是吕后亲生。刘长生性鲁莽，封为淮南王，出镇在外。汉宗室刘贾、刘交，见吕后称了女皇，请出了舌辩侯蒯彻，及李左车、栾布三位老臣，去至淮南，面见刘长，说明其生母被吕后暗害真相，叫他除吕扶汉，但刘长是个脾气暴躁之人，根本不信三位老臣所讲。幸亏他的老师田子春，出来说明，这件事，记在宗卷。刘长派田子春到长安去盗宗卷。宗卷本是御史张苍掌管。由张苍、陈平费了好多周折，才把宗卷盗出，向刘长说明。于是，刘长会合了刘章，一同发兵。吕后见大势已去，见群臣都思念高皇，袒护刘氏，乃焚宫而死。

马连良，字温如，回族人。是"马派"的创始者，上个世纪三十年代，著名报人邵飘萍曾赞誉马连良为"须生泰斗，独树一帜"。他幼入"喜连成"科班学艺，受业于叶春善、蔡荣桂和萧长华等。先学武生，后改老生，最后归工文武老生，艺宗"谭派"（谭鑫培），出科后所演之剧目亦为谭派戏。其后在唱功上吸收了"内廷供奉"孙菊仙唱法的精华，在念工和做工马连良（1901-1966）字温如，回族，北京人。九岁入北京喜连成科班，受业于叶春善、萧长华、蔡荣贵、茹莱卿等，先学武生，后学老生。二十三岁自行组班，聘请钱金福、王长林协助，从此跃上头牌老生的位置。他师法谭鑫培、孙菊仙、刘景然的演技，而得益于贾洪林更多，并吸收余（叔岩）派艺术之长，结合自身条件，经过长期的舞台实践发展成为独树一帜的"马派"表演风格，自二十年代至六十年代盛行不衰。

马连良剧照

上又向贾洪林、刘景然等名家学到不少技艺，并吸收余（叔岩）派艺术之长。经过长期揣摩、钻研，由演唱工戏逐步改为演出唱、念、做三者并重的剧目，形成独树一帜、风格卓异的马派艺术。马连良早期以做工及念白著称，代表剧目为《清官册》、《清风亭》、《范仲禹》、《一捧雪》、《四进士》。中年后嗓音恢复，唱念做并重，代表剧目为：《串龙珠》、《十老安刘》、《将相和》、《赤壁之战》、《海瑞罢官》、《赵氏孤儿》、《杜鹃山》等。

马连良先生以清新的唱腔和飘逸的做工擅长，对待艺术则是个精益求精的人。上

个世纪三十年代，曾流传马连良先生"砸唱片"的故事。

《甘露寺》是马连良的拿手戏，特别是他扮演的乔玄在《甘露寺》"相亲"的一段"（西皮原板）劝千岁杀字休出口。老臣与主说从头，刘备本是靖王后。景帝玄孙一脉留。他有个二弟（下转流水板）寿亭侯。青龙偃月神鬼皆愁。白马坡前诛文丑。在古城曾斩过老蔡阳的头……"的唱段，脍炙人口。1929年灌成唱片，销路极好。可有人指出，这段唱中，"他有个二弟寿亭侯"中的"寿亭侯"应是"汉寿亭侯"。三国时，有"亭侯"的官爵名，"汉寿"是封地，省去"汉"字就讲不通了。此错原因师承，三个字比四个字好唱，又误以为"汉"是"汉朝"，就把"汉"字省了。马连良得知以后，立即在演出中改正，并把唱片公司中还未卖出的唱片全部买来，准备销毁。不少熟人劝他，一字之差，又不影响销路，何必赔钱。马连良说："唱错一个词，我寒碜是小事，可会让人以讹传讹，那就是大事啦！"还是把买回的唱片砸碎，又与唱片公司约定，重新灌制这一段唱片。

所谓艺高人胆大，马先生在塑造角色上注重"找感觉"，唱念做打手眼身法都讲究自然融洽，切合人物性格身份，把人物演得生动传神。他在表演中和配角即兴聊天戏迷们都说他演得"潇洒"。有一次，他和李多奎在台上又聊了起来："二哥，今天中午吃的什么？"李多奎回答说吃的饺子。他又问："什么

馅的？"这都是事先未准备的，李多奎一门心思回答他的话，轮到自己唱的时候，竟把词儿忘了。随着剧本情节的扩展和表现人物类型的多样化，表演、音乐、服装和布景各方面也必须突破固有的一些程式和规制，做一些必要的改革。马连良先生不仅创制了圆翅绒质纱帽、皂隶帽、改良巾等，并在"守旧"和桌围椅帔上绣了武梁祠壁画图案。所谓"守旧"，京剧舞台上的后幕，用缎子绣上各种图案，左右各挂一门帘，演员即从这个门中上下场。后来出现了新式布景，京剧界就把这种后幕叫做"守旧"。现在这种守旧已为后幕和侧幕所代替。

抗战爆发以后，直至内战结束，马连良先生一直处于颠沛流离，无有定所的状态，直到 1951 年 10 月，从香港回到北京。

回到北京后，马连良先生感到祖国的亲切温暖，也看到了艺人的前途和光明。1952 年 7 月 31 日，他向北京市人民政府文教局文艺处申请成立"马连良京剧团"。这一年马连良先生五十二岁。同年 8 月 8 日他在《新民报》上发表了《我要改正错误重新做艺人》的署名文章，表示了"以后要多多学习政治，面向工农兵，创作新戏曲，为广大人民服务，为戏改工作努力；更决心锻炼身体，为光明的祖国尽一份力量"的态度。以下是文章的

马连良发表在《新民报》上的检讨

全文：

我是个旧艺人，从八岁入了富连成坐科，十六岁出科，今年五十二岁了，还是个没受过文化教育的人。虽然我小时候是寒苦出身，但自我组班有一点声响以后，在旧社会的熏染下，就只知道一心往资产阶级上爬，过腐化生活，慢慢的忘了本。我一生最大的错处，是以为唱戏就是赚钱，赚钱多可以享受，那里能赚钱，就可以到那里去唱。因此我过去不自知的做出许多丢人可耻的事。这些事，在我从香港回国之前，还没有很好的反省。及至我回到祖国，经过了许多戏剧界同仁的帮助、教育、改造我，经过初步的学习之后，我才认识了一个做文艺工作的，是要担当起社会教育的责任。艺术好，人格也要高尚，才能得到广大群众的推崇与爱护。可恨我们过去演戏纯为反动统治阶级开心，供他们玩弄，不但是轻视了自己的艺术，而且把自己的人格也降低了。

我开始怨恨我自己，过去全然不懂政治，只会上台演戏。检讨我自己有两点重大的错误：

第一，在从前北平被日本帝国主义侵略者占领以后，那时国民党反动政府不战而逃，把我们手无寸铁的百姓丢在这里，叫我们受尽宰割。当时恨我旧家庭的观念太重，忍辱偷生，丧失了民族气节。我在一九四二年八月，曾去伪满洲国演过一次戏。那年春间，我们东北同胞，为建立一座回民中学，派左乡老来京约我赴东北筹款建校，先是日本统治下演艺御用机关的伪"满洲演艺协会"约我赴伪满，我未答应，这时也闻风派来孙子敬，勾结了华北日军报道部的山家少佐、米村等，强迫我前往出演。我因贪图赚钱，与他们订了营业合同，随后他们又给我扣上了庆贺伪满十年演艺使节团团长的头衔，我当时还恬不知耻的以为有荣誉，糊里糊涂听人家摆布。虽说演的是一些营业戏，但我只注意金钱，丧失了民族的气节，实在可耻。第二，由于这可耻的事件，竟给我带来很多的麻烦，在一九四五年——四六年间，国民党反动政府统治了北平，有些国民党特务利用我这弱点，向我来进行敲诈，敲诈不遂，就在特务机关与法院检举我，让我打了一年多的官司，几乎叫我倾家败产，并得了严重的精神病症。他们由伪法院派人到东北调查一年多，发下不起诉书以后，反动派叫我以赎罪形式演了二十七场义务戏。我穷困交加，债务累累，不得已逃到上海。到上海依然是演义务戏，直到年底才得入中国戏院去苏州各地出演。一九四八年冬间，正值国民党反动政府经济上的大崩溃，伪金元券贬值，戏院演出，限制票价，虽卖满堂，仍不够开支。我为了谋生，还积欠，在这年十月经中国戏院经理孙兰亭的怂恿到香港去"淘金"。我心想没去过香港，去看看也好，随他到港，才知孙兰亭拿我投机，香港根本没人约我，他联合张善琨与我三人共负赔赚责任，由孙兰亭约来俞振飞、张君秋、马盛龙等，在港普庆等戏院演了十九场戏。满想多赚些钱，不料香港人对京剧还听不惯，结果大为赔累，甚至把一些配角，都搁在那里无钱送回上海。后来，张善琨组织了胜利影片公司，约我等以试验的性质，拍摄了《借东风》、《打渔杀家》、《游龙戏凤》三部彩色短片，条件是我个人代价不计，拍后由公司出资，把配角和行头送回上海。经过两月有余拍成后，配角行李和我的行头都运回上海，我也准备回上海。因我经不起许多失败与劳累刺激，旧有的神经衰弱病复发，这样一直有八个多月，常常行动不觉，人事不知。这时我只得借债为生，债台高筑，生活艰苦。我听说祖国各地艺人都翻了身，就派我长子崇仁回来。说要在一九五〇年旧历年前，到天津中国戏院演出，一切手续，均已办妥，只等汇款，便可启行。因为外汇突然停止，又搁浅了，从此我就无聊苟安地生活在香港。那时，也是我被国民党反动政府特务整治的怕了，总以为躲在香港，是躲

静求安，苟全性命，凑合一天是一天。所以我和张君秋，每一二星期合作演一次，计算两年工夫，我才演了四十一场戏，敷衍生活都不够。那时台湾永乐戏院，也约我出演，我因为憎恨过去国民党反动政府特务对我迫害的太苦了，始终没有去。后来遇到了电影界的朋友，他们告诉我祖国的真相：怎样开政协会议，怎样建立了自古未有的人民政府，我们的国家成了世界上光荣新生的国家，我这才决心要回来。在一九五一年十月一日国庆日如愿以偿，返回祖国的怀抱。我历经广州、汉口、江西、京、津各地，看到了祖国一切建设、工商业的发达，经济的稳定，新社会每个人都在实事求是的工作，每个人都在发挥力量的搞生产，我又受到政府的宽待，祖国人民对我的宽容爱护，我感到祖国的亲切温暖，也看到了艺人前途的光明。

再回想起在英帝国主义统治下的香港，一派乌烟瘴气，黑暗地狱，冲昏了人的头脑。我乍到广东，港方特务还给我造谣，说我在剧场里被炸。每一想起我受反动政府特务的屡屡迫害，我就恨入骨髓，我一想起新国家对我的好处，我就感动得不觉流下泪来。

我现在检讨我在香港将近三年，未能即行回国的原因，一则是贪图享受，苟且偷安，对新国家并无正确认识；二

则就因国民党反动政府特务把我整治得心寒胆战，叫我心存畏惧，采取远远躲开的态度。不了解今天人民的政府是根本不同了。这是我丝毫没有政治觉悟的表现。

今后，我要重新作人，彻底改造我自己过去对国家政治根本不闻不问的态度，要改正演戏只重技术只重金钱收入的错误行为。我以后要多多学习政治，面向工农兵，创作新戏曲，为广大人民服务，为戏改工作努力；更决心锻炼身体，为光明的祖国尽一分力量。

马连良先生的归来和他在报纸上对自己错误的检讨，得到了政府的肯定和人民群众的欢迎。

1952 年 8 月 11 日，北京市人民政府文教局文艺处因马连良"来北京后演出不多，在业务上无所表现，与张君秋分开后即休息，最近又重新组织起来，演员阵容不够强，内部制度不健全，演员不固定，仅有少部分固定演员。"根据以上情况，文艺处的初步意见是"暂发临时许可证，待阵容加强，内部整顿后，再发正式登记证。"但因更高一层主管部门的协调，马连良剧团最终取得了正式登记证。

马连良先生当年申请组织"马连良京剧团"的申请书以及组织规章、职演员经历表和经常演出节目单均在敝斋存放，现誉录于兹：

北京市文化局文艺处的"团社登记初审意见书"后附有：北京市京剧公会出具的《证明书》：

我会会员马连良组织《马连良剧团》所有组织规章、职、演员经历表及经常演出节目单，经审核尚属相符。特此证明。

北京市京剧公会主任委员沈玉斌。

一九五二年八月二日。

以下按顺序依次为：

1.《剧艺团社申请书》为马先生亲笔填写。时间是 1952 年 7 月 31 日。那年马先生五十二岁。

2.《马连良京剧团组织规章》（亦为马先生亲笔）：

第一章 总则

第一条：本团定名为《马连良京剧团》

第二条：本团设于内二区报子街乙七十四号

第三条：本团以团结剧界同志发扬京剧文化艺术本推陈出新之原则修改旧剧为宗旨

第二章 组织

第四条：本团由演职员及工作同志共同组织设团长一人负责本团内外一切事项。以下设导演一人、会计兼事务一人

第五条：导演负责演出时领导后台

现场一切工作,如审核剧目、支配演员分配时间及音乐、灯光布景道具等

第六条:事务负责本团演出及未演前前后台一切联系及稽查经济一切收支事项

第三章 经济

第七条:本团以演出当日所入票款为当日演职员工作同志全体待遇公开分配之

第四章 附则

第八条:本团组织规章有未尽事宜得随时补充修正并呈报之

3.《职演员经历表》:

团长:马连良、导演:马四立、事务兼会计:杨松岩。主要演员:马连良、杨荣环、黄元庆、马富禄、马盛龙、周和桐、马崇仁、姚玉刚、崔熹云、高连峰、张永全、刘永利。音乐:李慕良、姚占琦、马连贵、高文静、贾梦华、杭世维、杨启太。戏衣:余国栋。工友:满广龙、周鸣益、李荣华、苏茂贤、罗蕙芝

以上许多是京剧界的大腕名角。家藏《马连良京剧团演出特刊》、《马连良京剧团阵容一览》对每位演员有简要介绍,现照录:

行科　姓名　　性别　年龄　简历

生　马连良　男　　53

为本团团长。富连成科。从八岁演戏,曾组扶风社剧团、马连良剧团。经历舞台生活四十多年,对于澄清舞台形象曾不断努力忠实戏剧,耽心研究创作改编京剧甚多;创作有《串龙珠》、《春秋草》、《十老安刘》等戏。

生　马盛龙　男　39　为连良弟子。艺

马连良京剧团阵容一览　18.5cm×13cm

兼文武，在富连成科班时原名马盛勋；从十六岁在上海及南方各地演出。

生 马崇仁 男 31 为连良长子。兼演武生、武净，艺事渊博，在戏校时名马金仁；十二岁从何连涛学戏，二十一岁搭永春社及叶盛兰、叶盛章、李少春各班。

武生 黄元庆 男 31 为连良之女婿，尚和玉派的传人；志兴成科班二年，富连成科班七年毕业，从十九岁演戏，曾自组剧团及在各剧团、马连良剧团演戏。

武生 松志友 男 34 志兴成科班高材生。

旦 罗蕙兰 女 19 北京人寄居南京。从梅兰芳、任志秋等学戏。扮相秀丽，嗓音甜润而宽亮，善体会剧情，擅内心表演，为新近特殊人才。

旦 马艳芬 女 34 为马艳云、艳秋之四妹，王瑶卿派的传人。

净 周和桐 男 36 北京戏校高材生，艺宗郝寿臣，为近年净角突出人才；十四岁入戏校。二十二岁毕业，演戏三年后，经商四年，解放后在中山公园管理处任职一年，1950 年起专职演戏。

净 张福昆 男 42 北京有名的艺包袱，艺事最宽绰，无所不会的花脸；刘砚亭、耿永顺弟子。十七岁拜师，二十一岁上场。曾搭入北京各剧团。

武净 董得林 男 33 亦为黄元庆的武戏好搭档。

丑 马富禄 男 53 富连成科班毕业。丑角的王牌，马连良的老同学，二人四十多年在一起；从八岁学戏，出科后历在北京各剧团演出，凡四十多年。

丑 张永全 男 34 北京斌庆科班毕业，滑稽小丑；从十二岁入科班，十八岁毕业。

丑 高连峰 男 53 马连良同科老搭档。

丑 马四立 男 52 原名马春风，马连良的堂弟，上海天仙科班六年毕业；十二岁学戏，随家伯马崑山在上海各地演戏。三十二岁随家兄马连良搞舞台监督。

丑 马幼禄 男 26 富连成毕业。马富禄长子，得有家传；从十一岁入科，十七岁毕业，在各剧团流动演出。解放后曾参加南下演出。

小生 江世玉 男 36 系中国京剧团团员，本团特请参加助演。

《马连良京剧团阵容一览》还附《马连良京剧团音乐组介绍》：

行科	姓名	性别	年龄	简历
胡琴	李慕良	男	36	马连

良、徐兰沅弟子，为京剧界现代四大琴

师之一，精通乐理及音韵之学，善能体会戏情，以音韵传出喜怒哀乐，慷慨激昂等情绪，兼亦善谱新声；曾随马连良学须生，从徐兰沅学胡琴。曾在永春社充老生及在言菊朋、马连良剧团操琴。

胡琴　孟广亨　男　42　北京人，梅派艺友，现为罗蕙兰之蒙师并为之操琴；解放以前，在北京中孚银行工作，从徐兰沅学艺，解放后参加文艺工作，曾为南铁生、徐东来、罗蕙兰操琴。

二胡　王泳泉　男　26　新进音乐人才，对牌子曲子很渊博；

司鼓　姚占琦　男　38　为天津司鼓有数名手，现为马连良司鼓；历在天津各剧院及尚小云、言

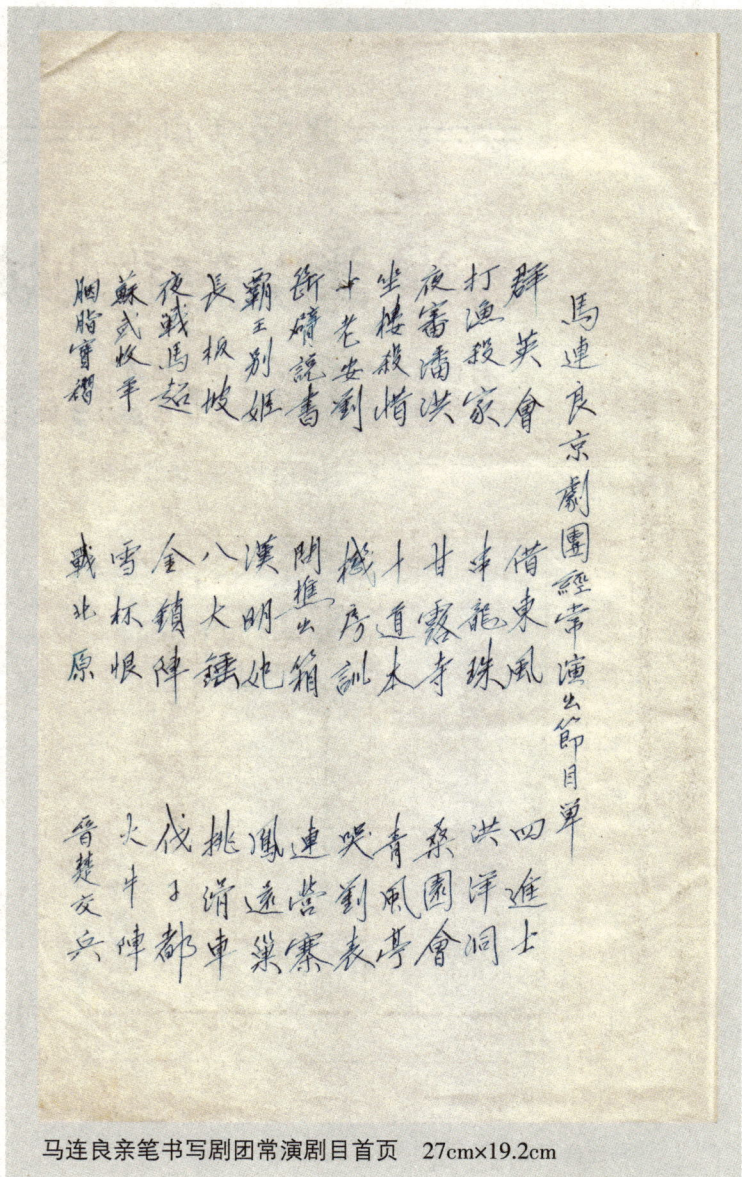

马连良亲笔书写剧团常演剧目首页　27cm×19.2cm

马连良等演出节目单　18cm×26cm

少朋各剧团及马连良剧团司鼓。

司鼓　王和义　男　36　北京戏校高材生与王和霖同学，现为黄元庆、罗蕙兰司鼓。

大锣　马连贵　男　42　为马连良之胞弟。从魏希云学音乐，打锣能具五音；从十五岁历在北京各剧团伴奏。

月琴　高文静　男　24　从陆宝林学月琴，北京有数特殊人才；在北京各剧团伴奏。

弦子　贾梦华　男　45　北京斌庆科班出身，原唱丑。

铙钹　迟世尉　男　28　富连成科班出身，原工净，为迟世恭胞弟；从十九岁改音乐，在北京各剧团伴奏。

小锣　杨启泰　男　35　兼工大锣及司鼓。从鲍桂山学艺，从十六岁在京剧各班伴奏音乐。

马连良先生亲笔填写的《马连良剧团》申请书　27cm×38.5cm

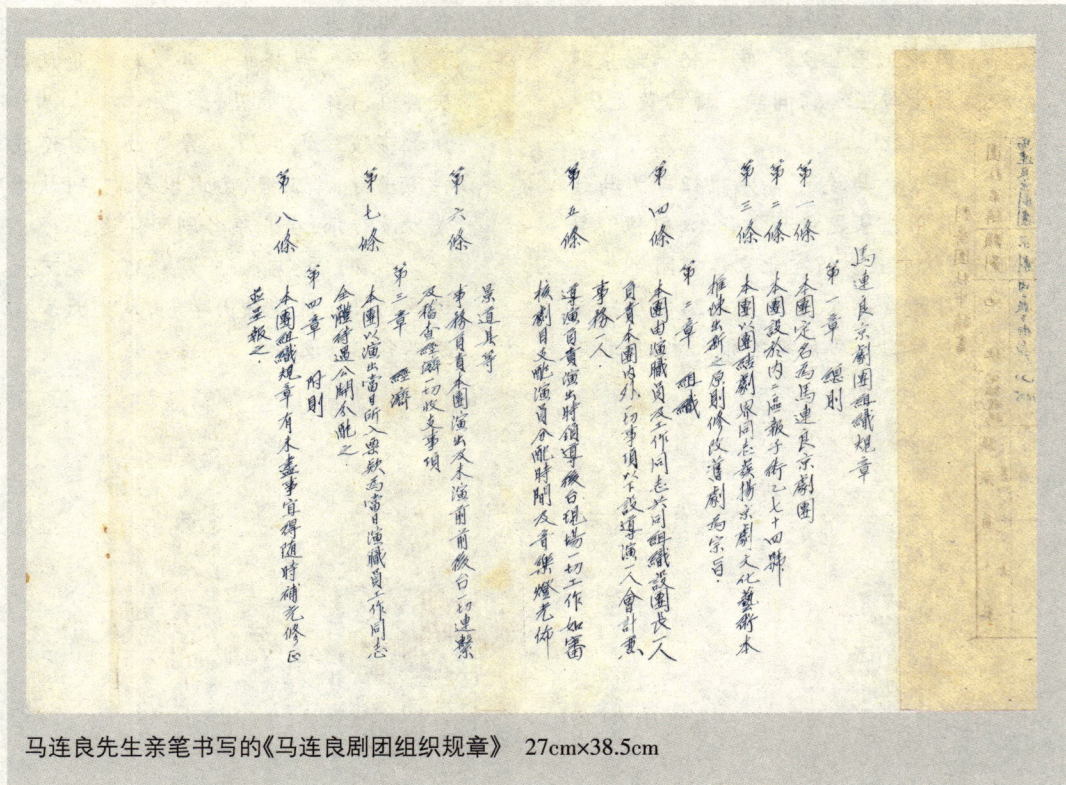

马连良先生亲笔书写的《马连良剧团组织规章》 27cm×38.5cm

编导 吴幻荪 49 朝阳学院毕业。从二十岁起从事京剧创作,历为杨小楼、郝寿臣、高庆奎、富连成、马连良写戏、创作,曾任北京艺专讲师及高级工业学校教授。

4.《马连良京剧团经常演出节目单》:

群英会 借东风 四进士 打渔杀家
串龙珠 洪洋洞 夜审潘洪 甘露寺
桑园会 坐楼杀惜 十道本 清风亭
十老安刘 机房训 哭刘表
断臂说书 问樵出箱 连营寨
霸王别姬 汉明妃 凤还巢 长坂坡
八大锤 挑滑车 夜战马超 金锁阵
伐子都 苏武牧羊 雪杯恨 火牛阵
胭脂宝褶 战北原 晋楚交兵
三顾茅庐 打登州 春秋笔 宝莲灯
法门寺 全部铁莲花
共三十九出。

"马连良剧团"成立后，马连良先生除了在国内各地组织演出，还于1953年带领他的剧团赴朝慰问，1954年2月，他和他的剧团参加了对人民解放军的慰问演出。赴朝慰问得到了充分的肯定，而在对解放军的慰问演出中，由于"马连良剧团"存在的"演员阵容不够强、内部制度不健全、演员不固定"等潜在的问题，马先生和他的剧团遭受到了严厉的批评。翻阅家藏1954年6月号《戏剧报》有读者马濯三《希望马连良以自省》一文揭示了事情的起因。一是马连良先生以要价还价的方式要求高昂的报酬。而别的剧团的慰问演出只收演出费。按照马濯三的说法，"在这样一个光荣伟大的任务中，马连良和他的剧团却没有懂得这一任务的光荣伟大的意义……他们首先以要价还价的方式要求高昂的报酬，他们最初讨价每场一千零七十万（旧币，以下同），有人提醒他们说，'这是慰问可爱的解放军，他们才答应每场落七十万元！'又有人告诉他们说别的剧团只收演出费的，他们最后才每场再落五十万元；因而最后价钱是每场九百五十万元……"马濯三对此，亦有客观的评论，他说"一般民间职业剧团在参加慰问演出时，有一定的开支，所以他们的演出可以取得一定的补助，这是合理的。"但关键问题是"马连良剧团的每场九百五十万元的代价，比这次参加慰问演出的其他民间职业剧团的代价都高出不少；甚至比马连良剧团自己平时在某些剧场

的营业演出的收入还要高（马连良剧团在北京民主剧场卖满座时，每场收入也只有八百万元）。二是对演出的节目和表演的态度不认真。具体表现在，一方面马连良演戏很不认真，敷衍了事。尽管如此，解放军同志知道他是全国人民慰问解放军代表团代表，又是名演员，所以每次演完时，总是热烈地鼓掌。对于解放军要求他再加演一出或清唱一段时，马连良却辜负了解放军的这种热情，冷淡地走入后台，拒绝了解放军任何加演和加唱的要求。马连良有名的戏是《借东风》和《甘露寺》等，部队同志要求他演这些戏，但他说没有小生演员不能演出；此外马连良剧团的生活纪律与后台秩序也很混乱，给了部队同志不好的印象。

针对马濯三的批评文章，马连良先生在1954年7月号《戏剧报》上发表《以实际行动补偿我的过失》的署名文章，他在文章中总结检讨了他和他的剧团在"这一次慰问解放军，由于我们的认识不够，表现了旧作风。像演出费这件事，就是由于我对这光荣任务认识不清，存在着演戏为多赚钱的旧思想，以至造成要价还价的错误。尤其是我在这次慰问演出中，表演的态度很不好，辜负了解放军同志对我的热望与要求。虽然有一些客观的原因，但也不足掩蔽我主观上的努力不够，这是我终身认为遗憾的一件事。"

自打这次慰问解放军遭到批评后，马连良先生不仅对剧团进行了整顿，演职员也基

本固定下来；而且在率团赴宁、沪的演出过程中，主动配合当地文艺部门组织慰问伤病员及慰劳军属的演出。这次赴外地巡演情况，他在给北京市文化局副局长张梦庚同志的信中，有较详细的阐述：

梦庚同志：我在来南京以前，曾叫元庆给您通电话，希能走辞面谈。因为您公忙，没能见着，后来，我在长安遇见刘卓群同志，托他给您带信，想已带到。

我们匆匆离京，现已到了南京。这次我局扩大组织，加强机构，我们特向您表示庆贺，更对您继任副局长，为戏剧界领导得人贺。同时，我们对张季纯先生荣任局长，也很盼望和他见上一面畅谈一回，也因忙着出京，未得机会，等回京的时候，再行晤面吧。请先代我们表达这一片心意。我们的剧团，在十一号南京中华剧场起演半月，以次再转上海天

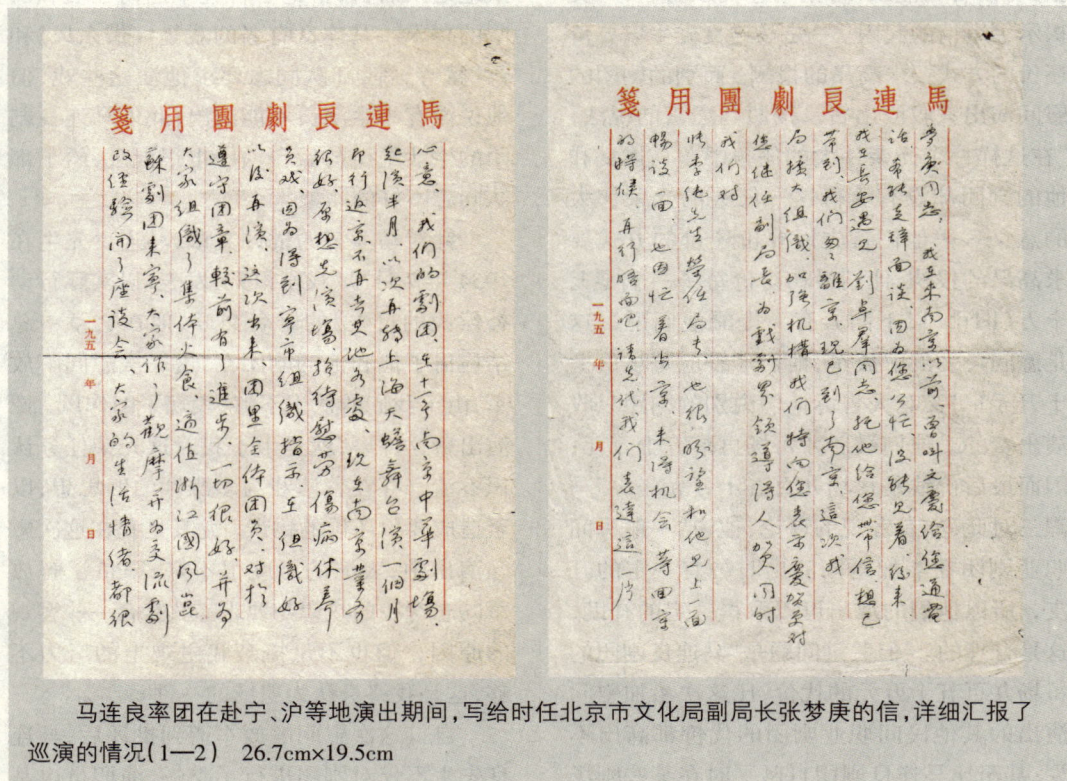

马连良率团在赴宁、沪等地演出期间，写给时任北京市文化局副局长张梦庚的信，详细汇报了巡演的情况（1—2） 26.7cm×19.5cm

蟾舞台演一个月即行返京,不再去其他各处。现在南京业务很好,原想先演场招待慰劳伤病休养员戏,因为得到宁市组织指示,在组织好以后再演。这次出来,团里全体团员,对于遵守团章,较前有了进步,一切很好,并为大家组织了集体伙食。适值浙江国风昆苏剧团来宁,大家作了观摩并为交流剧改经验开了座谈会。大家的生活情绪都很好。在南京的戏票最高价,也改为一元五角,这样可以逐渐的适合群众的要求。我们到上海演出时间,已确定为四月卅号起先演场慰劳军属及招待文艺界机关首长戏,五月一号起正式营业,请您转知我们的剧管科负责同志,写封给上海市文化事业管理处的介绍信,说我剧团在四月卅号起在天蟾舞台演一个月,仍寄交南京中华剧场转我团,以便持往,我

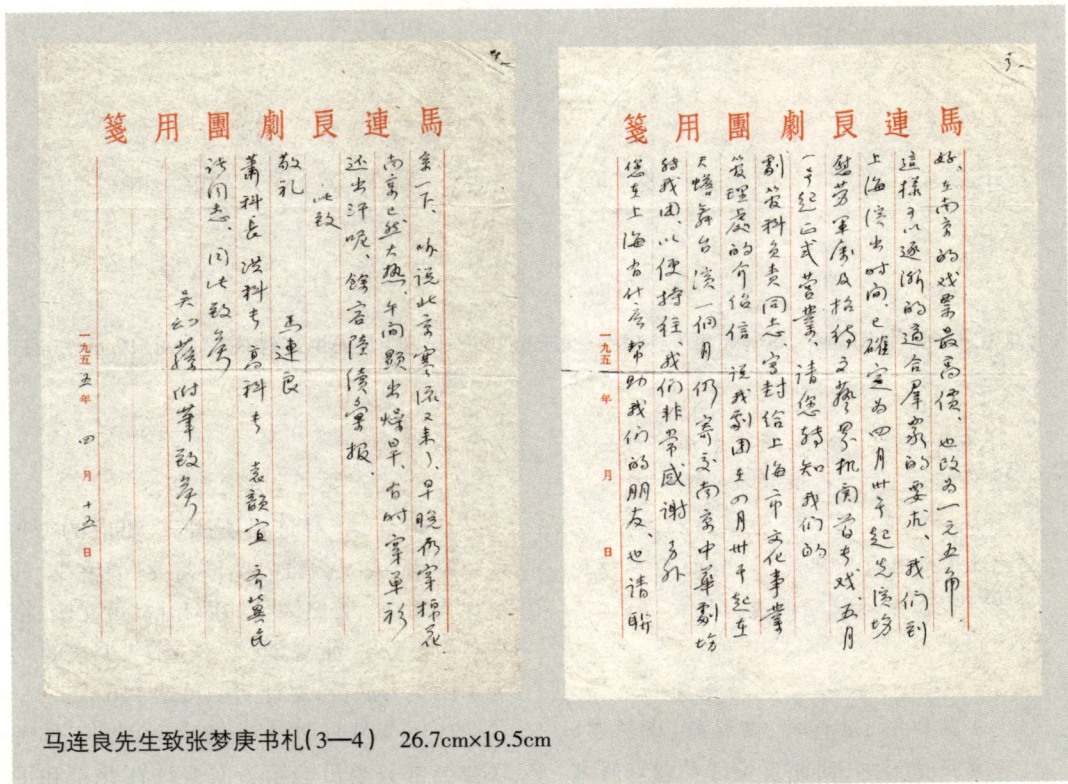

马连良先生致张梦庚书札（3—4） 26.7cm×19.5cm

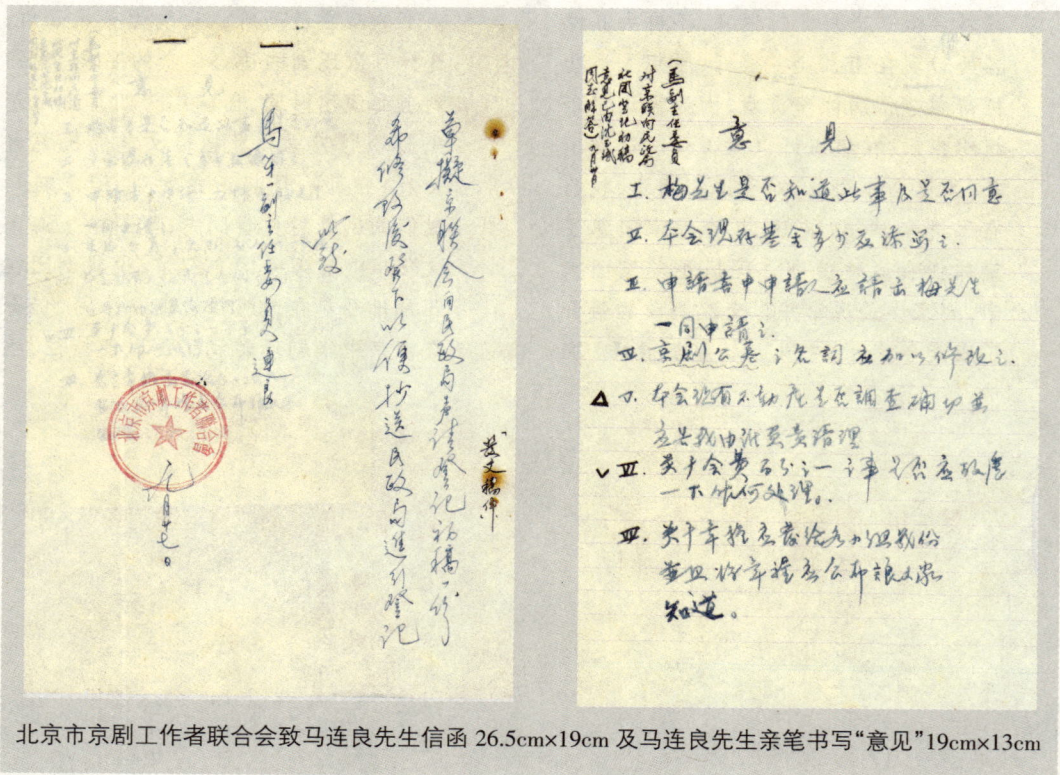

北京市京剧工作者联合会致马连良先生信函 26.5cm×19cm 及马连良先生亲笔书写"意见"19cm×13cm

们非常感谢。另外,您在上海有什么帮助我们的朋友,也请联系一下。听说北京寒流又来了,早晚仍穿棉衣,南京已然大热,午间显出燥旱,有时穿单衫还出汗呢。余容陆续汇报。此致

　　敬礼

　　　　马连良

　　萧科长、洪科长、高科长、袁韵宜、齐冀民诸同志,同此致候。吴幻荪附笔

致候。

　　一九五五年四月十五日。

　　1956年以"马连良剧团"为班底的"北京京剧团"成立,马连良、谭富英、裘盛戎、马富禄为团长。著名演员如周和桐、黄元庆、童祥苓、谭元寿、茹富华、李多奎、慈少泉等均为本团主力演员,总计演职员达116人。

　　1956年9月20日,北京市京剧工作者联合会常务委员会第一次会议在北京和平

宾馆召开。会议议题为选举北京市京剧工作者联合会主任委员和常务委员。萧长华、李万春、沈玉斌、梁益鸣、马富禄、王静波、张宝荣、李多奎、马连良、于连泉、郝友、李和曾、吴素秋、于永利、徐兰沅、孙毓堃、姜铁麟、谭富英、汪鸣臣、白家麟、谭世秀、叶盛兰、王永昌、奚啸伯、裴盛戎等本届常务委员出席会议，到会委员24人；梅兰芳先生在上海未出席，尚小云先生因患脚气未出席，李桂云因演出关系未能到会，郝寿臣先生因身体不爽，未出席。此次会议分为两个小组，马连良先生、谭富英先生分别任组长。经小组提名协商，两组一致通过选举梅兰芳先生为主任委员，马连良先生为第一副主任委员。另有9位副主任委员（以姓氏笔画为序）：李和曾、李万春、吴素秋、沈玉斌、尚小云、张君秋、裴盛戎、叶盛兰、谭富英。在主任委员梅兰芳先生暂不在京的情况下，马先生主持了1956年10月14日召开的京剧工作者联合会第二次常委会。这次会议通过了五个议案：（1）关于推举执行常务委员、主任秘书及各组、会的负责人员的议案。（2）有关会员登记问题的议案。（3）关于会址修缮与房屋调度的议案。（4）关于继续加强文化学习应如何领导问题的议案。（5）（一）关于国务院对艺人救济的工作应如何配合政府开展。（二）关于年终为会员义演（暂定名）（筹集福利金演出）的演出和名义的议案。以上各议案，经过讨论全部通过。

1957年，北京京剧团再次扩大，张君秋、陈少霖、李世济、马长礼等也参加到北京京剧团。马连良与张君秋自香港回大陆后，再次携手，主演了《清风亭》《铁笼山》《赵氏孤儿》等。

1958年4月，北京京剧团再次赴沪演出于天蟾舞台，马连良、谭富英、张君秋、裴盛戎主演，马富禄、陈少霖、周和桐、李多奎、朱今琴、黄元庆、茹富华、慈永胜、马盛龙、马崇仁、李盛芳、李四广、任志秋、刘雪涛、郭和咏、耿世华、张洪祥、钮荣亮、赵丽秋等随团演出。乐队阵容强大，分打击乐和管弦乐。打击乐有谭世秀、金瑞林、张继五、马连贵、郝友、谭世强、杭世维、黄景崇；管弦乐有李慕良、王瑞芝、何顺信、汪本贞、王泳泉、高文静、姚品一、耿明贤、周文贵、叶禾来。演出的剧目有：

《武松打店》

武松为了替兄报仇，杀死了恶霸西门庆后，刺配孟州。一日，经过十字坡，投宿菜园子张青店中，店主妇孙二娘精通武艺，与武松发生误会，就动起武来，但孙二娘非武松对手，后经张青说明，大家就成为朋友了。

黄元庆饰武松，刘永利饰张青，贾荣年饰孙二娘。朱锡庆饰禁卒，黄德林饰大解子，马崇年饰小解子。

《桑园会》

秋胡字高强，鲁国人，在楚为官，因为离家日子很久了，于是辞官回家。当他到家的时候，在桑园遇见一个女子，拿着竹篮采桑，相貌很像他的妻子罗敷，但是他又不敢冒认，于是他就在桑园之下，拿马蹄金来试她，而罗敷很明白妇道，不但不受，并且不理他，急忙逃回家。秋胡到了家里，他母亲连忙叫他妻子出来，罗敷见他就是刚才所遇见的那个男子，不免恨他薄情，便想自缢，秋胡再三赔罪，夫妻方才和好。

张君秋饰罗敷女，谭富英饰秋胡，耿世华饰秋母。

《打龙袍》

包拯识出李后，回京，借元宵节，请仁宗午门观灯，故以雷嫚、张继保灯戏演出。仁宗问包拯，包答帝亦不孝，仁宗怒以为谤已，欲斩，首相王延龄求免，请老太监陈琳说破狸猫换太子，刘后害李后的事情。仁宗始悟，立赦包拯，斩郭槐，并亲迎李后还朝请罪。李后命包拯行罚，包乃脱仁宗龙袍，打袍以代。

刘雪涛饰宋王，马盛龙饰王延龄，裴盛戎饰包拯。李多奎饰李后，李四广饰陈琳，罗世保饰郭槐，钮荣亮饰灯官。

《淮河营》

此剧故事情节，前文已有介绍。

金振明饰吕禄，李盛芳饰吕台，赵丽秋饰吕后。朱金琴饰刘贾，马连良饰蒯彻，马富禄饰栾布。周和桐饰刘长，董德林饰吕产，阎桂卿饰吕嬃。茹富华饰刘璋，慈永胜饰刘交，马崇仁饰李左车。郭和咏饰田子春。

《狮子楼》

豪绅西门庆，唆使潘金莲用毒药害死丈夫武大。武大的兄弟，就是景阳冈上打死猛虎的好汉武松。武松为报兄仇，到官府去告状，不想县官受了西门庆的贿赂，反而打了武松四十大板。武松怒愤填胸，决心找西门庆复仇。在狮子楼酒馆里杀死了西门庆。

李四广饰王婆，何荣连饰楞儿，董德林饰士兵。马崇仁饰何九叔，马崇年饰郓哥，刘永利饰西门庆。黄元庆饰武松，赵丽秋饰潘金莲，罗世保饰大公，朱锡庆饰酒保。

《御果园》

李世民班师，李渊封赏将士；至尉迟恭，有人指其单鞭夺槊，赤身救驾之功为假冒；李渊命在御果园演习，时至隆冬，尉迟得李靖之助，服药后竟不畏冷，比试时将欲加害李世民的黄壮打死。

钮荣亮饰李建成，张韵斌饰黄壮，茹富华饰李世民。裴盛戎饰尉迟恭，罗世保饰李元吉，郭和咏饰徐勣。李盛芳饰程咬金，朱金琴饰秦琼。

《三娘教子》

明时，商人薛衍出外经商，音信不明，其妾三娘（王春娥）教其子倚哥读书。倚哥因三娘不是亲生母亲，所以不听教训，三娘愤然割断织机。老仆薛保见状，帮助劝告，倚哥终于承认错误，立志求学。

张君秋饰王春娥，金天任饰薛倚哥，孙元喜饰后倚哥。马连良饰薛保，马盛龙饰薛衍，慈永胜饰太监。

《奇冤报》(即《乌盆记》)

宋仁宗时，南阳有一商人名叫刘世昌，在外贩卖绸缎为生。一日，带领家人刘升返家探亲时，走到东塔洼，大雨倾盆，难以行走，就在开盆窑的赵大家中借宿。赵大夫妇见财起意，用毒药将刘世昌主仆害死，并将身体剁成肉泥，扔进窑里，烧成一个黑色的盆(乌盆)，企图灭迹。

不久，卖草鞋的老头张别古，到赵大家中讨债，赵大就将那个乌盆送给了他，在路上，这个乌盆忽然说起话来，诉说了自己被害的情由，请求代为申冤。张别古听了甚为愤恨，于是，就带了这个盆儿，到包公那里告状。包公问明情由后，将赵大夫妇拿获，绳之以法。

马崇年饰刘升，谭富英饰刘世昌，李盛芳饰赵大。任志秋饰赵妻，张洪祥饰钟馗，周和桐饰包拯，马富禄饰张别古。

《雪杯圆》

莫怀古逃亡，戚继光将莫成尸葬在蓟州西门柳林，怀古妻傅氏抚养莫成之子文禄成人。严氏势败，戚继光任总兵，函告莫怀古，怀古返蓟州，行经柳林，遇傅氏携文禄哭祭墓前，提前相认，傅氏大惊，莫乃说明原委，夫妻重会，认文禄为义子，以报莫成。

茹富华饰莫昊，李多奎饰傅氏，马连良饰莫怀古。马盛龙饰戚继光，朱金琴饰陆炳。

《除三害》

晋初义兴有周处者，性粗豪，负其勇，每纵酒佯狂，横行闾里，久之竟打下各行常例，俨然一霸。时山出猛虎，水生蛟龙，为乡人所患，并成三害。

一日，周处出饮于市，乘醉向窑户索常例银不遂，怒砸其窑，窑户无奈，状诉龙骧将军王濬，王濬有两子，长子名瑚，次子名琏，为文痞张百川所诱，学业荒废，王濬怒责二子赴京，拟就学于一代之文豪陆机、陆云(时称人间二陆)，为蛟虎所阻，不得出。王濬接状后，既忿周处横行，复恨蛟虎为患，殊为忧闷。继思周处负此其勇，若善导之，或成大器，乃毅然乔装访之。

一日，周处遇张百川挟一老翁代豪绅逼债，见状不平，怒裂其券，复夺其银与老翁，然后扬长而去。

王濬出遇周处故作喟叹以导之，因借蛟虎之患，痛数其罪，并道出周处姓名，周处大窘，誓除三害，以赎前过。

先是王琏自恃己勇，乃与兄入山欲除猛虎，再取道京城，周处至，恐虎伤王瑚、王琏，挺剑而前，刺死猛虎。瑚、琏兄弟服其技，请与同行。周处因蛟未除，约与后期。

周处复至长桥，仗剑入水，沉浮三日，尾追孽蛟，始得斩之于洪波。上岸后，正遇乡人，把酒称庆，皆谓其死，周处惊闻之下，追思以往，痛悔交加，欲自杀以见志，适王濬闻讯赶至，晓以自新之道，遂幡然自喜，乃别王濬与父老，毅然去京投陆云以求深造，由是三害俱除。

李盛芳饰张百川，马崇年饰酒保，徐承章饰王瑚。孙元喜饰王琏，钮荣亮饰刘才，罗世保饰范老二。谭富英饰王濬，耿世华饰王夫人，马崇仁饰田茂，裘盛戎饰周处。

《女起解·玉堂春》

洪洞县解来的女犯苏三（玉堂春），是从小被父母卖给妓院的。后来又被鸨儿卖给山西富商沈燕林作妾，因沈妻皮氏与赵监生私通，毒死了沈燕林，把谋害亲夫的罪名，推在苏三的身上。县官受了皮氏的贿赂，把苏三问成死罪，后来调她到太原去复审。不料这位主审的八府巡按王金龙，正是当初曾与苏三誓偕白首的情人。审案时，苏三诉说她与王金龙相爱的经过，王金龙在堂上感情激动不能自持，被陪审的刘秉义、潘必正看破，以致无法再审下去，只好暗示苏三，设法搭救她雪冤。

李四广饰崇公道，张君秋饰苏三，钮荣亮饰狱官。刘雪涛饰王金龙，朱金琴饰潘必正，郭和咏饰刘秉义。

《问樵闹府·打棍出箱》

宋朝，仁宗年间，秀才范仲禹携妻白氏、子兴儿，赴科场考试，中途他妻子失散不知去向，就在各地寻找。某日寻到山坡上，见一樵夫，向樵夫问妻子的下落，樵夫告诉他，被附近告老还乡的太师葛登云掠去了。范急奔葛府，与葛登云理论，葛用好言安慰他，说将派人代找他的妻子，其实心怀恶意，将范留在府内，到夜间派了家人去暗害范仲禹。幸

有煞神救护，并将该家人杀死。次日，葛登云见范登云没死，家人反倒被杀，遂命众家人用棍棒将范乱打，葛以为范被打死，就用箱子将他装起来扔到郊外。有差役二人经过该地，将范救出，见范乃神经错乱的人，就没有管他，让他离去。

周和桐饰葛登云，谭富英饰范仲禹，马富禄饰樵夫。罗世保饰葛虎，马崇仁饰煞神，李四广饰差人甲，钮荣亮饰差人乙。

《宝莲灯》

沉香、秋儿是泸州县令刘彦昌的儿子，虽不是一母所生，弟兄却极其友爱，他们和太师秦燦之子官保，同在书塾读书。一日，官保侮辱老师，沉香不平，用砚台掷打官保，不料将官保打死了。回到家后，沉香、秋儿都承认自己是闯祸者，使得刘彦昌和夫人王桂英左右为难。因为沉香是三圣母所生，王桂英只好请彦昌纵走沉香，将秋儿带至秦府偿命。

何荣连饰童儿，李盛芳饰魏虎，张秀文饰沉香。马崇年饰官保，马连良饰刘彦昌，张君秋饰王桂英，赵文瑜饰秋儿。

《姚期》

汉朝刘秀为帝，全凭武将姚期、马武等辅之，镇守草桥。刘思念忠臣，将姚氏父子诏回京都，陪王伴驾。姚期之子姚刚，为人粗暴，误将皇娘之父郭荣打死府外。郭娘娘乘刘醉酒假传帝旨，将姚氏满门问斩，正欲行刑时，马武回京遇之法场。急返宫中，再三保

奏将姚氏等赦免。

马盛龙饰岑彭,张洪祥饰马武,朱金琴饰杜茂,慈永胜饰郭荣。陈少霖饰刘秀,裘盛戎饰姚期,耿世华饰姚夫人。孙元喜饰姚熊,张韵斌饰姚刚,徐承章饰老院公。赵丽秋饰郭妃,罗世保饰太监。

马连良先生曾任北京戏曲学校校长。并参加了戏曲艺术片《群英会》、《铡美案》的拍摄。代表剧目编有《马连良演出剧本选集》行世。弟子有李慕良、王和霖、言少朋、迟金声、马长礼,张学津等。

1966 年 12 月 13 日,马连良在中和戏院接受批斗时,一头跌倒,时隔三天,便像他在《清风亭》一剧中扮演的张元秀一样,凄凄而终,享年六十六岁。

赵桐珊（1901-1966）原名久林，字桐山，后改桐珊，号醉秋，以艺名芙蓉草闻名。河北省武清县人。1913年入正乐社，与尚小云、荀慧生同科时称"正乐三杰"。由王贵山传授花旦戏。后又拜师田桂凤、王瑶卿。1919年曾随梅兰芳剧团赴日本国演出，因剧团人少戏多，他担任多行角色，发挥了很大作用。

他长期在南方搭班，受时尚影响，不但专工旦角，而且一专多能，学会了老生、花脸、老旦几个行当。曾辅佐周信芳、荀慧生等。他在戏班虽然担任二旦，在演出时能为主角锦上添花，而又不喧宾夺主。他是二路角色中的佼佼者。为许多科班所欢迎。芙蓉草扮相俊俏，嗓音清亮，念白清爽，唱腔刚柔相济，刻画人物细腻，以情取胜，演出善于调动观众感情，剧场效果极佳。建国后他从事教学，他的许多学生如刘秀荣、杨秋玲、刘长瑜、李维康等，都已成为舞台上的佼佼者。

赵桐珊与「正乐三杰」

赵桐珊这个名字，不仅现在的人生疏，就是在民国那会儿，如果不是与他极熟悉的人，听到这个名字也是生疏的。可在那会儿，您要一提梆子花旦"芙蓉草"，可谓无人不知，无人不晓。

芙蓉草姓赵名久林，字桐珊，北京人，曾寓北京宣外香炉营四条。芙蓉草乃正乐社科班。早年间，北京科班为伶界人才产生之地，亦伶工出身之正途，与早年文人视科举一样重要。科班之设由来已久，全福班、三庆班、双庆班成立最早，均在程长庚时代；福寿班、小和春、得胜奎次之。小福胜、小荣椿、老洪奎、长春班又次之；迄于清末则有喜连成科班；民国后北京先后成立科班四，即富连成、正乐社、斌庆社、福清社。科班同科弟子之伶名均排字，像富连成头科为喜字辈，如康喜寿、侯喜瑞等；二科为连字辈，如马连良、于连泉（筱翠花）等；三科为富字辈，如谭富英、茹富兰、尚富霞、马富禄等；四科为盛字辈，如孙盛辅、裘盛戎等。正乐社同科弟子之伶名不排字，尚小云、王三黑、芙蓉草、荀慧生、金灵芝、赵凤鸣、沈三玉、刘凤奎、方洪寿、陈碧云等均为正乐社之翘楚。而童伶唱旦角者正乐社方面有尚小云、芙蓉草、白牡丹、高月霞。与富连成方面之筱翠花、筱荷花媲美。尚小云、荀慧生和芙蓉草则有"正乐三杰"之誉。

正乐社的前身是三乐社。宣统元年（1909）李际良创办于北京。为京剧、梆子"两下锅"的科班。当时与叶春善主办的富连成科班齐名。聘秦腔演员庞启发、京剧演员张芷荃、孙怡云及笛师方秉忠等为教师。招生百余名，七年满师。只办一科。名旦尚小云、荀慧生、赵桐珊，武净刘凤奎等皆出其门。1913年更名为"正乐社"。经常演出于北京民乐园，由尚小云、荀慧生、赵桐珊等主演，与田际云主办玉成班、俞振庭主办的双庆社，以及由杨小楼、王瑶卿为主角的喜庆和班相争衡。1915年尚小云、荀慧生满师出科，翌年先后离班，该社

赵桐珊

遂告解散。

翻阅各种戏剧杂志文章,关于芙蓉草的专介甚少。家藏民国初年《菊部丛刊》亦仅有《秋雨梧桐室剧话》(署名秋星)和《忠告芙蓉草》(署名剑云)两篇。

《忠告芙蓉草》全文:

芙蓉草本以花旦为宗,乃因资质聪颖,遂走歧路,时串《落马湖》《翠屏山》《梅香节》《黑风帕》《十八扯》等戏,忽大面,忽武生,忽须生,继欲步毛韵珂、赵君玉之后尘,而博多才多艺之誉,心高志大,虽未可厚非,然艺贵精不贵博,此为习艺者所当知。以同山(其名)之才质,吾人岂不知其将来造诣,未可限量。第同山正在青山,如含苞欲放之花,爱花者,因固宜养之以清水,灌之以玉露,供之以华堂,培之以净土,严戒采摘,远避烈日骄阳,狂风暴雨,以免为其摧残。此爱花者之责也。而花之自身,天即付以出类拔萃之姿,由下种而茁芽,而生枝,而发叶,而结苞,亦非一朝一夕之功,则此将开未开之花苞,永宜令其一瓣一展,逐渐开齐,然后以花蕊与人相见,始可历久不谢,而爱花者亦可多得几日之赏玩。若夫不待其自开而以指剥开,不俟其天然之开,而以人工火烘其开,是则一开之后,必不免萎谢而亡。花既有负艳丽之色,人亦失却爱怜之心,非智慧者所宜出,亦非有心人所忍言也。今芙蓉草之技艺,犹枝叶也;芙蓉草之声音,犹花朵也;乃不自珍惜,连演两出,注重偏锋,轻视正业,一人之精力有限,经得几许消磨哉。同山近来之演戏,固有之技未变,清脆之音以哑,趋其末而伤其本。同山将来之结果,尚可问乎? 夫男子与女子发音之不同,声带之构造异也。男子习花旦而求其音逼真女子,人工之力也,今以呖呖之莺声燕语,反其道而唱洪亮高亢之大面老生,由窄而放宽,由狭而使阔,习惯成自然,再要求其恢复原状,不綦难乎! 吾有一言要问芙蓉草及其师兄,是否将来不愿再唱花旦?是否自视大面老生较胜于花旦?如其非也,吾愿芙蓉草专攻花旦,不可常唱老生大面,否则有色无声,将不克久保其盛名,而誉之者,亦将爱莫

赵桐珊剧照

真誠

兆惠女士 賞存

趙桐珊題

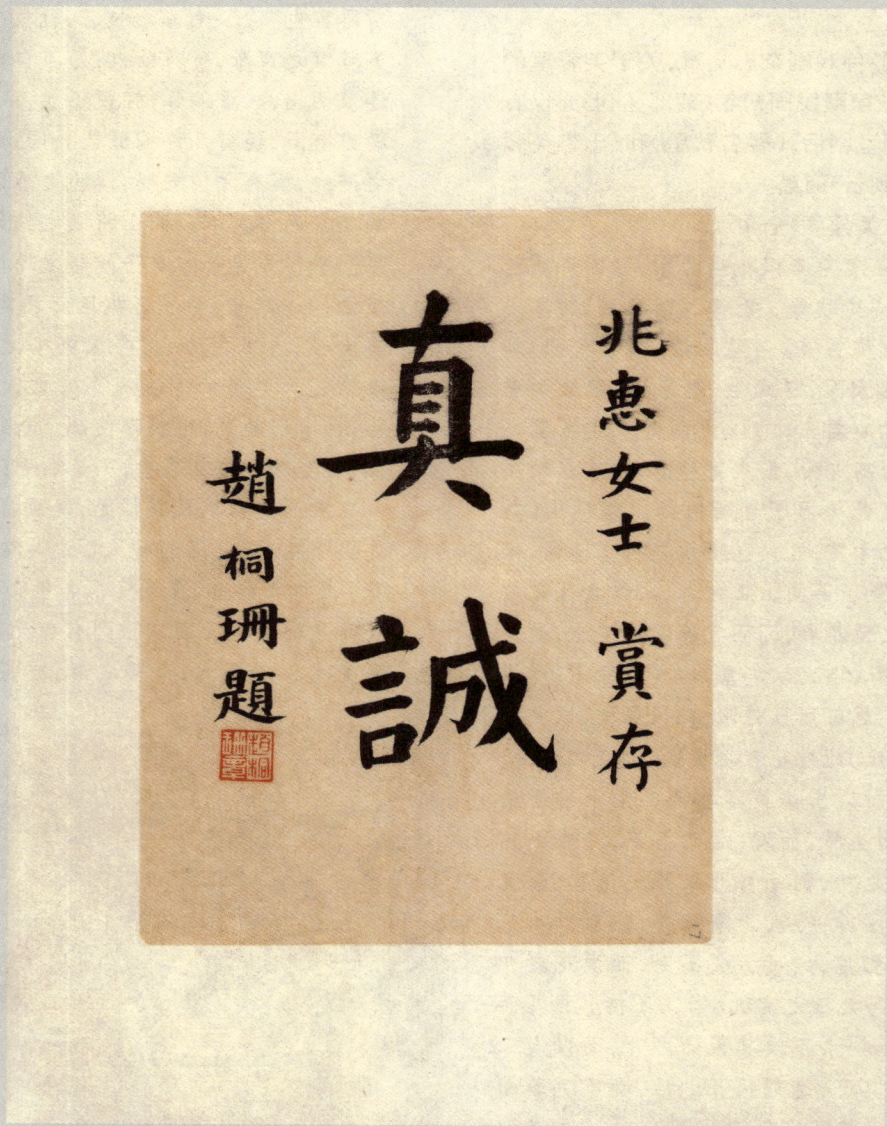

赵桐珊为兆惠女士题字　18.2cm×13.6cm

能助。他日一败涂地时,人将笑其自作之孽矣。吾观同山《梅龙镇》,见其唱不成声,感而书此,以当忠告。抑吾更有余意,以为芙蓉草,苟真羡慕毛韵珂、赵君玉之多才多艺,心有不甘,志在必达目的,期与毛、赵成鼎足之势,吾意大可不必,免蹈画虎类犬之诮。请言三人之梗概,以释其疑:(一)芙蓉草之年龄不可与毛韵珂同日而语也。(二)芙蓉草之经历不可与赵君玉相提并论也。毛伶年逾而立,身体发育已备,十余年来嗓音如一,不致再有倒仓之虞,而芙蓉草正际紧要关头,妙龄时代,不善保养,陨越堪虑,允宜专心一志,不可意乱心歧。赵伶由大面而改武生,改小生,改青衣、花旦,中经无数曲折,以彼之面庞,涂色彩,唱黑头,本觉可惜,改花旦宜也。奈何芙蓉草反弃花旦而唱黑头老生哉。吾为芙蓉草告曰:艺贵专一,学无止境,知所先务,则近道矣。

该文涉及之毛韵珂、赵君玉二君。毛韵珂即七盏灯,名仲林又号少珊,乃张国泰之入室弟子,原学老生并唱黑头稚尾生亦能各尽其妙。不逾年而倒嗓,始改花旦。《新安驿》、《花田错》等剧均其杰作。有时串武生、老旦,皆非所长,不若扮老旦之合式。演新剧西装做派从容自然,是伶界多才多艺者。关于此君,《菊部丛刊》中之《品菊余话》专栏有名小隐《尊谭室戏言》一文,内中有品评毛氏

之语,不妨录之。

> 毛韵珂之左嗓浮而不实,稍一用力,便尔荒腔,如何能唱老旦、老生。乃不知藏拙,时欲献丑,未免太欺沪上看客之不懂戏也。尝见其演《钓金龟》,康氏上场,偏身战抖,且将裙子系在衣外,是于作工扮相,皆有未合。要知康氏虽是老妪,犹未至龙钟……

赵君玉即大奎官。乳名小马,赵小廉之子。幼唱须生兼净角,皆卓然有声驰名菊部。旋倒嗓改习武生,艺不过人,不甚得志,改串青衣花旦,且嗓音清脆。所演各剧颇得台下欢迎。

《秋雨梧桐室剧话》文之节录有关芙蓉草部分:

> 芙蓉草与王灵珠同是梆子花旦,灵珠所能之戏,芙蓉草无不能之。而芙蓉草之擅长戏,如《拾玉镯》、《纺棉花》、《三僧奇缘》等,灵珠绝未演过。论唱工,二人各有所长。芙蓉草缠绵悱恻,王灵珠柔细轻扬。论做工,灵珠以细腻胜芙蓉草,芙蓉草更细腻,大巫见小巫,相形见绌。且灵珠于秦腔外兼唱皮黄、青衣,大胆欺人,芙蓉草所不为。但芙蓉草亦喜衔奇,时串演《三娘教子》之薛保;《钓金龟》之康氏;《落马湖》之黄天霸。……

芙蓉草存留字迹鲜见,余家藏其为兆惠女士所题"真诚"二字。

俞振飞（1902-1993） 京剧、昆曲表演艺术家，工小生。名远威，号箴非，原籍江苏松江（今属上海市），生于苏州。出生在昆曲世家，父俞粟庐为著名昆曲唱家，自成"俞派"。俞振飞的妻子为京剧旦角演员言慧珠。

俞振飞与京昆艺术

俞振飞是昆剧名流俞粟庐之子，他继承家学，擅长小生，负有很高的声望，同时他也演京剧。后来拜小生前辈程继先为师，加以深造，非常全面、系统地继承了前辈艺术创造的成果，又有新的创造，从而把京、昆小生艺术提高到一个崭新的阶段。他的贡献不仅限于小生这一具体的行当，而且丰富了京、昆这两个剧种。其艺术规范、艺术经验和美学思想，具有普遍意义。

俞氏对技术方面的唱、念、做、打都有根底，更有非常潇洒的台风，演出时很受观众的欢迎。他的嗓子高低宽厚各种声音都很好，可以算是很理想、很正规的小生嗓子，他的咬字方法合于戏曲音韵的标准，而且具有较高的文化水平，对

俞振飞、言慧珠夫妇

于所演的剧目从主题内容到人物性格自能有更深的体会，因而在唱腔上显得感情相当丰富。《监酒令》是小生正工戏，其中刘章所唱的一段唱腔，其曲调结构和青衣所唱的几乎完全相同，如果要使它能够有所区别，只有从声音上和唱法上去打主意。俞振飞所唱的这一段，最大的特点是听起来完全是小生，而不会误认为是青衣。《白门楼》与《辕门射戟》同是以小生为主角的戏，也同是采用"调底"的唱法的，而前者在唱功和表情方面比较繁重。俞振飞与姜妙香都擅演这两出戏，可能是他们的师承不属于一个宗派的关系，他们在唱腔和表演上有着不少相异之处。

关于俞振飞先生的从艺经历、表演艺术和成就，其自写小传叙述甚详，以下照录：

俞振飞，原籍江苏省松江县，父俞粟庐，乃昆曲名家。1902年，生在苏州，三岁丧母，六岁开始从父习曲，并学书法；九岁，已能做到音准、字正、腔圆，并能书写擘窠大字。又随吴门名师吴润之课读习画。少时即通四声，善丹青。

俞振飞舞台生涯始于1916年。先由名伶沈月泉先生授艺，后又得名家徐凌云先生悉心指点。掌握了大量昆曲优秀传统，1930年，经程砚秋先生推荐，拜程继先为师，正式学习京剧。次年，毅然辞去暨南大学文学院讲师职务，长期和程砚秋、梅兰芳合作演出京剧和昆曲，在《春闺梦》、《奇双会》、《长生

俞振飞夫妇共同完成了昆剧《百花赠剑》曲谱的整理工作

殿》、《牡丹亭》等剧中饰演了不同性格的小生角色。"卢沟桥事变"后，他返回南方。抗战胜利后，在上海参加了梅兰芳剧团。

"文革"中，俞振飞身心遭受摧残。"文革"后，他为培养接班人努力工作。

在抄录这份简历时，我省略了一些修饰词语。令人不解的是，俞氏的这份简历并未涉及他建国后至"文革"前的戏剧活动。我整理家中所存剧本时，有一册昆剧曲谱《百花

赠剑》。它是1959年初,俞振飞和言慧珠夫妇共同完成的。从一个侧面记录了俞先生建国后至“文革”前戏剧活动的一个部分。《百花赠剑》原本是“百花记”中的一折。内容如下:

一个元朝的间谍江六云,化名海俊,混入安西王府刺探军情,很快得到了安西王的宠爱,因而遭到了安西王原来的宠臣喇叭铁头的妒忌。一次,喇叭借机将海俊灌醉,然后把他扶进了百花公主的卧房。百花公主是安西王的爱女,执掌兵权,性情刚烈,平常不容许男子进中庭一步,偶有违反,即行斩首。喇叭深知公主习性,所以设此圈套,欲借公主之刀断海俊之头,解心头之妒。果然,公主初见海俊,即勃然大怒,欲置之死地。但在海俊苦苦哀求之时,公主见其气宇轩昂,风流儒雅,不禁由怜转爱。结果非但不杀,反而赠剑定情,私定终身。不久,元朝大兵遽至,安西王命百花公主登台点将,海俊乘机进言,唆使公主杀了喇叭,讨下先锋大印。后来两军交战,由于海俊的不断破坏,公主连战连败,最后发现受骗,怀恨交加,遂自刎而死。

因为情节动人,戏又比较热闹,所以大部分兄弟剧种都有这个戏。而现在演出的《百花赠剑》,内容则与原本已有很大的不同,前后情节都已删除,只描绘了公主与海俊的一段恋爱故事,着重表演了一个少女乍遇异性,转恨为爱的心理变化。

俞振飞先生“文革”时受到冲击,息演十余年,直到七十年代末,才又恢复了他的戏剧活动。至于俞振飞先生复出后的戏剧活动,他在七十年代出写给铁铮的三封信中有所涉及。现亦抄录于下:

第一封信,七十年代末某年的一月廿五日:

铁铮:昨日应必诚教授带来豆腐粉四包及凝固剂两小包,俱已收到,无任感谢!遗憾的是应教授到我家,适我到浴室洗澡,未得晤面,希望您给他去信时,代我表示深切的感谢!同时,望您把应教授的住址函告,俟我暇时当亲去面谢,顺便可以随便聊聊。

上海昆剧团刚刚成立筹备处,准备春节公开演出《十五贯》,(杭州、南京俱已公开演出十五贯了)。最近因为全国宣传工作会议,已在上海正式开大会,因此明后天要给大会演出一次《十五贯》。最后一段时间,天天三班排演,以致计镇华、蔡正仁嗓子都有些哑。最近李光同志来过信了,他为了北昆恢复正在四处联系,此地有少波靠边审查消息,未知却否?我最近血压较高,96/170,正在服药调治。复问近佳!

箴飞手复

一月廿五日

以后来信,望在信封的左上角写200031。

俞振飞亦自称箴飞,一般不用。信中涉

及的人和事较多，以下依次做些考证。

根据信中谈及"上海昆剧团刚成立筹备处，准备春节公开演出《十五贯》"为线索，我查阅了相关文献，据有关资料，上海昆剧团前身为上海青年京昆剧团，成立于1961年8月，1978年改现名，由京昆艺术大师俞振飞为首任团长。是信的书写时间，可能是1977年。上海昆剧团1978年建团之后，在俞振飞先生的主持下，先后抢救、整理、演出了60多台昆剧、300多出折子戏。其中也包括经过整理改编的传统剧《十五贯》。

《十五贯》是清初戏曲作家朱素臣所作的传奇，写明代苏州太守况钟平反熊友兰与苏成娟、熊友蕙与侯三姑两桩冤案的经过。两桩案子都因十五贯钱

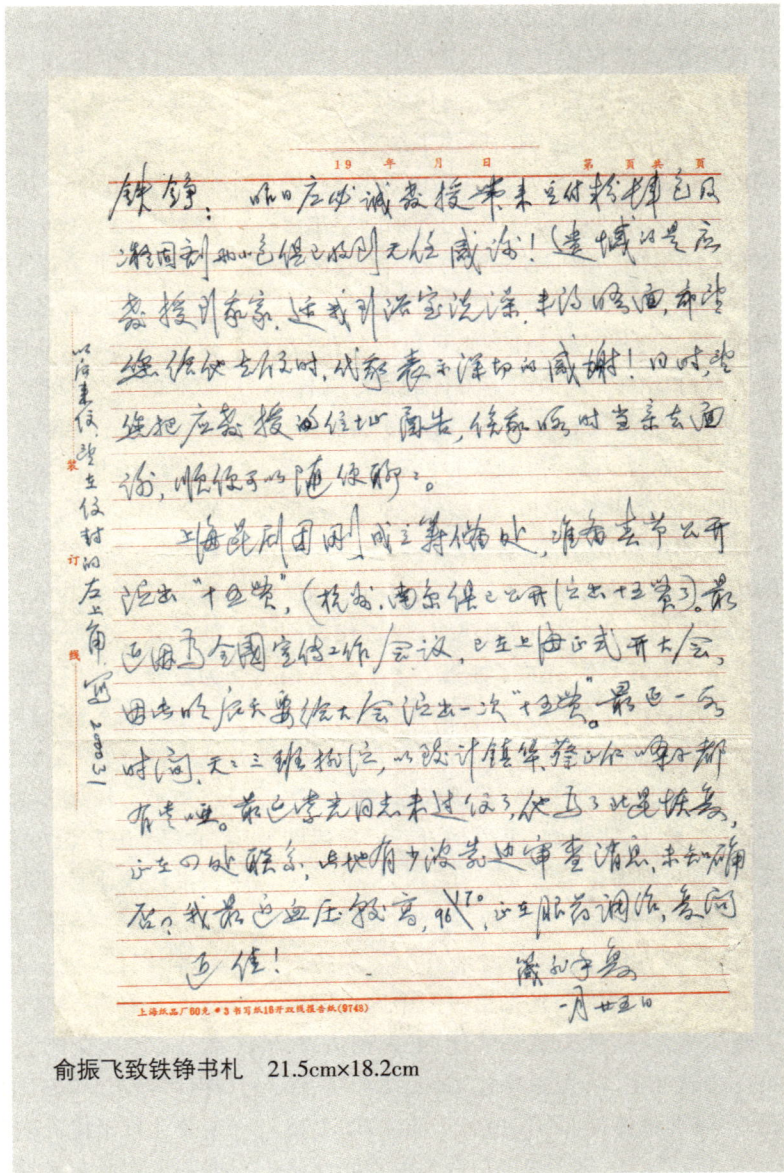

俞振飞致铁铮书札　21.5cm×18.2cm

而起，两桩冤案的受害者都姓熊，况钟审案之前还曾有两只熊托梦，因而此剧又名《双熊梦》。昆剧《十五贯》是昆曲代表性作品之一。1956 年，浙江昆剧团排演了经过整理改编的传统剧《十五贯》，以其高度的思想性、人民性和艺术性轰动全国，受到了国家高度重视。周恩来总理称誉昆剧为艺术百花园中的"兰花"。《人民日报》以"一出戏救活一个剧种"发表专题社论，称赞它是贯彻"百花齐放、推陈出新"戏曲改革方针的良好榜样。《十五贯》的改编和演出，使昆曲获得新生。同年，昆曲《十五贯》摄制成彩色戏曲艺术影片；此剧曾被诸多剧种广泛移植。从此，各地昆剧院团纷纷成立，昆剧艺术进入了一个新的历史发展时期，浙江也因此成为新中国昆曲的发祥地。上海昆剧团建团以后，代表剧目除了《十五贯》，还有《牡丹亭》、《司马相如》、《班昭》等，在观众中具有极高的声誉，一批著名演员同样具有很高的造诣和声望。蔡正仁、王芝泉、华文漪、岳美缇、计镇华、梁谷音、刘异龙、张静娴、李雪梅（借调）先后荣获"中国戏剧梅花奖"。

俞振飞先生信中提到"李光来信为'北昆'恢复正在四处联系，此地有少波靠边审查消息……"这位李光先生时为中国京剧院主要演员之一，他天赋条件优越，扮相清秀，嗓音清越纯正，功夫深厚扎实，武技干净、潇洒，表演细腻传神。不仅擅长于演文戏，更精于翻、打、跌、扑、舞。善于塑造各种不同性格

的人物，堪称文武昆乱不挡，在继承优秀传统剧目，创排现代剧目中，锐意改革、创新，是我国当代京剧舞台上不可多得的文武兼备之材。"北昆"是北方昆曲剧院的简称，成立于 1956 年南方昆曲界来京演出了《十五贯》之后的 1957 年 6 月，是周总理亲自指示建立的。北方昆曲剧院成立后，在短短的几年里，经过著名昆曲表演艺术家韩世昌、白云生、侯永奎、马祥麟、侯玉山、沈盘生、白玉珍等的言传身授，培养了几批青年昆曲演员、演奏员。继承、整理了大批传统剧目，并创作改编和排演了《文成公主》、《千里送京娘》、《李慧娘》、《晴雯》等历史题材剧目和《红霞》、《奇袭白虎团》等现代题材剧目，对昆曲艺术的继承、发展和革新，积累了一定的经验。但是，好景不长，"文革"开始时，因为江青一句"昆剧可以不要了，统统改行唱京剧"的话，全国所有的专业昆剧团全部就地解散，演职人员从此飘零四散……"文革"结束后，上海昆剧团 1978 建团之后不久，"北昆"也于 1979 年复院。恢复和新继承了一批传统剧目，同时在继承的基础上排演了《牡丹亭》、《琵琶记》、《荆钗记》、《西厢记》、《长生殿》、《桃花扇》等传统名著，并创作排演了《春江琴魂》、《血溅美人图》、《共和之剑》、《宗泽交印》、《三夫人》、《三上西天》、《南唐遗事》等新剧目，所有这些剧目大都曾荣获北京市优秀剧目奖。《血溅美人图》并拍成彩色戏曲艺术片。《南唐遗事》拍成四集电

俞振飞在这封致铁铮信中谈到演出《奇双会》和《醉写》之往事　21.5cm×18.2cm×2

视戏曲连续剧，并获 1988 年全国戏曲电视剧"金三角奖"和"飞天奖"。

"少波"即马少波。关于粉碎"四人帮"后其被审查的情况，笔者不详。

俞振飞先生写给铁铮的第二封信，亦未落年份，日期为：5、19。信很长，约 900 字。涉及的事情和人物也很多，限于篇幅，仅捡几件较为重要的人和事做些钩沉。

铁铮：你于 16 日寄来一函已收到。

知道你关于南京昆剧录像已看过几次，

我除了自己的两出戏之外，其他都没有看到，说明你的"眼福"比我好。你所领导苏一平和郭汉城二位，不知文化大革命前是在什么单位工作的，看了我的录像，有些什么意见，望函告为盼！

《奇双会》和《醉写》，完全是两种风格的表演。关于《醉写》，我十多岁时就看到"老全福班"的沈月泉先生（即传芷的父亲）经常上演《吟诗脱靴》，《太白醉写》这个剧名是我开始叫出来的。最近读到吴新雷同志的文章，知道太平天国时，在壁画中就有"太白醉写"这个剧目，真可谓是巧合。由于我喜欢这出戏，在我十七八岁时就请月泉先生教我身段动身，在我二十岁以前，就上演过一次，经过实践，才明白这出戏不是年轻演员能胜任的。一直到一九五六年(可能是55年底)由于同白云生同志同台，我把惊变、埋玉、梳妆、跪地、奇双会、琴桃、惊梦、断桥等等都让给他唱，因此我又开始演《太白醉写》(当时我已五十四五岁了)似乎比二十岁左右演的时候像样了一点，经过每次观众给我提的意见，一直到文化大革命前，修改数十余次，一直到去年叶付(副)主席来沪，一定要我演一次《醉写》，我感到又有了进一步的理解。所以我认为，你把我录像的一些身段、神情学下来是应该的，但最好还要经过自己的舞台实践。

你能到"北大"去学习，我向你祝贺！现在不仅缺乏昆曲演员，对于编导，以及谱曲方面都需要人，我希望你把大学里学到的东西，帮助昆曲的发展，这工作，我想你一定也愿意做的。"东行记"剧本是何人所写，上海昆剧团很希望有比较好的剧本，你能有办法搞一个剧本来。你对昆曲剧本、唱腔问题的想法，和我们现在想的是完全一致的。你说小生念白所用的真假嗓，必须要有层次，这话说得很对，尤其过去的高维廉、储金雕等人，只有高低两种音，听了使人难受。真假嗓要有层次，这一点昆曲的发生(声)最讲究(目前来说，已经快失传了)这次昆曲会议，本来我的发言稿准备把咬字问题，希望江浙两省先统一起来，但到了南京，许多传字辈老师抢在前面，我结果敷衍一番就算了。我近来非常忙，不久可能要和李玉茹演出一次《奇双会》。余再谈，顺候近好！

振复 5、19、

和陆放同志联系问题，我叫崔写信回答你。

信中提到"《奇双会》和《醉写》，完全是两种风格的表演。"《奇双会》又名《贩马记》，京剧舞台上通常只演《哭监》、《写状》、《三拉》三折戏。这出戏的剧情是：新任陕西褒城县令赵宠下乡劝农未归，他的新婚夫人李桂枝夜间听见监狱里传来的犯人哭声十分凄切，感到定有冤情，于是开监询问，不料这犯人竟是她的父亲李奇。李奇本以贩马为业，原配妻子王氏早丧，遗下桂枝、保童一双儿女。为照顾子女，李奇续娶了杨三春。在李奇外出贩马时，杨氏私通地痞田旺，并将桂枝、保童赶出家门。李奇回家不见子女，拷问侍女春华。春华惧怕田旺及杨氏，不敢说出真情，遂自缢而死。杨氏又串通田旺，诬告李奇因奸不从逼死侍女。其时赵宠尚未到任，前任县令胡老爷受贿，宣判李奇死刑，下狱待秋后处决。李桂枝听了父亲的哭诉，等赵宠回衙后，就向他求救。岂知赵宠也是被继母赶出家门的，他十分同情妻子的遭遇，于是替桂枝写了诉状，并且教她去向新任巡按申诉。巡按见桂枝，忙将她拉进后衙，赵宠闻讯，闯进辕门，不想也被巡按拉了进去。及至后衙，才知巡按就是桂枝的胞弟李保童。保童提李奇复审，当堂为父平反昭雪后，也将其拉入后衙，一家人就此团圆了。该戏的情节，是围绕着一个冤案展开的，但它的写法很不同于一般，三折重头戏，着重表现的都是父女、夫妻、姐弟、翁婿在平反冤狱的过程中休戚相关的深厚感情，全剧充满着人情味。因此多年来很受观众的青睐。此外，该戏在编剧技巧及其表现形式上亦有其独到之处。李奇被冤，几乎屈死，是带有很大悲剧性的；但剧作者却用喜剧手法处理了《写状》和《三拉》这两折，选取的角度极富有特色。

《奇双会》是京剧的传统剧目，全剧唱的都是吹腔。吹腔流行于北方，京剧和昆曲都吸收了它的曲调，使之成为本剧种曲调的一个组成部分。京剧的腔调，虽然主要由西皮、二黄构成，但高拨子、吹腔等腔调也都占有一定位置。这出《奇双会》就是一出吹腔戏，全剧都用吹腔演唱。昆剧里，也早就有了不少吹腔戏，而且由于这些戏在曲词、音调方面都比较自由和通俗，不受"正宗昆曲"那些严格规律的限制，普及起来反而更快，这对昆曲曲调的改革未尝没有推动作用。昆剧的

历史比京剧久远，不过，这出《奇双会》却是京剧先有，然后搬到昆剧中去的。 根据记载，这出戏发源于徽班。1790年，四大徽班进京，不久京剧逐渐孕育成形，那个时期，四大徽班之一的"三庆班"，就常常贴演这出《奇双会》，而且角色搭配很齐整：四大徽班领袖程长庚演李奇，当时最著名的小生徐小香演赵宠，著名青衣胡喜禄演李桂枝。我国近代以来京剧的几个最主要艺术流派的创始人都演过《奇双会》："四大名旦"梅兰芳、程砚秋、荀慧生、尚小云都擅演李桂枝，马连良、周信芳也都常演李奇。他们演这出戏，各有自己的流派风格和艺术特色。在小生行当中，姜妙香、金仲仁、叶盛兰等都扮演过赵宠。

据俞振飞先生讲，《太白醉写》这个剧名是他开始叫出来的。《太白醉写》本名《吟诗脱靴》，出自于明万历间世德堂刻本《惊鸿记》。《惊鸿记·吟诗·脱靴》是昆剧传统剧目。《吟诗》、《脱靴》系由原剧第十五出《学士醉挥》加工而成。其故事梗概是：唐明皇与贵妃杨玉环在沉香亭筵宴赏花，召翰林学士李白吟诗助兴。李白酒醉，命宦官高力士磨墨拂纸，写成《清平调》三章。唐明皇大悦，连赐巨觥，并派高力士等送归翰林院。李白借酒命高力士为其脱靴，以辱之。

李白一角早先由老生扮演，清乾隆时已改为小生（冠生）应行。唐明皇、杨贵妃、高力士则分别由老生、武旦、丑角饰演。全出中李

俞振飞在给铁铮的信中，谈及"舞台表演艺术纪念会"之事　31cm×21.5cm

白以念白为主，仅在《尾声》中有两句唱词，重在刻画这位大诗人蔑视权贵的豪情傲骨。是清末昆剧名小生沈寿林及其子沈月泉最擅长的"醉"戏之一，沈氏父子两代在表演上有很多独到之处。二十年代初昆剧传习所创建之始，并未传授此戏，直至"传"字辈学生有数年舞台演出实践后，才由沈月泉亲授，民国十五年（1926）10月31日首演于上海新世界游乐场。同年12月20日再次公演时，易名为《太白醉酒》，由顾传玠饰李白，郑传鉴饰唐明皇，华传萍饰杨贵妃，华传浩饰高力士。后亦为冠生赵传珺的拿手戏之一。沈传芷得自家学，演出此剧也颇有心得。俞振飞师承沈月泉，亦以擅演此戏著称。1956年9月俞氏在苏州"昆剧观摩演出大会"主演该戏时，又改名为《太白醉写》。此折为俞振飞最精彩和享誉最高的剧目之一，直至八十岁的高龄仍登台演出了该剧。

俞先生写给铁铮的最后的一封信，谈到了他的《舞台表演艺术纪念会》和拟请张庚先生为其著作写序事等，亦录之于下：

铁铮：

你十月十八寄来的信已收到。我的"舞台表演艺术纪念会"，可能推迟到一月初（暂望保密），我拟请张庚同志给我写篇短文，本拟于文代会时当面请求，现在写了一封信，托徐希博同志（他是凌云先生之孙，你可能认识）赴京办事之便，请你陪同希博面见一下张庚院长为荷！

另外，希博同志在京大约要耽搁一星期至十天，您有没有办法替他找个住处，费神谢谢！

《醉写》剧照当奉拾张，但都不够精彩，因为我在晚会上演出，摄影人不能到台下去照，所以受了限止（制）了。余后再谈。祝

好！

振飞手复。十月廿九日。

俞振飞家学渊源，戏学名师，工诗能书。他演戏如工笔淡彩，有骨力而不矜持，能挥洒而不失法度。他具有一定的古文修养，又精通诗词、书、画，他不但精研昆曲，同时又是一位京剧表演艺术家。因此他能将京、昆表演艺术融于一体，形成儒雅、飘逸、雄厚、遒劲的风格，特别是以富有"书卷气"驰誉剧坛。他深受海内外推崇的代表节目有《太白醉写》中的李白；《游园·惊梦》中的柳梦梅；《惊变·埋玉》中的唐明皇；《琴挑》中的潘必正；《八阳》中的建文君；《断桥》中的许仙等，演来无不栩栩如生。

俞振飞先生的夫人言慧珠是著名京剧老生言菊朋的女儿。她先是学"程派"青衣，后正式拜梅兰芳为师，曾将朝鲜名剧《春香传》移植为京剧演出。并与俞振飞据元杂剧《墙头马上》改编为昆剧演出。1957年起任上海市戏曲学校副校长，致力于戏曲教育事业。1958年与俞振飞参加中国戏曲歌舞团去欧洲访问演出。归国后与俞振飞合作写成散文集《访欧散记》。

白云生与「北昆」

　　白云生的名字是与"北昆"联系在一起的。这里所说的"北昆"有两个方面的含义。"北昆"既是戏曲剧种之一，还是北方昆曲剧院的简称。北昆与南昆同源而异流，是昆曲在北京的支派之一。

　　昆曲是现存的民族戏曲中古老的剧种之一，它在历史上虽然有过一段兴旺的时期，但到了清代中叶就逐渐衰弱。解放前更濒于枯萎。新中国成立后在"百花齐放，百家争鸣"的方针下，它才获得了新生。昆曲的剧目极为丰富，音乐优美动人，表演艺术精湛，特别是舞蹈身段丰富、细腻，极富有表现力。可惜曲词不够通俗，曲谱不易辨识，加之在宫调、音律、四声、吐字等方面规律较严，因而给人以高不可攀之感。

　　昆曲于近代渐分为南昆与北昆。南昆以妩媚圆软著称，

白云生与虞俊芳演唱昆曲传统剧目《长生殿》选曲

北昆以爽利劲拔见长。北方昆曲的唱念基本用北京语音,但吐字、归韵仍然恪守昆曲的传统格律。此外,它长期与高腔合班,演员大多兼演昆腔、弋阳腔,因而在唱法上受高腔影响,具有高亢、刚健、饱满、奔放的演唱风格。这与南方昆曲清柔、委婉的唱腔,形成鲜明的对比。北昆运用波音、滑音、擞音、颤音、气口等润腔手法及顿音、揉音、"肩膀"等演奏技巧,与南昆情趣各异。在剧目选择方面,北昆也与南昆擅演生旦戏不同,以历史袍带戏见长,并较多保存武戏剧目,如《夜巡》、《夜奔》、《闹昆阳》、《倒铜旗》、《出潼关》、《安天会》等。这些戏武工繁重,开打凶猛火爆,具有鲜明的北方特色。

南昆以苏州人为正宗。北昆以河北高阳籍演员居多。清代中叶,昆曲在北京衰落后,部分流落

北平市国剧公会据国民党北平市警备司令部电令指派白云生、韩世昌为国军演出慰劳戏之通知档案首页　25.5cm×18.2cm

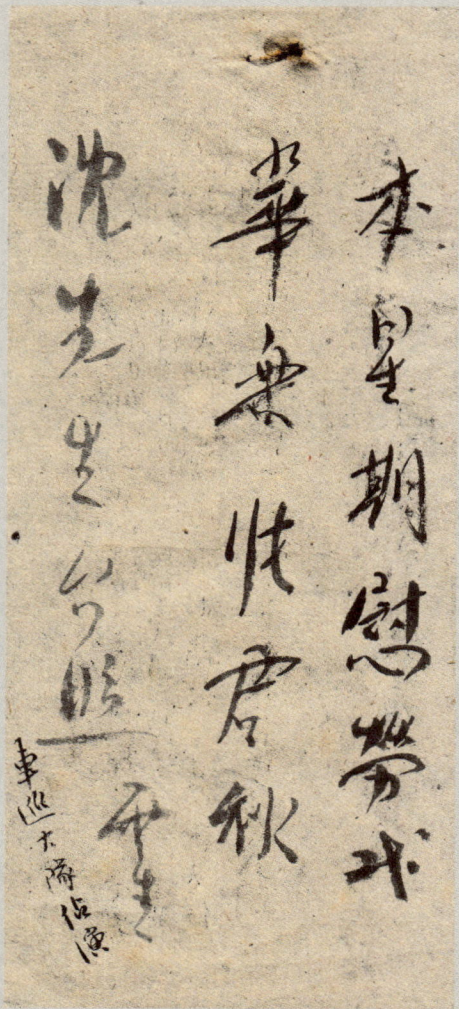

白云生致函沈玉斌请其告张君秋慰劳演出由原订三庆改华乐　26.5cm×12.5cm

到冀中地区的昆弋班演员和当地弋腔（高腔）班社相结合，在演出过程中，逐渐形成了北方昆曲的艺术特点，北昆的唱、白基本上用北方语音，由于长期在乡镇与弋腔同台演出，形成了开朗、豪迈、粗犷的艺术风格。由于北昆艺人多为河北高阳、安新一带人，故又称"高阳昆腔"。1917年，著名北昆演员王益友、韩世昌、侯益隆、陶显庭等组成"荣庆社"到北京演出，效果极佳。

白云生是北昆一派的杰出代表，他原名瑞生，河北安新县马村人。幼入私塾读书，1920年入荣庆社，初从白建桥学戏，又向白云亭问艺。1922年又入祥庆社，深得王益友喜爱，遂收为弟子，初习旦角。1930年拜程继先为师习京剧小生，并随陈喜才习武功，由此技艺大进。1934年以后与韩世昌结为珠联璧合的好搭档。由于他有深厚的功底，《八大锤》《群英会》《朱仙镇》等，颇受赞誉。1935年"荣庆社"因内部矛盾激化分了家，一分为二，"荣庆社"侯永奎、马祥麟在北京、天津一带坚持演出。而白云生则与韩世昌组织"祥庆社"离京南下，在二十世纪三十年代，把古典昆剧传到全国各地。他们花了一年多的时间一直在外边，经过河北、山东、江苏、河南、湖北、湖南走了六个省十四个城市，每一个地方都要演半个月或者20几天。这一次的巡演，在湖南当时的岳麓书院师生，为韩世昌和白云生的演出写了很多赞美诗，后来编成一个集子，油印成册，名字叫《青云集》。青是韩世昌先生的字,叫君青,云就是白云生,《青云集》就是从他们两个名字上来的。白云生还曾经指出过严凤英表演中身段的不足。不久,严凤英就正式拜白云生为师,接受规范的昆曲身段训练。

抗战爆发之后,1938 年,天津发生大水灾,许多著名艺人如陶显庭、侯益隆等相继病死,使北方昆曲遭受严重损失。抗日战争胜利后,白云生约韩世昌、侯永奎、马祥麟、侯玉山、魏庆林、白玉珍、李凤云、侯丙武等到北京,再次组成庆生社,在吉祥、华乐等戏园演出,由于兵荒马乱、天灾人祸,观众寥寥,陷入惨淡经营的境地。到了四十年代末,韩世昌、白云生等昆剧艺人生活更是陷入困境,为维持全家生计白云生于中山公园"打牲亭"内摆起茶座,卖纸烟;韩世昌则变相卖唱。到解放前夕,北方昆曲已经是奄奄一息、濒临绝迹了。

新中国成立后,百废待兴,许多剧种得到了扶持和恢复。北方昆剧也得到了党和国家领导人的重视,1950 年的春节,白云生与韩世昌特请梅兰芳到怀仁堂联袂演出《游园惊梦》,得到周恩来总理的赞誉。

在北昆剧院成立以前,白云生被聘任到中央实验歌剧院工作。曾任戴爱莲主演的古典歌舞剧《宝莲灯》的执行导演。戴爱莲非常尊重白云生,当她得知白先生住房狭窄,便将自己后海的住房让给白先生。白云生见院大房多,便将宽大房间让给别人,自己仅住

白云生先生导演的昆剧《李慧娘》节目单
26cm×18.5cm

东边的两小间,此事深受同人敬重。尤其是对王益友老师的遗孀张桐玉,关怀备至直到养老送终。

在"百花齐放、推陈出新"的方针指导下,昆曲获得了新生。1956 年南方昆曲界来京演出了《十五贯》,誉满京华。1957 年 6 月,周总理亲自指示建立了北方昆曲剧院,同年 6 月 22 日,在东四文化部礼堂,由部长沈雁冰宣布:北方昆曲剧院正式成立。方针是继承与发展昆剧艺术,由周恩来签署韩世昌为

院长的任命书。白云生任副院长。建院大会上陈毅就如何发展昆曲艺术问题作了重要讲话，并同与会者合影留念。

北方昆曲剧院建院后，几年间，白云生和著名昆曲表演艺术家韩世昌、侯永奎、马祥麟、侯玉山、沈盘生、白玉珍等一道，通过言传身授，培养了几批青年昆曲演员、演奏员。挖掘、继承、整理、改编、创作了大批传统剧目，上演各类剧目达460多出（折），其中《西厢记》《牡丹亭》《长生殿》《琵琶记》等古典名著，新编历史剧或历史故事剧《李慧娘》《晴雯》《南唐逸事》《贵妃东渡》《夕鹤》，以及现代戏《红霞》，探索剧《偶人记》等，对昆曲艺术的继承、发展和革新，积累了一定的经验。但因北昆建院不久"反右"运动开始了，白云生因"右派言论"被禁止演出。北昆排演好的十二台戏里头，三台大戏《铁冠图》、《蝴蝶梦》和《百花记》也因所谓的"污蔑农民革命"和"宣传封建迷信"等原因被禁止演出。

白云生再次复出以后所做最有影响的事情，是他担任了昆剧《李慧娘》的导演。昆曲剧本《李慧娘》是孟超先生根据明人周朝俊的《红梅记》中的部分情节改编的。故事为：南宋德祐年间，奸相贾似道专权，终日在西湖歌舞升平，过着花天酒地的腐化生活。太学生裴舜卿气愤不过，说了几句不满的话，招来横祸，被贾似道囚禁起来。贾府侍姬李慧娘在西湖偶遇裴舜卿，说了一声"美哉少年"，就被贾似道杀害。李慧娘死后冤魂不散，仗义救出裴舜卿，并吓死贾似道，报仇雪恨。剧中鞭挞了贾似道的荒淫误国，赞美了李慧娘的反抗精神，体现了"生当作人杰，死亦为鬼雄"的主题。

孟超写成剧本后，北方昆曲剧院于1961年7月付排，导演白云生，作曲陆放，舞台美术设计鲁田。李淑君饰李慧娘，丛兆桓饰裴舜卿，周万江饰贾似道。作为导演的白云生根据对昆曲艺术多年亲身经验，赋予了这出剧以丰富、壮丽的风格。1961年8月底《李慧娘》上演于京华舞台之上，演出受到首都文艺界的广泛赞誉。《剧本》月刊1961年7、8期发表《李慧娘》剧本。1962年，毛泽东提出了"千万不要忘记阶级斗争"的指示后，江青到文艺界调查阶级斗争新动向，《李慧娘》成为她发现的一个典型。5月6日《文汇报》发表文章，公开批判《李慧娘》。白云生再次被打入了冷宫。1966年8月23日北京市文化局和"文学艺术家联合会"的作家、艺术家和干部被批斗，共29人，白云生亦在其中。不久，北方昆曲剧院被解散，自此，白云生在昆剧界消失了，直到1972年8月4日逝世。昆曲《李慧娘》的作者孟超亦在"文革"中被迫害致死。

管绍华

「探母管」的由来

管绍华是京剧老生。原名家骏，满族。时与奚啸伯、邢威明、陶畏初并称"北京四大老生名票"。二十世纪二十年代后期，为公余雅集社票房的票友，得到京剧前辈陈少五、王福山、福寿山等名家指教，1937年与王玉蓉合演《四郎探母》，一炮而红。曾有"探母管"之称，遂下海为演员，百代公司为其灌制了唱片。

1933年，管绍华由言菊朋推荐，正式"下海"搭杨小楼、筱翠花的松庆社，担当二牌老生。1934年，管绍华扶摇直上，曾与许多女伶合作，较著名的有：雍竹君（德籍名票）、新艳秋、梁韵秋、赵啸澜、章遏云、黄玉华、华慧麟、言慧珠等。在此前后，他还同一些著名男旦演员朱琴心、黄玉麟、黄桂秋、南铁生、毛世来、宋德珠等合作。而与管绍华合作最长的坤伶，则为王瑶卿的女弟子王玉蓉。

管绍华与王玉蓉的合作，纯系偶然。原本北京的戏迷并不熟悉王玉蓉，也该着她走运，就在她的恩师发愁找不到签约戏院的时候，恰逢刚开张的长安大戏院遇到了麻烦，有人说大戏院的戏台方向不对，是个"白虎台"。既然是凶台，所以谁也不愿来。后又传说那天夜里"祭台"时，本来只有一人装扮女鬼，竟然出现了两个鬼影，越传越悬乎，这下更没人敢来了。东家煞费苦心从上海把金少山请来，可只唱了一出《黑风帕》，第二天的《法门寺》愣是不上座。大戏院首任经理金仲仁与王瑶卿先生本是莫逆之交，这天他来到大马神庙王瑶卿先生寓所闲聊，三说两说，就定下了由王玉蓉在长安大戏院唱头牌，但条件是王瑶卿先生要给把场。

一举两得，既解决了长安大戏院没人敢去演戏的问题，同时也解决了王玉蓉出演的戏园子问题。事不宜迟，王瑶卿先生立刻忙着张罗约人组班。高兴之余，王瑶卿先生意识到，这件事并非简单，一是原本这个戏院已然是名声不好了，再加上王玉蓉是个新人，戏迷们能买账吗？万一不上座管绍华（1902–1981）原名家骏，满族，原为铁路局、协和医院票房之票友。1937年与王玉蓉合演《四郎探母》，一炮而红。并灌制了唱片，曾有"探母管"之称，遂下海为演员，灌有唱片30余张。曾任白城京剧团团长。

乾原同志：

今将本团演员人名册及剧目表各一份寄上，并同时已将同样各一份交与秦皇岛文化科，且说明本团介绍函由北京市文化局直接寄交秦皇市文化科，昨日误将科向本团催促介绍函，今仅向您函请，劳介绍函尚未发出，请速为寄下。本团在此卖演出第一天上座九成五，第二天满堂，来瞧着票的甚众，挤在院外就有二百多人，第三天（星期旦）白天满堂，晚向上座七成多，业务情况以上本团已特未奏致费还请，尚完了三原。演员思想很好，很团结，对业务很热列。今天本团全体组织好了伙食团南始了，本团演员人数较出京时又加强数人，仅将这情况报告您，并随时向您作会报。此致

敬礼

管绍华

十月十七日

管绍华致北京市京剧工作者联合会信函　19cm×13.5cm

管绍华致周桓信函　27cm×19.5cm

怎么向金老板交代？一下子王瑶卿的心凉了下来。俗语说"有福之人不在忙，无福之人跑断肠"。说来也巧，恰在此时他的寓所来了三位贵宾，一位是大名鼎鼎的中医汪逢春，一位是农学院院长庞敦敏，另一位是晚清末代状元陆润庠的儿媳，"瓣萝轩主"张女士。这三位都是王瑶老的好友，交谈之中闻听此事，三个人一合计，当即拍板道："我们和玉蓉都是南方人，决不能在京城丢南方人的脸，戏票我们包了！"这时王瑶卿先生的心才

又踏实下来。

　　谁知好事多磨，刚刚解决了戏票问题，新的问题又来了。就是因为王玉蓉没有名气，有名的老生都不愿和她搭班。无奈之下，王瑶卿先生只好降低条件，告诉管事的说："你再去找找看，只要有鼻子有眼儿，会唱戏就得。"最终找到了票友下海的管绍华，他个头、扮相俱佳，且有一条高、宽、脆、亮的好嗓子。排练期间，王瑶卿先生对管玉华在唱腔、吐字、归韵、气口、身段等诸多方面进行了仔细地调教，本来就极有灵性的管绍华一点就透，随即与王玉蓉合作演出，获得成功。1937年百代公司发行的王玉蓉、管绍华合灌的《四郎探母》唱片，更是轰动大江南北，风靡一时。管绍华也因此享誉全国。

　　王玉蓉以外，和管绍华合作的尚有一位名叫雍竹君的德国籍京剧女演员。雍竹君也被称作雍柔丝，她是中德混血儿。其母为华裔汉族，其父是德国人，在德商龙虎公司任经理。这位雍女士生长在北京，从小酷爱京剧。她父亲给她请来名重于时的票友关广智，教她学唱梅派青衣。在她十八九岁时已经学会不少出戏，唱得、演得都像模像样。关广智经常带她到票房里玩票，有时还让她到戏园子里登台彩唱，人们对她疼爱有加，习惯以雍女士称呼她。上个世纪二三十年代，雍竹君经常在天津的中原公司妙舞台、新明戏院、明星大戏院等处的戏台上表演中国京剧。雍竹君身材高大，体形丰腴，而且是金发

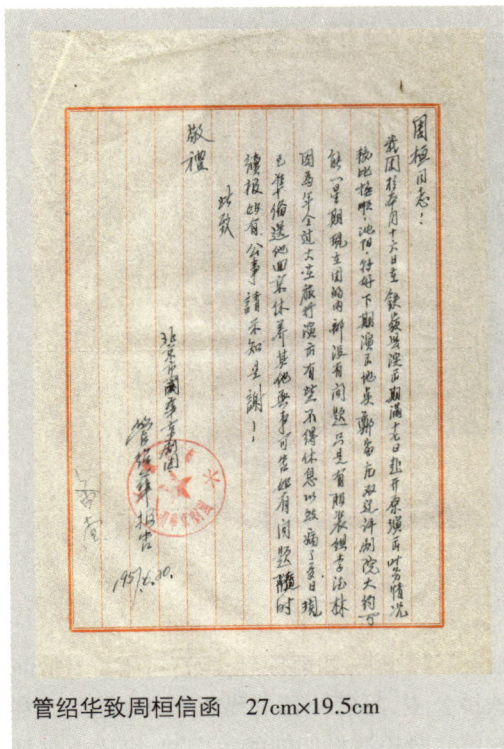

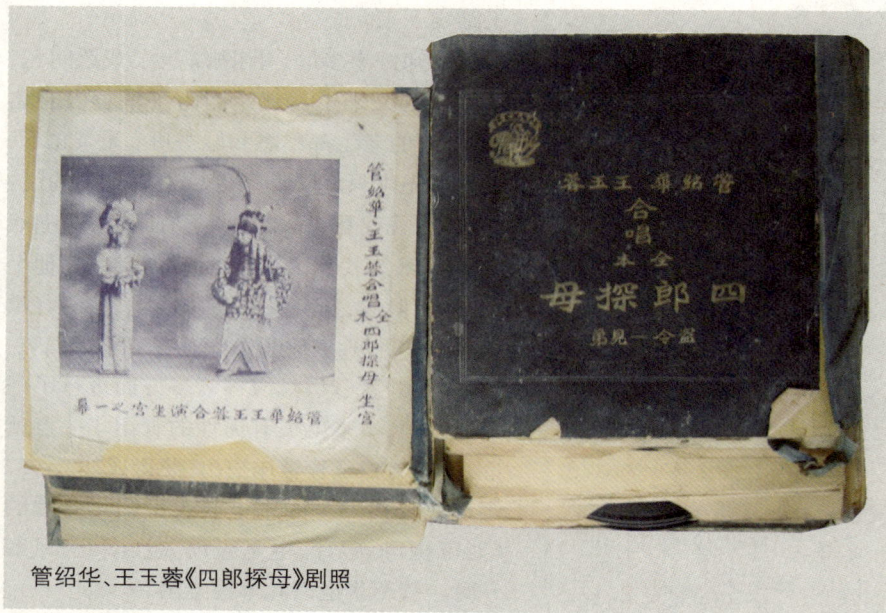

管绍华、王玉蓉《四郎探母》剧照

碧眼，即便扮戏上装后，外貌仍是典型的欧洲女郎模样，一些观众常被她那奇容异相逗笑。然而，她操一口流利的汉语京腔，声音与形体判若两人。如果观众不看她的外表容貌，单听她的念白和歌唱，与地道的京剧演员别无二致。各地戏曲艺人都知道天津的戏迷观众看戏时喜欢挑剔，而雍竹君在天津演戏尽管票价不菲，却格外有戏缘，颇受戏迷欢迎。

雍竹君最初登台表演，都是与她的老师关广智合作，当年北平的一些商业电台时常播放他们合作演出的录音，很受听众欢迎。稍感遗憾的是，他们两人同台做戏形体不够

般配。譬如演《四郎探母·坐宫》，雍竹君扮演铁镜公主，尽管唱段和做派都很到位，而穿着厚底靴扮演杨四郎的关广智，仍比人高马大的铁镜公主矮半头，台下看着不够顺眼。北平吉祥戏院经励科的人，看到雍竹君已经唱出了名，极力撺掇她下海做专业演员，又多方奔走，为她物色到彼时颇有名气的票友管绍华与她配戏，由雍竹君挂头牌，管绍华陪她挂二牌。经过一段磨合后面向社会售票公演，大得时誉。

最后一个和管绍华搭档的青衣花旦名叫林毓华。林毓华也并非等闲之辈，民国三十七年（1948年）她仅二十三岁，就组织了明

林毓华致周桓同志信　19cm×26cm

华社,自任主演和社长。

新中国成立后,管绍华先是参加了中国人民解放军四野文工团,在武汉与文工团成员南铁生、梁忆梅、林秋雯、叶盛茂、李一车等合作,深受官兵与广大观众欢迎。后回京参加首都实验京剧团,与赵金蓉、侯永奎、张德发、李少楼等合作,任主演。1952年至1958年,管绍华先后参加丽群京剧团、国华京剧团、红星京剧团,以及以他名字命名的管绍华京剧团,俱任主演。也就是管绍华组织国华京剧团和管绍华京剧团期间,与林毓华有了一段时间的合作,从现存敝寓的林毓华写给周桓等的信和管绍华写给北京市京剧工作者联合会的信中,可知他们的配合并不和谐,以致后来不欢而散。

1959年管绍华被邀参加东北营口市京剧团,兼在营口戏校任教,直至1962年离开剧团返京。1981年病逝。

裴盛戎（1915-1971）　北京人。本名振芳，是裴桂仙的次子。幼年入富连成科班学戏。工铜锤花脸。出科后搭班演出于北京、上海等地。新中国成立后，任北京京剧团副团长、中国剧协第二届理事。对京剧花脸唱腔和表演有所突破，形成"裴派"。1952 年获第一届全国戏曲观摩演出演员一等奖。擅演剧目有《姚期》、《将相和》、《杜鹃山》等。《群英会》、《铡美案》已拍成影片。

裴盛戎与「裴派」

很小的时候，曾经几次在老人的带领下到戏园子听戏，我的父亲喜欢听裴盛戎先生的戏，每次父亲听戏时总要带上我，我也听了不少裴先生唱的戏。而印象最深的是京剧《秦香莲》，剧中的包拯是我最喜欢的角色，包拯的饰演者就是裴盛戎先生。

京剧界常说"无净不裴"。裴，即裴派创始人裴盛戎。裴盛戎先生出身京剧世家，其父裴桂仙，早年在"富连成"科班学艺，经多年磨炼终于自成一家，创立"裴派"。裴派艺术在当代花脸行当中影响很大，有"十净九裴"之说。他的脸谱集南北各家之长，并创造了符合自己表演和面型特点的富有个人风格的笔法和谱式，简洁、明快、硬朗。

裴先生在抗战以前就已是大红大紫的净角名家了。有文章记载了裴盛戎十七岁那年（1932 年），他尚在富连成科

裴盛戎《秦香莲》饰包拯

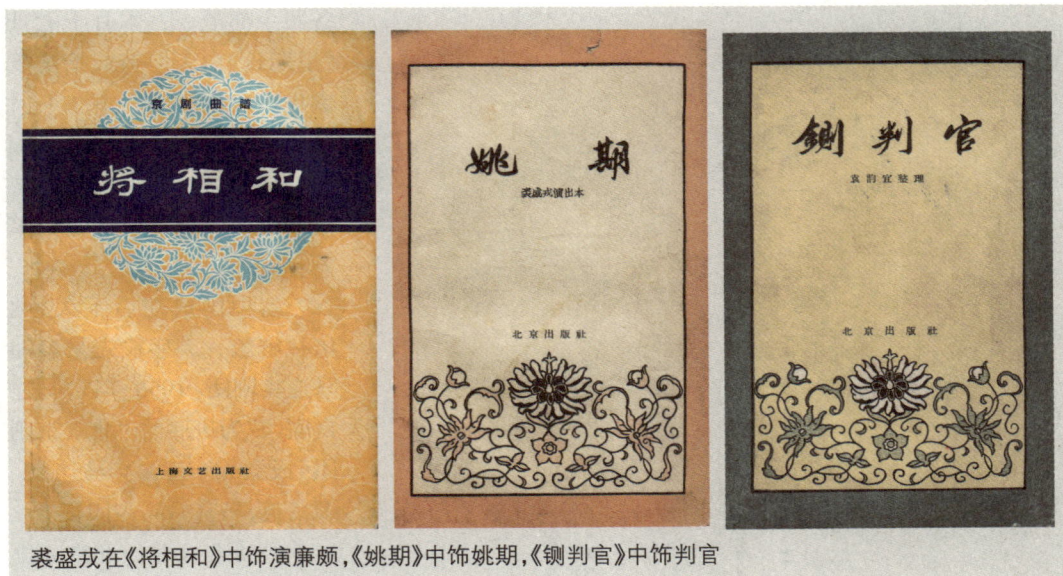

裘盛戎在《将相和》中饰演廉颇，《姚期》中饰姚期，《铡判官》中饰判官

班时，一次北京前门外鲜鱼口丁姓富商老太太大办六十寿辰，邀请"富连成"科班在鲜鱼口庆丰堂唱堂会。裘盛戎在大轴戏《鱼肠剑》、《刺王僚》中演姬僚。《刺王僚》开演后，裘盛戎扮演的姬僚上场，头一句念"大引子"："大地山河，图霸业，一统吴国"，就先声夺人，得了一个满堂彩。接着，裘盛戎在"西皮导板"、"原板"、"二六板"、"快板"的唱段里，以他那优美的唱腔，又连得四个"炸窝"好。本家丁老太太乐得合不拢嘴，连说："这孩子唱得真不赖，有味，好听！"《刺王僚》刚下来，老太太就让账房先生写了一张红条子送进后台。上边写着："赏给小王僚肉丁包子一千五百个！"

以后，裘盛戎组班咏庆社，他在《将相和》中饰演的廉颇，《牧虎关》中饰演的高旺，《姚期》中饰演的姚期，《秦香莲》中饰演的包拯等深受广大戏迷的推崇。

抗战胜利后，国民党"接收大员"到了北平，俨然以"胜利者"自居，不顾民生。以戏剧界为例，首先是向他们征收百分之五十的"娱乐税"；其次是每个剧团每星期都要为"国军"演出一场慰劳戏，还有军人看戏一律半价优待等等。戏剧界虽然叫苦连天，但谁也不敢违抗。敝斋藏民国北京国剧公会旧档数卷，其中一卷存民国三十七年（1948年）军警指派戏剧界名家演出"慰劳戏"的档案，内存民国卅七年10月13日（星期日）北平警

北京市国剧公会存民国三十七年十月十三日北平警备
司令部电令裴盛戎演出慰劳戏档案首页　25.5cm×18.2cm

备司令部电令：本月十七日（星期日）白天慰劳戏指定裴盛戎在广乐演唱，下午一时开戏，戏目自定等因相通知，届期准时演出勿误，仍援例，楼上售票，楼下全部慰劳军人。

　　新中国成立后不久，咏庆社解散，裴盛戎先是参加马连良剧团。1956 年以"马连良剧团"为班底的"北京京剧团"成立，裴盛戎与马连良、谭富英、马富禄同为团长。

　　1958 年 4 月，北京京剧团赴沪演出于天蟾舞台，裴盛戎与马连良、谭富英、张君秋同为主演。在《打龙袍》中饰演包拯。《御果园》中饰演尉迟恭。《除三害》中饰演周处。《姚期》中饰演姚期。

　　除了经常参加演出，裴先生还参与了许多剧本的整理工作。1950 年著名戏剧作家翁偶虹先生改编京剧《将相和》时，就采用了裴盛戎的廉颇唱词。

　　京剧《铡判官》是根据裴盛戎的内部演出本《探阴山》由袁韵宜负责整理改编的。

京剧公会救济孤寒义演收入分账所得及院方补助明细表

1月12 游园惊梦　分账所得 17,588.500元
　　　　　　　　院方补助 2,411.500元

1月23 御碑亭　　分账所得 17,588.500元
　　　　　　　　院方补助 2,411.500元

1月24 金山寺　　分账所得 17,588.500元
　　　　　　　　院方补助 2,411.500元　　合计 60,000.000元

1月22日 公会支用 15,000.000元
　　　　客票(二万的六折) 18,000元

1月23日 公会支用 5,000.000元

1月24日 公会支用 2,000.000元
　　　　客票(一万的三折)(二万的一折) 5,000元　　　合计 4,230.000元

　　　　　　　　　　　　　　下剩 55,770.000元

长安戏院　五年一月二十六日

京剧公会救助孤寒义演分账
的细单。裴盛戎参加义演剧目《金
山寺》、《游园惊梦》、《御碑亭》
19cm×26.5cm

新中国建立初期裴盛戎参加救助
孤寒艺人义演与谭富英、叶盛兰、林玉
雯、袁世海、黄元庆等演出《借东风》、
《打龙袍》、《金山寺》　15cm×37.5cm

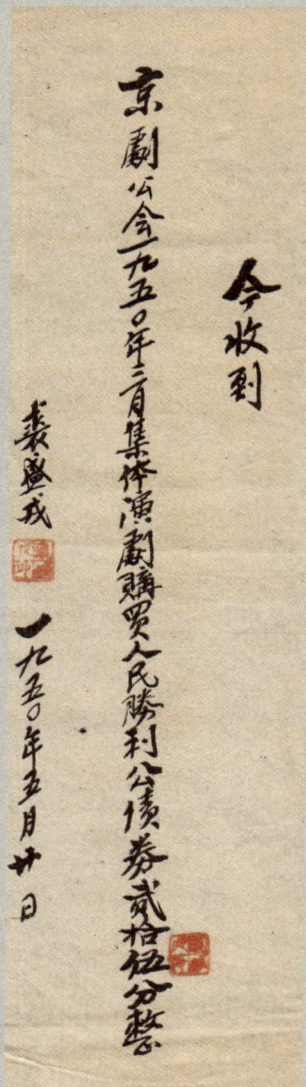

京剧收条

京剧公会一九五〇年三月集体演剧购买人民胜利公债券贰拾伍分整

今收到

裴盛戎

一九五〇年五月廿日

裴盛戎于 1950 年购买人民胜利公债亲笔写下的收据

27cm×7cm

京剧《探阴山》早已停演了，1956 年北京市戏曲编导委员会为了发掘传统剧目，丰富上演节目，对这个戏的老本《普天乐》进行了研究，并组织北京京剧团以裴盛戎为主演，按照他们的原演出本，作了内部演出。演出后，大家认为这个剧目的基础很好。其中虽有沉郁的迷信色彩和荒诞离奇的情节，但是就其倾向性来看，确有强烈的人民性。而且，这个剧是一个以花脸为主的唱功戏，在京剧里，这类剧目并不很多，而裴盛戎先生在这个戏里，有着极为优美、动人的唱腔。因之认为对这个剧目进行整理是很必要的。

内部演出本《探阴山》虽较八本《普天乐》已有改进，但是依然存有宿命论成分，某些重大情节也不合理，尤以包公未上场的前半部，戏剧结构拖沓、松散，人物描绘也觉苍白无力。如：原本柳金蝉、颜查散和李保之间一段冤仇，被处理成了"命中注定"的循环报应，剧中阴错阳差地让柳金蝉在观灯时被狂风吹走，又被猛虎衔至荒郊得遇李保。李保又胁迫其妻共同将柳害死，移尸至喜鹊桥。柳死后并不索命，却迫使李保将抢得的首饰也和尸首抛在一起，……这一系列的安排，目的只在于制造一个冤情案件，显然这和全剧以揭露判官张洪的徇私舞弊，并借包公这一人民想象中的正义化身的形象，达到惩罚恶人恶事的主题是极不相融的。

这个戏的整理工作最终是袁韵宜先生完成的。整理时，对剧情作了较大的改动，前

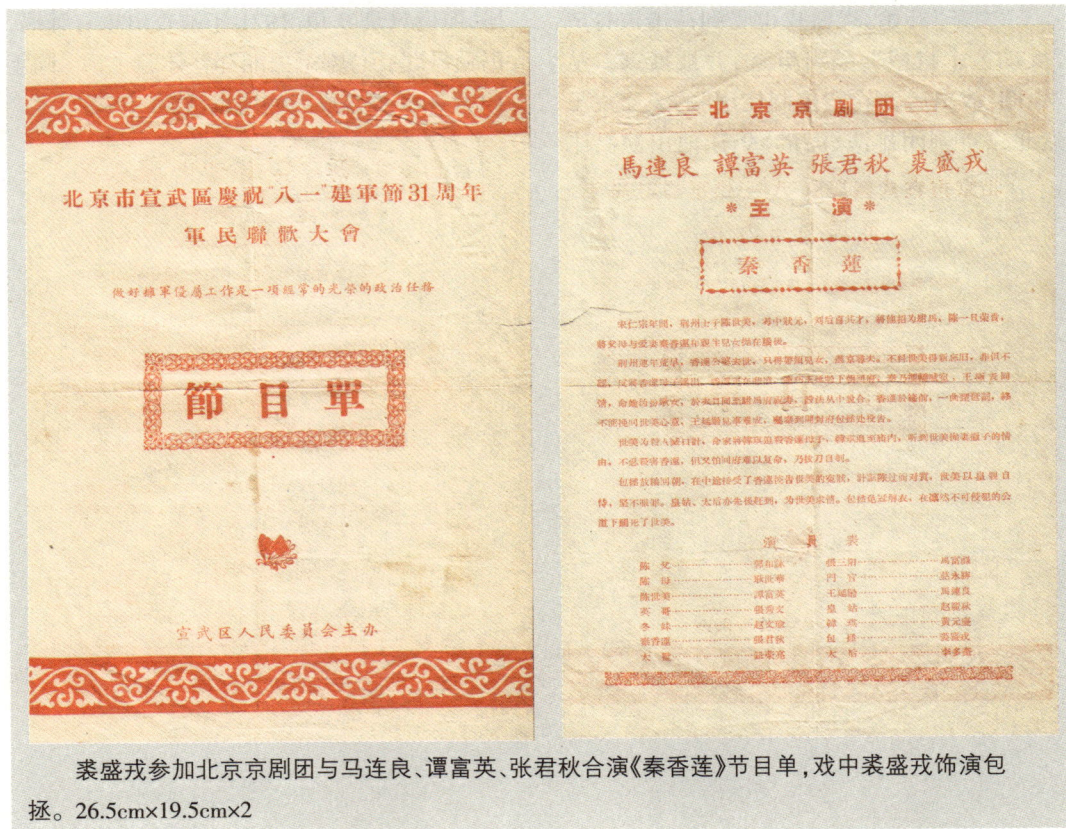

裴盛戎参加北京京剧团与马连良、谭富英、张君秋合演《秦香莲》节目单,戏中裴盛戎饰演包拯。26.5cm×19.5cm×2

五场和第七场,除保留了挂灯时"数板"中部分词句外,其他基本上是重新编写的。

为了突出包公铁面无私、不畏艰难、认真办事的性格,"含冤"、"下阴"……等场的某些结构、细节和唱词也重新作了安排和改动。

油流鬼是个聪明、机智、有正义感又很风趣的人物,和张洪斗争中,也表现了他的才能。原本写得不够充分,也不鲜明;见包公一场,性格也有些简单化……这些,整理时都做了适当的增补。

这个剧本是 1956 年秋开始进行的。在完成初稿后,又听取了裴盛戎先生和北京京剧团部分演员的意见,作了修改。

　　"文革"开始，裘盛戎也受到冲击被打成"反动艺术权威"，隔离审查，并被抄家。从"牛棚"放出后，尚被"控制使用"的裘盛戎虽然北京京剧团排演《海港》仍让他出演高志扬，但也只是 B 角。1971 年被查出患有肺癌，仍随《杜鹃山》剧组去湘鄂赣体验生活。同年 10 月 5 日裘盛戎因病离世，终年 56 岁。

程
砚秋先生是满族人，本名承麟，后改汉姓程，名菊侬，字玉霜，后改御霜，乳名小石头，艺名艳秋，后改砚秋。斋室名"御霜簃"，为罗瘿公先生所起。其故居位于京都西河沿排子胡同。据罗瘿公先生《赠程砚秋六首有序》云：程郎砚秋京旗人，父荣某国变后冠汉姓。父殁寄养伶人荣蝶仙家，延师教艺，习清衫三年，始出奏技……

程砚秋先生演技如雪崖老梅，唱腔浑厚苍凉。他天生脑后音，本不适于歌唱，但他善于扬长避短，终臻曼美之风。他原本先习武生，再学花旦，因嗓音条件突出，改青衣，初登上海丹桂花园，受到观众的欢迎。不久进入变声期，未能及时停止演出养护嗓子，几乎断送演艺生涯。虽然罗瘿公先生帮助他暂时脱离了舞台，但是嗓音要想恢复如初，已然无望。但他却因祸得福，在罗瘿公的调教下，大量阅读中国古代的诗词歌赋，并且研习昆曲，深受传统文化熏陶。十五岁那年，经罗瘿公安排，程砚秋拜梅兰芳为师，并从王瑶卿学艺。十八岁那年，程砚秋重新登台时，已经在王瑶卿的教导与帮助下，寻找到一种适合自己嗓音特色的特殊的声乐表现方法。"程砚秋用他那几乎令京剧演员们绝望的失润的嗓音，另辟蹊径，发展出一种别具一格的沉郁顿挫的演唱风格，意外地切合于传统诗学的美学追求；而用他独有的悲咽怆然表现古代悲情女子，竟是别具令人感喟催人泪下的情致。（傅谨《京剧 程派 张火丁》《北京晚报》2010 年 2 月 15 日）

作为京剧界两大天王梅兰芳与程砚秋的根本区别是，程砚秋作为青衣演员，最为擅长的是表演悲剧。青衣与花旦有绝不相同之处。青衣专师节烈妇女，演时要处处郑重不失身份；花旦专师俏鬓艳妇，处处宜伶俐活泼，姿态自然。青衣重唱而不重貌。但如毫无姿色，虽有绝好唱功，终绝吃力，而不讨好。花旦则完全相反，故易受欢迎。自王瑶卿先生以青衣兼唱花旦后，继之为梅兰芳。之后，步其后尘者更多。从此

程砚秋——

青衣表演艺术的集大成者

程砚秋

程砚秋（1904-1958） 京剧旦角，四大名旦之一，"程派"艺术的创始人。程砚秋原名承麟，满族。北京人，后改为汉姓程，初名程菊侬，后改艳秋，字玉霜。1932 年起更名砚秋，改字御霜。

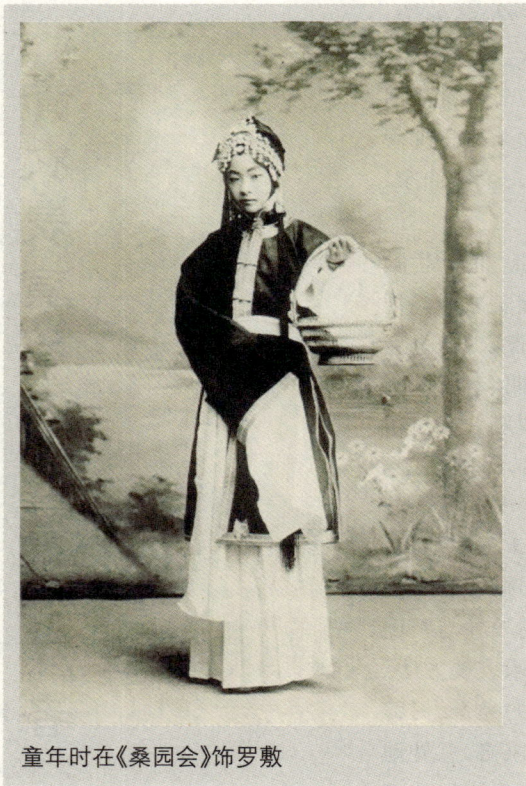

童年时在《桑园会》饰罗敷

青衣与花旦也就不那么细分了。而程砚秋先生不然，他一生都以青衣戏为主，并以他的优秀表演和抑郁婉转的唱腔塑造了《春闺梦》里的张氏，《荒山泪》里的张慧珠，《鸳鸯冢》里的王五姐，《碧玉簪》里的张玉贞，《清霜剑》里的申雪贞，《三击掌》里的王宝钏，《窦娥冤》里的窦娥，以及重要代表作《锁麟囊》中的薛香菱形象，表现了中国妇女反抗强暴、坚贞不屈；善良正直、舍己为人的性

格，她们常常在忍受重重不幸之后，终于战胜邪恶势力，取得最终胜利。为了增强人物的悲凉痛楚的效果，程腔以唱反二黄来渲染呜咽哀怨的情调。《窦娥冤》中的"没来由遭刑宪受此磨难，看起来老天爷不辨愚贤。良善家为什么反遭天谴？作恶的为什么反增寿年？法场上一个个泪流满面，都道说我窦娥死得可怜！眼睁睁老严亲难得相见，霎时间大炮响尸首不全。"这一段是剧中人窦娥在法场将被处斩以前所唱，她满腔的冤苦悲愤都借着委曲萦回的声调表达出来，同时也看出程氏对运用唱法技巧的深厚功力。此外，程砚秋先生所演出的新剧，大都取一人一事，而可歌可泣或香艳风流者。这一点与梅兰芳先生有所不同，梅先生所编新剧，专取历史上妇女界中一等人物，如太真、西施之类。

程砚秋先生不仅在唱腔上有很丰富的创造，在表演方面也突破了京剧原有的一些程式。在他常演的剧目中，1941 年经其所编演《锁麟囊》的唱腔，可以代表程派后期的风格，流传很广泛，为听众所欢迎，程砚秋先生生前也以它为得意之作。剧中的精彩唱段"春秋亭外风雨暴，何处悲声破寂寥；隔帘只见一花轿，想必是新婚渡鹊桥。吉日良辰当欢笑，为什么鲛珠化泪抛？此时却又明白了，世上哪有尽富豪！也有饥寒悲怀抱，也有失意痛哭嚎啕；轿内的人儿弹别调，必有隐情在心潮。"婉转动听显现了程氏在艺术创造

寄廎先生、

月前您在金融慌行務忙迫的時候　居然撥冗來平　主持會務　真是可感极了　可是我也慚愧极了　我本想在長沙演完　趕长月底返平　無奈漢口新市場方面　请代許多朋友重重包圍定要過漢時每演教日　貴盡唇舌　終我不能脱身　真是出门在外身不由己了　想您必能原谅　不過我自問實在對您不起　共公的方面說　公等如此热心院務　我又逍遙事外

在私的方面說　又不能少盡東道之谊陪您各處遊覽　如何不慚愧呢　辕說公檢查身體　非常健康　其為喜慰　閣於閻會情形　金先生一告我　諸仗偏勞我惟有感歉而已　尊夫人前請代為候姗　兼道歉　餘再告敬祝

健康

程砚秋　敬啓　六廿六

程砚秋先生致苏寄廎先生书札　　26.5cm×15.5cm×2

上的修养与才能。

　　程砚秋先生在艺术上不断追求革新和进步的精神，还体现在他对演出剧本的修改方面。1958年5月，程砚秋先生离世不久，为了纪念程砚秋先生，中国戏曲研究院编印了《程砚秋演出剧本选集》，选集中收录了《红拂传》、《三击掌》、《鸳鸯冢》、《青霜剑》、《窦娥冤》、《碧玉簪》、《梅妃》、《珠痕记》、《荒山泪》、《春闺梦》、《亡蜀鉴》、《锁麟囊》一共十二个剧本，都是经过程砚秋先生生前核阅，其中《三击掌》、《窦娥冤》两本还经过他亲手删订。1952年10月，第一届全国戏曲会演上，程砚秋的成名作之一《三击掌》，获得了荣誉奖。《窦娥冤》是程砚秋一生中亲自修改

程砚秋《锁麟囊》剧照

的一个演出本。从这个剧本的修改中，可以看出程砚秋先生在艺术上不断追求革新和进步的精神。他对这个戏的修改很认真、很细致，而且在重要情节上有所改动。过去一般的演出本，某些情节本来是多按《金锁记》的路子的，最后窦娥并未被斩杀，可是程砚秋在后来的演出中，尤其是在这次修改中，为了增加这个戏的悲剧气氛，激发人们对过去统治阶级的愤恨，毅然决然的吸取了关汉卿《窦娥冤》窦娥被斩的结局。从这里也可以看出程砚秋先生对关汉卿的原作的尊重。

程砚秋先生除了对京剧青衣唱腔有很大贡献以外，并且在传统剧目台词方面也比较重视，作了不少整理工作。如《贺后骂店》的"老王爷为江山足踢拳打"，改为"老王爷为江山何曾卸甲"；在《窦娥冤》这出戏里的"看起来老天爷顺水推船"，改为"看起来老天爷不辨愚贤"都比原词显得通顺合理。程先生对于咬字、练声也特别注意。他在《谈戏曲演唱》（见《程砚秋文集》第32页）中说过："说白对练声很有好处，但一定要知道四声、尖团，还要分清上口与不上口。把这些字在白中都练准确了,唱起来就比较容易,很自然也很有力。戏曲界中有句话:'千斤话白四两唱'可见话白很重要。……"

俗话说:台上一分钟,台下十年功。程砚秋先生能在舞台上走一套端庄、稳重而又灵活的台步,为戏剧表演添枝生色,增加了美感。据程先生《我的学艺经过》记述,起先,他按传统方法,手捂住肚子,脚后跟用劲压,裤裆里夹笤帚,每天走上百余次,练成了稳重大方的台步。他还头顶水碗练步,开始并不美观,天长日久,终于能够行走如飞而不洒一点儿水。一次,他看见抬轿子的走得稳极了,随后学步,竟跟着轿子走了几十里。以后他拜抬轿的为师,虚心请教,勤学苦练,终于走出了一套端庄流利,刚健婀娜的台步,受到观众的好评。

程砚秋先生和梅兰芳、尚小云、荀慧生三位同样雅好书画艺术,早年曾从书画家汤涤先生学习丹青和书法。在演出之余,喜欢挥毫习书作画,凡有所求,无不酬应。尤其是他的书法,得到罗瘿公先生的指授和影响,由魏碑入手,经长期研习而成,颇受人们的喜爱。一次赴沪出差,拜访友人时,得程氏致苏寄顾先生毛笔书札一通,其书工整得体,章法稳健,浑厚端庄,格调高雅,展现了程砚秋先生的书法艺术风格。

作为京剧界四大名旦之一的程砚秋先生,不仅在艺术上精益求精,不甘落后,而且

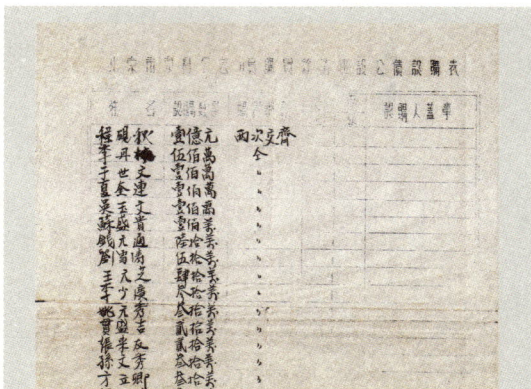

1950年程砚秋剧团购买人民胜利公债报表局部　36cm×26.5cm

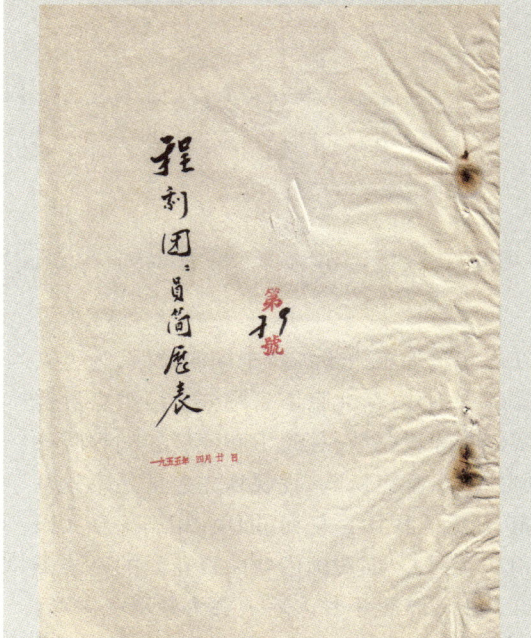

程砚秋剧团演员简历表封面　26.5cm×18.5cm

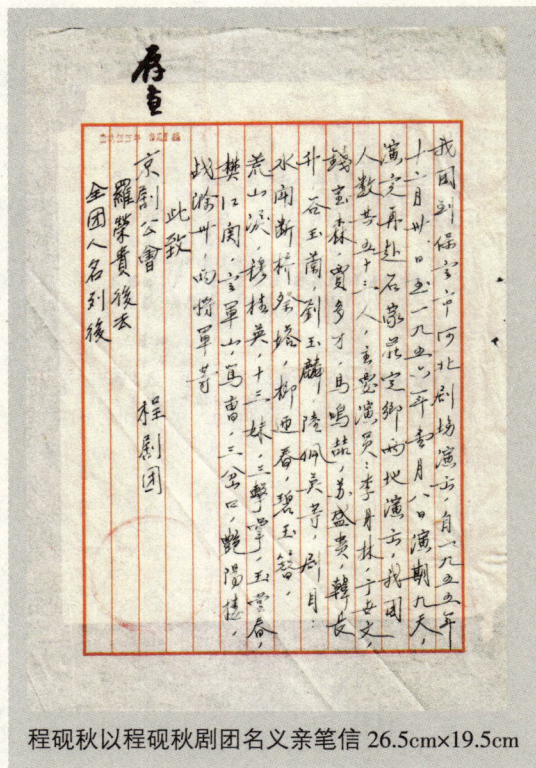

程砚秋以程砚秋剧团名义亲笔信 26.5cm×19.5cm

在思想上追求进步。新中国成立后，为了支持新中国建设，北京市京剧公会组织会员购买经济建设公债，程先生和他领导的程砚秋剧团成员积极认购，程砚秋先生更是率先垂范，认购人民币一亿元（旧币，相当于今人民币一万元）。面对国内戏曲百花园的万紫千红，程砚秋也不甘人后地要为她增色添彩。1952 年 10 月，第一届全国戏曲会演上，程砚秋献出了自己的成名作之一《三击掌》，获得

了荣誉奖。1956 年，他拍摄完成了《荒山泪》一片，尤表现了他艺术追求的决心和毅力。可惜，这是他最后的一次艺术创作。1957 年春天，程砚秋先生经周恩来总理和贺龙元帅的介绍，成为中国共产党中的一员。

1958 年新春伊始，程砚秋先生接受中央文化部的委托，即将率中国艺术团到法国参加国际戏剧节。为了向世界展示中国的戏剧艺术，程砚秋抓紧指导安排团员编排一些精彩剧目。由于过于劳累，程砚秋时时感到身体倦乏，直至出现胸闷心慌、大汗淋漓的症状。但因排演任务紧张，他坚持指导排演，不肯到医院去诊治。当他因病情突发昏倒被送进了北京医院抢救时，大家才发现他早已患了严重的心脏病。住了一段时间医院，病情稍稳定，田汉等人来看望他，他焦急地要求出院。他说："剧团要出国，我有多少事要做呀，我的岗位不是在医院"经大家劝慰，他才稍稍安心。不料方隔几天，1958 年 3 月 9 日，他的心脏病又因突发性梗塞加剧，仅几分钟便夺去了这位艺术大师的生命，年仅五十五岁。

程砚秋先生离世后，有关部门编辑出版《程砚秋文集》。文集收录了程砚秋先生二十几篇文章，大部分是他从事戏曲艺术劳动的可贵经验。梅兰芳先生特为本书写了序言，他在序言中说：

　　这本书里搜集了砚秋同志二十几篇文章，大部分是他从事戏曲艺术劳动

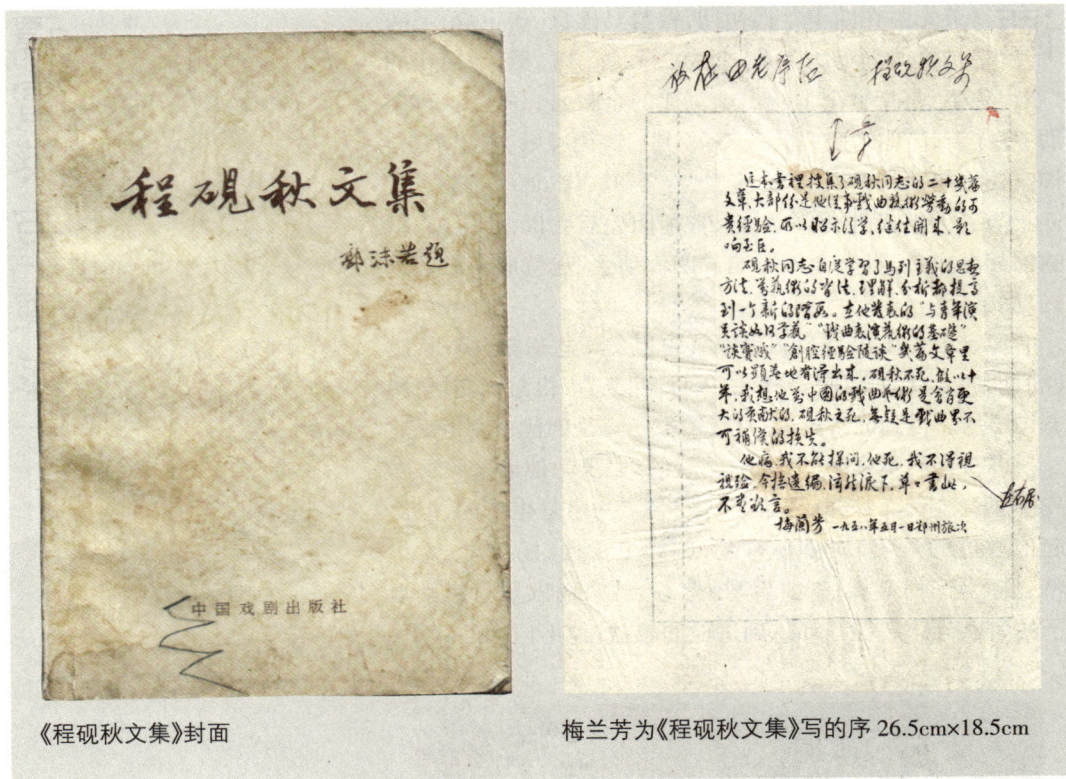

《程砚秋文集》封面

梅兰芳为《程砚秋文集》写的序 26.5cm×18.5cm

的可贵经验，可以昭示后学，继往开来，影响至巨。

　　砚秋同志自从学习了马列主义的思想方法，对艺术的看法、理解、分析都提高到一个新的阶段。在他发表的《与青年演员谈如何学艺》《戏曲表演艺术的基础》《谈窦娥》《创腔经验随谈》几篇文章里可以显著地看得出来。砚秋不

死，假以十年，我想他对中国的戏曲艺术是会有更大的贡献的。砚秋之死，无疑是戏曲界不可补偿的损失。

　　他病，我不能探问，他死，我不得视视殓，今抚遗编，潸然泪下，草草书此，不尽欲言。

　　梅兰芳一九五八年五月一日郑州旅次

谭富英（1906-1977）谱名豫升，出身梨园世家。谭鑫培之孙，谭小培之子。著名京剧表演艺术家，四大须生之一。生于北京，祖籍湖北武昌。曾任北京京剧团副团长。

谭富英先生在四十年代初期，曾与马连良、杨宝森、奚啸伯被誉为新四大须生，世称"马、谭、杨、奚"。最初的"四大须生"是指上个世纪二十年代的余叔岩、马连良、言菊朋、高庆奎，简称为余、马、言、高。其后高因嗓败，退出舞台。谭富英崛起，"四大须生"又演变为：余、马、言、谭（富英）。至四十与五十年代之交，余叔岩、言菊朋先后去世，杨宝森、奚啸伯相继成名，具有全国影响，"四大须生"也就成为马、谭、杨、奚了。

谭富英先生出身梨园世家。曾祖父谭志道是与程长庚同时期的老旦演员，嗓音高亢，人称"叫天"。祖父谭鑫培，父亲谭小培。传到谭富英这一代，谭家已经是四代京剧世家。

谭富英幼承家学，六七岁的时候，家里为他请来陈秀华先生。就读者而言，陈秀华先生的名字一定是生疏的，但提起他教过的学生，均赫赫有名，例如王少楼、杨宝忠、孟小冬、贯大元、杨宝森、李少春、杨菊芬、刘宗杨以及写京剧本子的名家范钧宏等等都得到过他的教益，他不但会的戏多，

谭富英(左一)《二进宫》剧照

谭富英与「谭派」

谭富英

又有丰富的舞台经验,而且教学有方。

谭家后来还和这位陈教习扯上了亲戚关系,谭富英先生的夫人是宋继亭的姐姐,而宋继亭的母亲就是陈秀华的姐姐。据谭家五代传人著名京剧表演艺术家谭元寿先生说,他六岁开始在家里学戏,启蒙老师是谭元寿先生的亲娘舅宋继亭先生。宋继亭先生,学的是谭派老生戏,他戏路很宽,能演、能教。宋先生参加谭富英的班子多年,也算是辅佐谭富英先生的演出。谭元寿先生向宋先生学的第一出戏是《汾河湾》。谭元寿七岁那年,他的祖父谭小培先生带着他在东城金鱼胡同那家花园首次演出了这个戏。那次扮演柳迎春的是王幼卿先生,谭元寿饰薛丁山,小小年纪的谭元寿居然圆满地唱下来了,谭小培先生看到孙子如此出息,高兴的不得了,逢人便大加夸奖自己的小孙孙。也就是这年,谭元寿的生母,也就是宋继亭先生的姐姐离世,后来谭富英先生续弦,第二任妻子是姜妙香先生的女儿。

谭富英先生经陈秀华先生的开蒙,加上天赋好,技艺突飞猛进,十二岁那年,乃父谭小培把他送入富连成科班第三科学艺,排名"富"字,从此,本名豫升,改名富英。在富连成谭富英曾向萧长华、王喜秀、雷喜福等老师学习,工老生。谭小培对儿子学戏要求甚严厉,谭富英出科后拜余叔岩为师。

谭富英先生有一条天赐的好嗓音,音色与他的祖父很相近,音质清脆、圆亮、甜润、刚柔相济。吐字行腔不过分雕琢,不追求花哨,用气充实,行腔一气呵成,听来情绪饱满,痛快淋漓。谭富英在演唱和武功方面均有深厚根基,尤其擅演靠把老生戏。幼年时谭富英曾学过武生,因此他在武功和身段动作上颇为灵巧、利索。例如他演出的《定军山》一剧,不仅唱功惊人,他那稳练的靠功和刀花动作,也干净利落,引人入胜,把一个老当益壮的黄忠形象,演得活龙活现。

在后来长时期的演艺生涯中,谭富英先生在继承谭鑫培

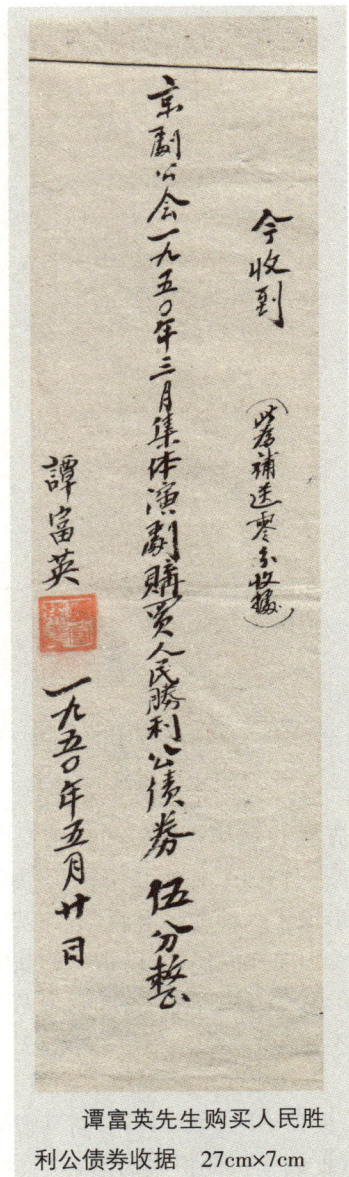

谭富英先生购买人民胜利公债券收据　27cm×7cm

谭富英与裘盛戎主演的《将相和》节目单　26.5cm×18.2cm×2

先生和余叔岩先生的基础上，经过不断揣摩、研究，又根据自身优长，加以丰富发展，形成了一种酣畅淋漓、朴实大方的风格，成为一名文武俱佳，以精湛的演唱艺术及精到的武功身段闻名于世的、全面发展的表演艺术家。

谭富英先生的代表剧目是《失空斩》(即《失街亭》、《空城计》、《斩马谡》)、《定军山》、《捉放曹》，他扮演的诸葛亮、黄忠、陈宫等，演技相当绝妙。他的唱腔，如《空城计》中的西皮慢板"我本是卧龙岗散淡的人，论阴阳如反掌保定乾坤"和二六板"我正在城楼观山景，耳听得城外乱纷纷"，嗓音清亮，高亢纯正，形成了独具一格的"谭派"风格。

除了上边提到的几出，谭富英先生擅长剧目尚有《战太平》、《桑园寄子》、《奇冤报》、《击鼓骂曹》、《洪羊洞》、《搜孤救孤》、《四郎探母》、《桑园会》、《珠帘寨》、《打棍出箱》、

谭富英主演的《甘露寺》节目单　26.5cm×18.2cm×2

《御碑亭》、《群英会》等。他的后人谭元寿基本继承了谭富英的艺技，所演《打渔杀家》和现代戏《沙家浜》，传承了谭派的表演艺术及声腔艺术。

　　新中国成立后，谭富英先生任北京京剧团副团长，与马连良、张君秋、裘盛戎合作，排演了《秦香莲》、《赵氏孤儿》、《群英会》、《将相和》、《打渔杀家》等剧。谭富英、梁小鸾、慈少泉、张洪祥、高宝贤，在这些新排剧目中，从表演到唱腔，从音乐到服装、道具，进行了全面改革，使舞台演出焕然一新。据说毛主席很喜欢听谭富英先生的戏。1950年，谭富英先生曾和几位京剧界"大腕儿"在朝阳门内陆军医院礼堂合演《武家坡》。毛主席得到消息后特地赶来观看。据谭元寿先生回忆说，当时他在后台伺候父亲谭富英，听说毛主席来了，扒开台帘一看，正赶上毛主席把烟掏出来，先是给了他祖父谭小培先生

兆惠女士

藝術之光

譚富英題

二七、七、二七、

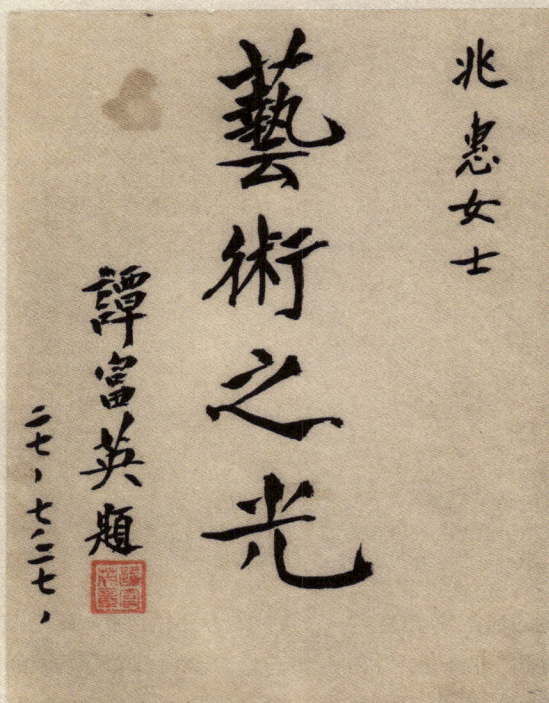

谭富英手迹　18.2cm×13.6cm

一支，主席自己拿一支，然后拿上火柴，先给谭小培先生点上，自己再点上。当时周围人都特别吃惊，说从没见毛主席这样主动给人点烟。1962年，谭富英祖孙三代同时来到中南海给毛主席演唱。唱完后，毛主席风趣地管谭富英叫谭先生，管谭元寿叫小谭，管谭孝曾叫小小谭。毛主席还请他们爷仨吃了饭。

纵观京剧名家大多有墨宝存世，而谭家四代，自谭志道、谭鑫培，至谭小培、谭富英墨迹留存罕见，一次偶得名"兆惠"女士旧藏京剧名家为其题字纪念册，其中即有谭小培、谭富英父子题字，谭富英先生题写的"艺术之光"，刚劲有力，时在民国二十七年七月二七日。

谭资九与「四大名琴」

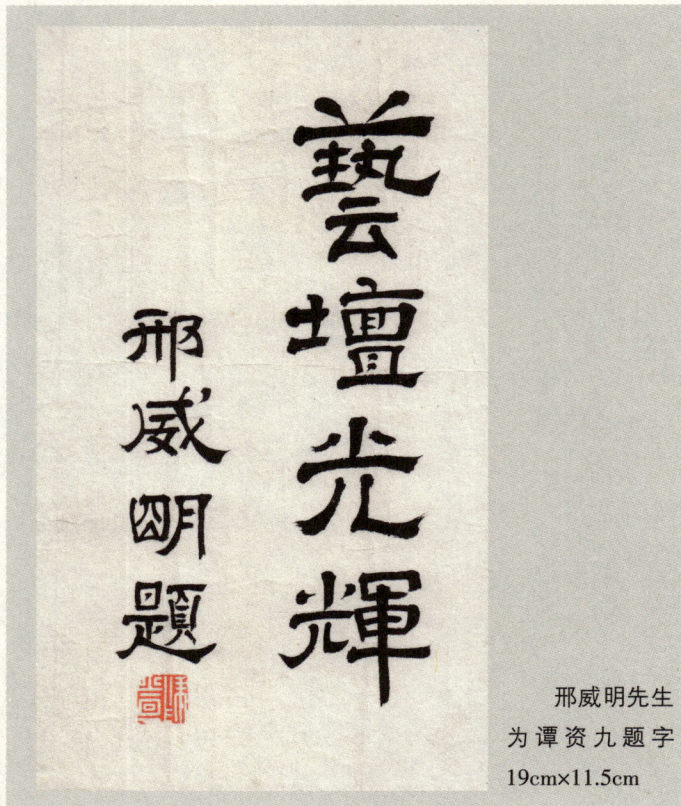

每次进琉璃厂南口，总要经过路东的一处悬挂着"史善朋竹琴社"的小院。受好奇心驱使曾进院里询问，还真巧，碰到了史家的后人，也是竹琴社第三代传人，从他的介绍中，才知道竹琴社创始人史善朋老先生是制作京胡的大师。

京胡亦称胡琴，是专门用于京剧伴奏的。它的构造是以竹筒为琴筒，蒙上一层蛇皮，琴杆也是一段竹竿做的，其他如轸子、弓等，与一般的二胡相仿，但它琴筒细小，琴杆矮

艺坛光辉

邢威明题

邢威明先生
为谭资九题字
19cm×11.5cm

短，音色高昂而清脆，音量很大；对于具有独特风格的京剧曲调，京胡就成为表现力最好的乐器。

胡琴这种乐器，本来是一种中国古时候的乐器，据说是从西域传来的。最早的记载，是元史《乐志》上说："胡琴二弦，用弓楪之，弓之弦以马尾。"这就是说现在的胡琴，它在元朝的时候已经盛行了。又在元人散曲里边，有一阕咏胡琴的词，调寄折桂令，其词说："八音最妙为弦，塞上新声字字清圆，锦树啼莺，朝阳鸣凤，空谷流泉，引玉杖轻拢慢燃，赛歌喉倾倒宾宴。常记当年，香案之前，一曲春生，四海名传。"这阕词用清圆两个字形容胡琴的声音，这是最确切的。又据《文献通考》上说："唐文宗朝，女伶郑中丞，善弹胡琴。"是弹，不是拉，可见唐朝时候的胡琴又是另外一种了。

也是这次贸然进到史家小院，听说了史善朋与"四大名琴"的故事，并记住了后来收藏"四大名琴"的谭资九先生的大名。2010年11月，我收到天津的一家拍卖公司寄来的拍卖图录，这次上拍的拍品中竟然有一组是谭资九先生旧藏，包括一本纪念册，内收萧长华、姜妙香、雷喜福、邢威明、徐兰沅、杭子和、周子厚等人题赠谭资九先生的墨宝和四十多张京剧名家的照片。因正在写作旧墨书系之梨园人物卷，我决定一定要把这组资料竞拍到手。时正在无锡开会，故电话委托，最终竞拍成功。会议一结束，我立即赶到天津，

取回了这组资料，利用公休日，查阅相关资料之后，通过这次拍到的照片才弄清了谭资九先生的生平经历，以及他收藏"四大名琴"的经过故事。

据史善朋先生后人介绍，他们史家是通县人，史善朋先生在十二岁那年进的北京城里，先是在琉璃厂马良正胡琴铺学徒，1930年出徒后，史先生应天津久盛斋胡琴铺之邀任胡琴制作师，因他的京胡制作精良，极受琴师的欢迎，名声也越来越大。两年后，史先生回到北京创办了史善朋竹琴社，从此算是在北京城内落了脚，扎了根。

史善朋竹琴社名声远扬，许多著名琴师如赵济羹、徐兰沅、杨宝忠等都来订做，而经史善朋先生亲手制作的胡琴，最富盛名的就是"四大名琴"。所谓"四大名琴"是指史善朋根据梅兰芳、尚小云、程砚秋、荀慧生"四大名旦"的嗓音条件和演唱风格而精心制作的京胡。据说"四大名琴"不仅材料质地精美、制作工艺考究，而且操琴伴奏时，琴音清脆响亮、悦耳动听，更能烘托、突出四大流派的艺术特色。后来，几经辗转，"四大名琴"流落到山东，被琴师谭资九先生收藏。五十年代初，谭资九先生把这四把京胡专程从山东带回北京。确切的时间，据谭资九旧藏的一张"施子云、史善朋暨全体学员欢迎谭资九仁兄莅京纪念"照片时间为1953年11月8日，也就是说，谭氏这次来京时间极有可能是1953年。

施子雲史善朋暨全體學員歡迎譚資九仁兄蒞京紀念1953.11.8.

北京 首都

谭资九（前排中）与史善朋（前排右一）等合影

　　谭资九本名绪经，生于 1906 年，卒于
1979，字资九，别号效岩、霞曙楼主、丝竹馆
主、觉庵，山东潍坊人。谭资九先生的家境殷
实，家有店铺、客栈数间。他幼年即入私塾就
读，十七岁辍学后，家中的本意是要他学习
经商并管理店铺，但因他的伯父是一位很有
造诣的京剧爱好者，受其伯父影响，谭资九

喜欢上了京剧，成为著名琴师徐兰沅先生的
学生，并最终成为胡琴名家。
　　原本世上并没有"四大名琴"的说法，那
四把被谭资九先生收藏的胡琴，只是曾经被
"四大名旦"的琴师用过，况且被谭资九收藏
后二十几年并未示人。当人们知道世上有
"四大名琴"时已是 1974 年。起因是一次谭

资九先生拜访他的恩师徐兰沅先生，带上这四把京胡，并被徐先生确认，才为业内人士所知。据说，谭氏携琴拜访徐老时，徐老已八十三岁高龄，但他依然耳聪目明，徐老对谭资九带来的琴逐一观察，从外观上看不出一点瑕疵，而后徐老用每一把琴分别演奏了一段京剧过门，果然琴音清脆响亮、悦耳动听，连声夸好，欣然提笔为这四把琴分别题字命名："罗汉担巧配佳筒。可为十三太保也。似有黄虎皮形状。似有蜘蛛蟠龙之形。"为了能够把"四大名琴"流传下来，谭资九先生在年近古稀时，将这四把琴传给了史善朋的弟子、专门从事制作胡琴的侄儿谭显德先生，珍藏至今。正如周子厚先生赠谭氏墨宝所

谭资九（左）与陈大濩（右）、张长林（中）合影

云："能文能武，交友有方"，谭资九先生无论与老师，还是学生，以致同行艺人，都能以诚相待。在他留存于世的与友人的合影照片中，可见一斑。在他留存的友人照中，有几位在京剧界是很有影响的，有必要简要介绍。

韩慎先先生生于 1897 年，卒于 1962 年，京剧票友。即夏山楼主，名德寿，字慎先。（见《周子厚和"四大鼓师"》文中图片中为韩慎先先生）其父韩麟阁曾为清吏部官吏，其与翁同龢曾孙翁之熹为姨表兄弟。韩氏曾自开古玩店，后与陈彦衡学戏，对谭派唱腔颇有研究并讲究字韵。民国时高亭唱片公司灌有唱片，颇有影响。他的拿手戏为"三子"，即《法场换子》、《桑园寄子》、《辕门斩子》。余叔岩曾从其学《南阳关》唱腔，并传韩《战太平》唱腔，互相传授。亲传过的学生有：王琴生、王则昭、王世续等。

陈大濩（1910~1988 年），闽县（今福州市）人，生于山东济南。民国十三年（1924年），入福建马尾海军学校航海班。他出身于文人官僚家庭，清末宣统皇帝溥仪的老师陈宝琛是他的堂伯。受家庭影响，幼年时即开始从师学古文，熟读经史，后又博览群书，因此有很高的文学修养，他能编、能导、能演、能教，这在京剧界并不多见。民国二十七年，由票友下海投身戏剧事业，到北平拜余叔岩为师，与孟小冬、李少春并称为"余派三杰"。民国三十六年，赴上海、武汉等地领班演出。1950 年，在上海组织濩声剧社。翌年 10 月，

参加华东戏曲研究院，后转上海京剧院任演员、编剧和导演，加入中国戏剧家协会。1958年，调山东京剧团。1960 年，调杭州京剧团（后改称浙江省京剧团）。他综合谭派、余派艺术，汲取汪桂芬、王凤卿等名家之长，形成自己的风格；同时从事编剧、导演及戏曲理论研究工作，编写的历史剧有《窃符救赵》、《铸剑》、《黄魏争功》、《卧薪尝胆》、《气壮燕京》、《孙安动本》、《方腊颂》等，还改编历史剧《搜孤救孤》及现代剧《金玉姬》、《降龙伏虎》等。

谭资九先生旧藏京剧界名家墨迹中，有两件作品是邢威明先生书写的，一件隶书，另一件是行书。邢先生的书法，很有功底，决非一般艺人可以写出的。后来，我在一篇文章中得知他原来是学过绘画的。邢威明出生于 1900 年，卒于 1984 年，是一位在京剧界影响很大，声誉很高的"谭派"京剧老生。他原名邢君明，字豫祺。生于北京，汉族，祖籍江苏无锡市。祖辈即移居北京。十五岁时曾从师陈师曾、齐白石、陈半丁等名家学画；但他酷爱京剧艺术，因此又拜名票陈彦衡为师，专攻谭（鑫培）派老生剧目，曾先后搭尚小云、荀慧生等班演出于北京、济南、大连等地。1930 年独自组班演出。他具有较高的文化艺术修养，能编善导，又能设计唱腔以及舞台服装，其凭借谭派技艺及京派风格，亲编整理了一大批新戏和旧戏剧目，并亲自设计服装，扎制盔头，绘画图案，使京剧舞台焕

然一新。1947 年后，在丹东"永丰社"科班授艺、演出。1948 年加入中国人民解放军四纵队京剧团，慰问前线战士，演出《九件衣》《闯王进京》等剧目。1949 年入中国戏曲改进局沈阳分局，任京剧科负责人。从 1949 年至 1979 年凡三十年教学中，为京剧教育事业付出了一生辛勤努力。

李永华先生是河北河间人，早年斌庆社永字辈学员。斌庆社是北京著名的京剧科班之一，它位于宣武区和平门外大百顺胡同西口路南 30 号（今 40 号）。1917 年由著名"俞派"武生俞振庭与果湘林合作于俞宅院内，当年振庭姐夫、名旦孙藕香亦为股东，曾任该社社长，

邢威明剧照

京剧前辈李永华先生

其子孙毓堃幼承家学亦带艺搭入此班。此班学生，以"斌"、"庆"、"永"三字排名。历时13年的"斌庆社"终因经费等因素而解散。俞振庭另组"永评社"。李永华的儿子李元春曾组织春秋京剧团，女儿李韵秋是著名的京剧旦角演员，六十年代在北京京剧院二团演出《洪湖赤卫队》中饰韩母。1979年任北京京剧院三团主演。文武兼长，表演自如大方，与其

兄合演的《三盗芭蕉扇》和《十一郎》最有特色。

程正泰先生是京剧"杨派"老生。祖籍江苏吴江，1928年农历二月初二出生在上海，幼年加入上海戏剧学校学演京剧。程正泰的父亲是一位京剧票友，素与杨宝森先生交好。他临终前，曾写过一封给杨宝森先生的信，并叮嘱爱子一定要拜杨先生为师。1947年，当时十九岁的程正泰带着父亲的亲笔信，只身北上到了北平。经武生演员张云溪的引荐，拜望仰慕已久的杨先生，杨宝森先生看罢遗书，有感于面前的后生少年老成，求艺心切，收下这个徒弟。从此，继承、发扬杨派艺术便成了程正泰的毕生追求。杨宝森先生英年早逝，1956年，天津京剧团正式成立。程正泰成为天津京剧团主要老生演员之一。他于1962、1963年先后两次在天津举行杨派艺术专场，名净侯喜瑞助演，杨宝忠操琴，杭子和司鼓，配角尽是杨生前的原班人马，上演了《失空斩》、《杨家将》、《伍子胥》、《洪羊洞》、《珠帘寨》、《击鼓骂曹》等杨派名剧，在全国首开了以专场形式集中展演杨派艺术的先例，对于杨派艺术的传播和影响，以及在天津形成杨派的深厚土壤，都起到了重要的作用。"文革"后的1984年，年近花甲的程正泰先生又恢复上演了已鲜见于舞台的《战太平》、《捉放曹》、《珠帘寨》等很吃功夫的重头戏。

程正泰剧照

爱梨馆主人剧照

　　在谭先生友人所赠签名照中，有一张为饰《战猇亭》刘先帝之剧照，照片背后署有：资九道兄赐存，"爱梨馆主人"敬赠。还有一枚圆形图章，上半部有："日本宪兵队"字样，时间：17、7、1。我想这应是日本昭和17年，也就是1942年，正值抗战时期。惜鄙人浅陋，至今也没弄明白这个"爱梨馆主人"的真实名姓。

　　谭先生多才多艺，正如友人庞永富先生赠言所云：

　　文物写作戏专家，精研余言裘谭马。

　　丝竹伴奏效徐杨，所学诸端得精华。

　　余：余叔岩，言：言菊朋，裘：裘盛戎，谭：谭鑫培，马：马连良。徐：徐兰沅，杨：杨宝忠。谭氏是"戏专家"，而且诗书皆能，尤精于书法，常为业界同仁题赠书法，敝寓尚有

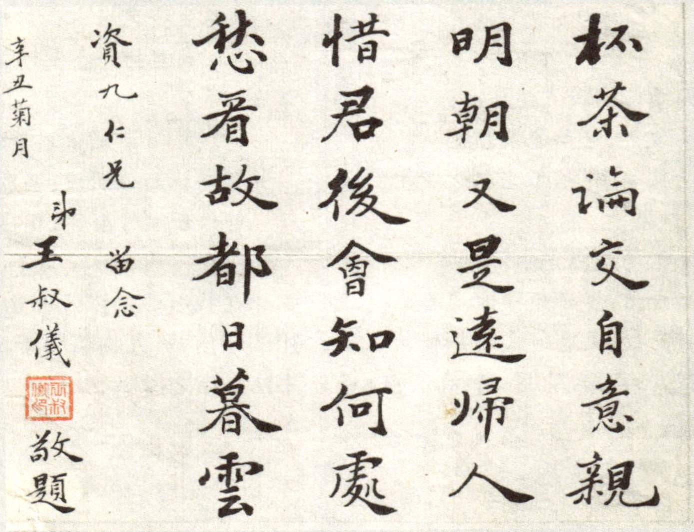

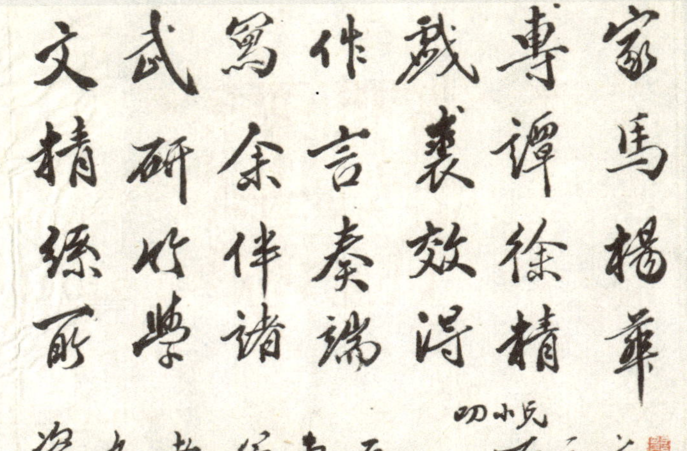

杯茶论交自意亲
明朝又是远归人
惜君後會知何處
愁看故都日暮雲

资九仁兄嘗念

辛丑菊月

王叔儀

敬題

家馬楊華高
專譚徐精
戲裝效得
作言秦端
寫余伴諸
武研作學
文精練耽

资九兄

惠存

小兄龐永富

谭资九友人书法　王叔仪（上）　16cm×16cm　　庞永富（下）　16cm×20cm

其为京剧界名伶题赠书法照片数帧,现择录几帧:

诗赠谭富英先生

伶界大王菊蜚声,继承谭派赖富英。
《定军山》上威名震,恰似当年老黄忠。

诗赠马连良先生

潇洒从容态自然,抑扬顿挫韵清圆。
叔岩谢世言高故,更有何人敢并肩。
(按:叔岩:余叔岩;言:言菊朋;高:高庆奎)

诗赠荀慧生先生

颖慧生姿艺坛中,影艳声柔问世红。
俗问荀君何处去?尽向桃李送春风。

诗赠张君秋先生

天资聪颖似明蟾,金歌钢喉韵味甜。
创作新颖开生面,青出于蓝而胜蓝。

在我所藏的谭氏旧物中,有一方谭氏自用的印信"资九临摹周秦汉魏",由此可见其书法造诣之深。

杨派老生的创始人杨宝森先生，是余叔岩先生的弟子。在二十世纪三十年代末，他与马连良、谭富英、奚啸伯一起并称为"四大须生"。1939 年，他曾组织宝兴社挑班演出。在二十世纪五十年代，其艺术造诣日臻完美，杨派艺术渐渐流行。

杨宝森先生 1909 年 10 月 9 日，宣统元年（己酉）八月廿六日出生，原籍安徽合肥，祖居北京。他的曾祖父杨贵庆工刀马旦。祖父杨桂云是清朝末年与谭鑫培同时代的著名京剧演员，为"四喜班"的著名花旦，其长子杨孝亭，艺名小朵，亦演花旦；次子杨孝方（杨毓麟），艺名幼朵，长于武生，兼工铜锤花脸，中年因病退离舞台。杨宝森系孝方的长子，堂兄杨宝忠（孝亭之子）后来成为著名琴师。

他自幼喜爱京剧老生行当，而未能依从其祖父让他继学旦角之愿。杨宝森初学谭派，幼年师事裘桂仙，开蒙学戏，练习毯子功，后拜鲍吉祥学习老生，宗余派。他十岁左右便"带艺搭班"，长期在俞振庭的斌庆社求艺并演出。

杨宝森在童年时期嗓音明亮，十二三岁时专攻余派，十六岁时演出《打渔杀家》，效果很好。他还在《上天台》中饰演过刘秀。在《珠帘寨》"收威"中的起霸，功架一丝不苟。偶尔演出的《定军山》、《阳平关》、《战太平》等戏，也博得北京、上海等地观众的赞赏。在此时期，他所演的《捉放曹》、《击鼓骂曹》、《洪羊洞》、《失街亭》、《空城计》、《斩马谡》、《桑园寄子》、《卖马》、《碰碑》、《汾河湾》等剧，均获得很好声誉，有"小余叔岩"之称。在他童年时期就擅长演出《文昭关》一剧，与于连泉合作时间较长，也曾佐程砚秋、荀慧生演出。

杨宝森在二十几岁的时候，因身体关系，使得变声期拖长，因此曾有一较长时期的休养未登舞台。而他在此期间，以乐观的态度和勤奋的精神坚持练功、吊嗓、习字、绘画、练琴，甚至傍晚散步时还边走边哼唱唱腔，一声一字地推敲，

■
■
■

杨宝森与「杨派」

楊寶森

杨宝森（1909-1958） 京剧老生表演艺术家,后四大须生之一,字钟秀,祖籍安徽合肥县。他出身梨园世家,幼年由裴桂仙开蒙,兼习文武。少年搭斌庆社。青年时因变声期拖长而休养,期间,他努力充实自己,并向王瑶卿、王凤卿、陈秀华等学艺,重新登台,不同凡响。他初学谭派,后研余派,在此基础上,得琴师杨宝忠、鼓师杭子和的辅助,创出结合个人嗓音条件的崭新唱法,世称"杨派"。代表剧目:《伍子胥》、《李陵碑》、《击鼓骂曹》、《空城计》、《上天台》、《断密涧》、《定军山》、《阳平关》、《战太平》、《捉放曹》、《洪羊洞》、《桑园寄子》、《卖马》、《汾河湾》等。

杨宝森曾任天津市京剧团团长,其门徒和学生有汪正华、梁庆云、马长礼、李鸣盛、蒋慕萍、程正泰、朱云鹏、叶蓬、杨乃彭、于魁智、李军、张克等人。

杨宝森《洗浮山》剧照

逐字逐句地揣摩,潜心研习余派的演唱技巧。为拓宽学习之路,他多方求师访友,曾得到名师陈秀华及堂兄杨宝忠的许多指点,他曾向名票、余派研究家张伯驹先生问艺,也曾向王凤卿、王瑶卿求教,力求不断提高自己的艺术修养。等到健康恢复以后,重新登上舞台,无论唱念表情各方面都有了很大的进步,也因此,杨宝森虽未正式拜在余叔岩门下,但终于成为余派的继承者。民国上海大东书局印行的《戏剧月刊》第一卷第四号有杨宝森先生出演《洗浮山》之剧照,下有文字介绍云:

> 《洗浮山》为文武兼备之旧剧。昔年黄月仙演此剧,最为拿手。李吉瑞标榜黄派,亦常演此剧,然似是而非,殊鲜精彩。余叔岩有此剧,而以体弱不能一显好身手。杨宝森为余氏传人,趟马(戏曲表演中的一种程式动作。演员通过动作,表示骑着马走或跑。)、亮相及耍双刀,靡不酷肖余叔岩。

杨宝森的唱腔虽然完全宗法余氏,但因他的嗓子宽厚而低沉,音色不够明快,音域也不广,不宜大起大落、激昂高亢的唱腔,他避开余派的立音、脑后音唱法,代之以自己的擞音和颤音。又利用较低部位如喉、胸的共鸣而使发声深沉浑厚,行腔与吐字力求稳重苍劲,不浮不飘,如写字之笔笔送到,专以柔和平稳见长。

三十岁以后,杨宝森逐渐脱出余派范

宝华社主要演员名录　25.5cm×19cm

组织宝华社申请　27cm×12cm

围，吸取谭、汪（桂芬）诸家之长，对余腔
有所变革。后嗓音再度发生变化，在琴师
杨宝忠、鼓师杭子和的辅助下，尽量舍短
用长，创立了既出于余派，又大大有别于
余腔的杨派唱腔。在继承余派艺术的基
础上，他根据本人倒仓后的嗓音条件，并
结合他多年的艺术实践，创出一种崭新
的唱法，自成一家，成为杨派艺术的创始
人。杨宝森咬字讲究，韵味相当浓厚，不

1951年6月宝华社抗美援朝捐献义演《杨家将》演职员名单　15cm×105cm

仅演余派剧目游刃有余，尚能演乃师一向不敢尝试的《文昭关》，以低回婉转的声调来刻画悲愤填胸的伍子胥，别具一种风格，并很快地就在全国各地流行起来，为听众所欢迎。这不能不归于他的勤学苦练和能够自立门户两种主要原因了。

杨宝森的唱腔简洁大方，虽少大幅度的起伏跌宕，却于细微处体现丰富的旋律，细腻而不琐碎。他的唱腔舒展平和，至晚年虽嗓音甚或临场失润，仍能以圆熟的行腔来弥补，而不显枯涩生硬。以其代表作《空城计》为例，这出戏的"城楼"（诸葛亮唱）西皮二六，因为是诸葛亮对司马懿故弄玄虚，所以多少带点诙谐味道。因此有的修养差的演员往往把它唱成怪声怪气，或是乱用滑音，拉长唱腔，以追求庸俗的效果。因为这样就破

1955 年 12 月 25 日,宝华京剧团在民主剧场演出节目单(正面)19.5cm×27cm

1955 年 12 月 25 日,宝华京剧团在民主剧场演出节目单(背面)19.5cm×27cm

杨宝森《伍子胥》剧照

坏了剧情,歪曲了诸葛亮的人物性格。

杨宝森所唱的这一段,称得上是大方家数,能于简捷老练之中具有十足的韵味和风趣。虽然也用滑音,但能恰如其分,适可而止,说明他对这个戏研究有素,体会较深。另一名作《文昭关》则在谭、余的神韵中化入汪(桂芬)派唱法,成为杨派唱法再创造的典型,苍凉慷慨,十分吻合剧中人物的处境和心情。杨做工稳健老练,表演富书卷气,善于

以概括手法刻画典型人物。靠把戏也有一定造诣,但晚年很少演出。

杨宝森的演唱注重从人物性格出发,在他的代表作中,许多剧中人物的音乐形象和舞台形象都十分出色,如《李陵碑》整场的几段反二黄唱腔,可以说是京剧很宝贵的艺术财产。它用不同的声调,不同的形式结构(板头),不同的节奏速度(尺寸),把剧中人杨继业的悲惨遭遇和心理状态,毫无遗憾地表现得淋漓尽致。像这样完全通过歌唱,分出层次来刻画人物内心情感的实际例子,在我国传统的戏曲里固然是指不胜屈,而能如此自始至终、协调通顺、一气呵成的,却也并不多见。也因此在后来中国戏曲研究院在编辑《京剧唱腔》教材时,不用过去谭鑫培等诸大名家的唱片,而是根据杨宝森先生演出时的录音全部记出谱来,毫不加以删节,以保持它的完整。杨宝森这个戏的唱腔和他的老师最为接近,就连一些小腔甚至气口都和余氏相同。余叔岩先生生前所录的唱片没有反二黄的曲调,可以拿它弥补这个缺陷。杨宝森饰演的《伍子胥》中悲愤、落魄的伍员,《杨家将》中大义凛然的杨继业和正直、机智的寇准,《失空斩》中足智多谋的诸葛亮,《击鼓骂曹》中傲然不屈的祢衡,《洪羊洞》中忠心为国的杨延昭以及《捉放·宿店》中悔恨交加的陈宫等等,都给人们留下了深刻的印象。

杨派艺术所以能取得很大成就,与常为余叔岩司鼓的杭子和与名琴师杨宝忠密切

的文武场面上的配合是分不开的。上述的几出戏都是由名乐师杨宝忠先生操琴伴奏的。

新中国成立后的 1950 年 5 月，杨宝森先生再次组建了宝华社（1955 年 4 月更名为宝华京剧团），自任社长。剧社阵容强大，演职人员达七十七人，音乐九人，司鼓依然是杭子和，胡琴是杨宝忠。杨宝森还曾任天津市京剧团团长。其门徒和追随者有汪正华、梁庆云、马长礼、李鸣盛、蒋慕萍、程正泰、朱云鹏、叶蓬等人。

杨宝森秀逸拔俗，温文尔雅，谦逊好学，肯于钻研，艺高德也高，可惜身子骨儿长年不佳，他仅仅在尘世间度过了四十九个春秋，就于 1958 年英年早逝。

沈玉斌（1909-1985）出生于北京
京剧世家，十二岁开始搭班崇林
社，任乐手，吹打拉弹，六场通透。
后为徐绣文、雪艳琴操琴。二十一
岁应焦菊隐校长邀请，创办中华戏
校音乐科兼昆剧和群曲教师。1945
年任北平梨园公会会长，1951年
任北京京剧公会会长至1959年。
1980年任北京戏校艺术顾问，
1985年逝世。

沈玉斌——新中国戏曲院校的奠基人

　　翻阅民国时期北京国剧公会旧档，沈玉斌先生的名字出现是最多的。这是因为沈先生是那个时期的"梨园公会"会长。所谓梨园公会是旧时戏曲艺人行会组织的泛称。大城市中多有设置。名称各地也不尽相同，如北京叫做梨园公益会，上海叫伶界联合会，广州则叫琼花会馆等，均属此类组织。清代北京的精忠庙，苏州的老郎庙（又称梨园公所）也是梨园公会性质。举凡组班邀角，贫苦艺人的生养死葬及其他公益事项，都通过公会或由公会出面办理。会首（会长）常为有声望的艺人担任，有时也被封建把头把持。后来北京的梨园公会更名为"国剧公会"了，会长依然由沈玉斌先生担任。这个会长职务，沈先生一直做到新中国建立以后，改名为北京市京剧工作者联合会，会长由梅兰芳先生担任。虽说会长由梅先生担任了，可沈先生依然是联合会的常务理事，许多的大事情包括梅先生在内的各位理事都乐意听沈先生的意见，从中可见沈先生在京剧界的声望是极高的。

　　沈玉斌先生出身梨园世家，与著名琴师沈玉才乃昆仲。其曾祖是道光年京城有名的武戏大家沈小庆，祖父是同光年有名的须生沈三元，父亲沈福山工净行，其兄沈玉才十二岁随父习艺，工文场弦子，十七岁被聘中华戏曲专科学校任三弦乐师，十九岁改习胡琴，先后为程玉菁、王玉蓉、吴素秋、童芷苓、赵荣琛、杨宝森、谭富英、程砚秋、荀慧生、尚小云等操琴，新中国成立后长期伴李少春先生。沈玉才先生琴艺精透，谙熟音律，李少春、袁世海、杜近芳的《野猪林》的唱腔设计倾注了沈玉才先生大量心血，"大雪飘，扑人面"的反二黄情景交融，回肠荡气。沈玉才是继王晓韶创制软弓胡琴、李春泉改制硬弓胡琴、沈星培改二簧伴奏弃海笛用胡琴之后，又一位胡琴改制家。胡琴运用以来都用丝弦作为琴弦，五十年代中国京剧院编排现代戏《红灯记》，为适应交响乐团的需要，沈玉才先生尝试将京胡由丝弦改为钢弦，并获北京市京剧工作者联合会成立后，作为原北京国剧公会负责人的沈玉斌就京剧公会档案移交等事宜写给"京联"常委会的信。　28.2cm×18cm×2

得成功。沈玉才先生艺有家传，孙女沈媛亦为北京京剧院的琴师。程派新秀迟小秋复排演出《碧玉簪》，其操琴者就是沈媛。

沈玉斌先生与乃兄同为操琴圣手，更是场面全才，六场通透，腹笥渊博，曾长期为余叔岩先生的琴师。沈玉斌先生不仅技压群芳，还是一个热衷于公益事业的人，在京剧界有很好的口碑，威信很高。具体来说沈先生对于中国戏曲事业所作的贡献，我认为有二件事不能不提。

首先是沈先生在抗战胜利后至北京和平解放之前的五六年时期间里，他作为北京国剧公会会长，周旋于国民党军警特之间，使许多京剧名角名家，避免了国民党部队散兵游勇的侵扰。第二是沈先生新中国成立后创办了位于宣武区陶然亭的"艺培戏曲学校"，为京剧艺术薪火再传留下了宝贵的火种。张学津、孙毓敏、李玉芙、孟俊泉、燕守平、王晓临等都是从这所学校走出的"角儿"。

沈先生创办这所学校的动因来自于解放初期一次在中南海为首长演出中。当周恩来总理知道沈玉斌是梨园界的负责人时,特意与他握手,并说:"你们辛苦了!"总理一语暖人心,从这一天起,在沈先生的脑子里有了办一所既不要国家出资,又不同于旧科班的戏校的想法。

沈先生把他的想法和京剧界的同仁好友说了,朋友们都表示支持他。这更加坚定了沈先生办学的决心。经过反复思考,最后把校址选定在陶然亭"松柏庵"破庙。戏校创办初期,需要大量的投入,沈玉斌先生先是卖掉了前府胡同13号的私宅房产,之后又典卖了家中的电话、首饰和裘皮大衣等贵重物品,但这只是杯水车薪,资金缺口依然很大。就在这个时候,戏剧界的朋友们伸出了热情之手,1951年7月26日,在梁小鸾等人的奔走倡导下,戏曲界在京女演员五十余位联合义演为艺培筹集资金。梁益鸣、张宝华的鸣华京剧团,亦率团演出拿手剧目《打窑瑶》等,并把全部收入亲自送到梨园公会。著名河北梆子演员李桂云率河北梆子剧团专门为戏校举办一场义演。荀慧生、于连泉(筱翠花)两位名家披挂上阵,义演了《樊江关》。刚从武汉返京的梅兰芳,听说学校正在筹款,不久即在长安戏院演了《金山寺·断桥》和《凤还巢》。刚从香港归来不久的马连良和张君秋,正在天津中国大戏院演出,得知艺培正在筹款,义不容辞地义演了《四进士》,并特意打来长途电话,请沈会长派人前去取款,沈玉斌亲自赶赴津门,待接到款后,方知是该场演出的全部收入。告别舞台多年的名净郝寿臣,亲率弟子于长安戏院义演花脸大会,戏码为王玉让的《闹江州》;王永昌的《草桥关》;袁世海的《盗御马》,大轴为郝老的《李七长亭》,七十三岁的萧长华演解差。接二连三的筹款义演,充分体现了戏曲界对培养下一代的一片赤诚之心。

通过沈先生的精心筹划和戏剧界同仁的支持,戏校算是办起来了,1951年11月下旬,戏校招收了第一批学员,聘请了王仲元、刘佩永、张喜鸿为教师,不久还请尚小云在正乐科班的师兄弟李三星来校任教。

学校办起来了,随之问题也就更多了。首先是校园规模太小,施展不开,于是沈先生经过深思熟虑,决定把庵内的供奉尊神的殿堂作为课堂,但因这是国剧公会的资产,要经过国剧公会常务理事会讨论通过才行,他首先征得了戏曲界德高望重的王瑶卿、萧长华两位先生的支持,然后提交国剧公会常务理事会,常务理事会由沈玉斌主持,其他几位常务理事陈少霖、奚啸伯、于永利、荀慧生、白云生以及理事杨宝森、祁成宝、高文成、李盛藻、李少春、尚富霞、霍文元、林秋雯、于连泉、张君秋、叶盛章等均出席会议,大家表示理解和支持,决定恭请大殿内的佛像起驾,在殿西小跨院"深葬"。几日后,国剧公会举行了"深葬"仪式，摆香案焚香烧纸，沈玉斌当众虔诚祷告念念有词，仪毕后大家小心翼翼地把诸神一尊尊直立安放坑内，然后填平整好。随后被腾空的 20 多间大小佛殿，经工匠们更换门窗和修葺粉刷，变成了规制的课堂。此时的戏校已经有了规模。于是学校组成了由王瑶卿、萧长华、郝寿臣、沈玉斌、贯大元、谭富英、李少春、叶盛章、梁小鸾、史若虚、王颉竹等人组成的招生委员会并于 1951 年 12 月 4 日于《新民报》刊登"艺培戏曲学校招生简章"。不几日，即有 500 多名学生前来报名。经过初试和复试，到次年的 1 月 3 日注册报到，前后仅用一月时光，即完成了一切招生工作。

学生增加了，课堂有了，教师有了，教材也有了，可新的问题又来了。因为戏校不同于普通学校，除了课堂的理论，更重要的是要练功，而校园内没有太大的空间作为学生们练功的场地。

为了解决练功场地问题，沈玉斌先生经过反复斟酌考虑，决定再次征求国剧公会理事会的意见，搬迁松柏庵外的"安苏义园"。

这个"安苏义园"是梨园义地之一，旧时人们称为"戏子坟"，都建在城外。"安苏义园"之前已有义地"安庆义园"。它是时称"四大徽班"进京以后由徽籍艺人置办的，"安庆义园"是京城最早的梨园义地。原义园旁有一关帝庙。起初，外埠来京艺人在京离世大都"尸骨还乡"。后来随着徽戏在京站住了脚，艺人开始在京安家落户，人死了运回老家安葬有诸多不便，于是便集资在京城外置办茔地。

"安庆义园"位于崇文门外夕照寺西南的四眼井原有的义园旁。年久失修已近荒废，1827 年（道光七年）集资重建，并立有碑记，上刻董事高郎亭等及捐资人员姓名、款数与建园过程和管理事宜等。因是三庆班出面置办的，所以三庆班的演员病故后，大部分人员均埋葬于此。程长庚弟子傅芝秋、梅巧玲弟子朱霞芬（朱小芬、幼芬之父，斌仙祖父）等亦葬于此。后来来京的徽班艺人越来越多，"安庆义园"已不敷用，1857 年（咸丰七年），集资购置了位于陶然亭迤西的松柏庵外的一块茔地，其地东起许姓茔地，西至龙泉寺外大道；南迄陈姓茔地，北至官道马路，此茔地名"安苏义园"。并立有义园碑记。民国后，在此长年安息的既有一般演员，也有赫赫有名的艺术家，如：1931 年病故的丑角名家王长林，1938 年病故的"武生泰斗"杨小楼和同年病故的名老旦文亮臣，1942 年病故的"毛毛旦"宋永珍和童年病故的名老生高庆奎及父名丑高四保，1947 年因飞机失事遇难的"四小名旦"李世芳，1948 年病故的名净金少山等诸多名家。1932 年病故的尚小云之母张文通，"筱翠花"于连泉的父母双亲及夫人陆氏，姚玉芙的父亲，孟小冬的母亲，谭富英的夫人宋氏，于永利的女儿等也葬于此。

民国时期，北京的"戏子坟"除了松柏庵

外的"安苏义园"和崇文区的"安庆义园",尚有"春台义园"和宣武区的"潜山义园"、"梨园义地"等处。"春台义园"是"春台班"陈孔蒸、蒋云谷等倡议同业集资置办位于左安门内南极庙左侧郭姓荒地16亩,时在1835年(道光十五年)。该义园还建有院墙、门楼、神殿、厢房、井台及界石等,后立有义园碑记,上刻陈长春、唐彩芝、吴桐仙、陈孔蒸、蒋云谷、钱金福等40余名捐资者姓名。1931年,萧长华曾自己出资并亲自监工对"春台义园"进行修缮。"潜山义园"是故于1870年(同治九年),慷慨好义的徐蝶仙与朱莲芬、程长庚发起同乡艺员集资置办的茔地,地点在右安门内盆儿胡同。不过,程长庚于1880年(光绪六年)病故,没有葬在义地内,而是葬于彰仪门外。

前边简要地叙述了梨园义地的来龙去脉,不难看出沈先生这次提出坟地迁出,改作练功场地的难度。

沈先生斟酌再三,还是决定向国剧公会常务理事会提出自己的想法。

在沈玉斌先生的提议下,1952年初,梨园公会再次召开会议,最终研究决定,为了培养京剧新生代,决定搬迁义地。并成立由沈玉斌、于永利等组成的迁坟委员会。

迁坟的事情,不同于把几尊"佛像"请出庙堂,他需要做大量的深入细致的工作,有的没有后人了,还要联系亲友,此外,还要购置新的义地。事情直到9月才有了眉目,当

月的12日由国剧公会组织召开了由各位理事及各坟主参加的迁坟紧急会议。

从敝寓所存1952年9月12日由国剧公会组织召开的"迁坟紧急会议"资料看,为了与各墓主家属共同配合办好迁坟事宜,沈玉斌先生和他所主持的国剧公会,以及迁坟委员会的成员们,作了大量耐心、细致的工作,才较为圆满地完成了迁坟工作。这里面需要提及的是为保证一个墓主也不漏掉,沈玉斌先生与同仁们通过各种途径找到墓主的家人亲属,有的没有后人或后人已迁移到外地或国外,也要想方设法找到他们,回不来的让他们委托亲友代理。从出席1952年9月12日由国剧公会组织召开的"迁坟紧急会议"的人数来看,达132人,尚不含国剧公会的部分理事。在这次全体会议上,在广泛听取墓主家属意见的基础上,沈玉斌先生代表国剧公会宣读了草拟的迁坟办法,一共四条:一、拟在郊区安全地带购买公墓,现已由祁常委出动接洽;二、原棺如良好不动,棺木已坏者,改用喜匣,连无法查考者一并迁移新茔;三、组织迁坟委员会分工工作,关于登记、开坑、改装、账目、起运、购地等项分担办理;四、自行迁移埋葬者不限。出席会议的墓主代表纷纷就此草案发表了意见,最终全体通过了议案,并成立了以沈玉斌、于永利为首的"迁坟委员会"。通知亡者家属前来认领陪葬物品。遗骨装入瓷坛或棺中,这其中就有杨小楼、陈德霖、金少山、高四保、高庆奎、

王长林、文亮臣、宋永珍、李世芳等诸多名家，以及尚小云之母、姚玉芙之父，于连泉双亲及夫人、谭富英夫人等，他们大部迁往南苑集贤村重新安葬。此工作从1951年底至1952年初，用了一个多月。

另外，位于陶然亭龙泉寺西"东大地"的西南处，"梨园义地"的迁移工作，亦由沈玉斌先生主持进行了迁移。现存国剧公会组织召开的迁坟委员会及有关人员会议记录记载，这次会议的主题商讨移迁本会义地内之坟墓。出席人员28人。会议由沈玉斌先生主持，沈先生首先报告了这次迁移工作的来龙去脉，他说：关于计委会核准第十五中学与北京市戏曲学校分别购用我会（即国剧公会）龙泉寺西"东大地"地亩之经过：早在1952年中十五中学方面向我会即开始联系关于洽购土地问题，但因种种问题一再拖延并间断数十次之商谈，至1953年六月，戏曲

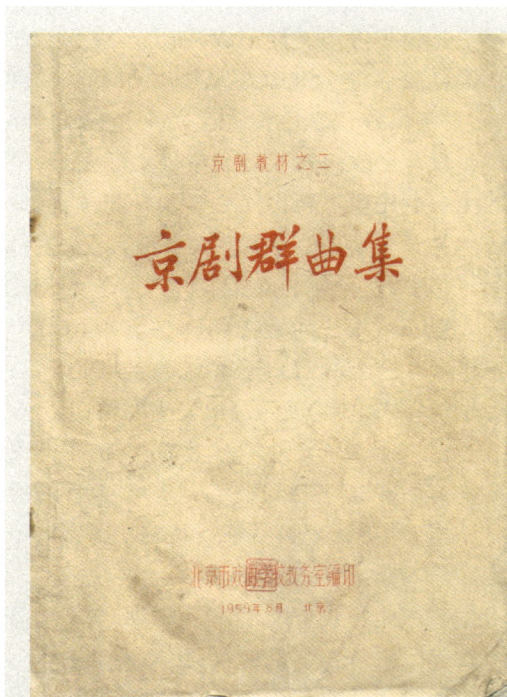

沈玉斌整理编纂的《京剧群曲集》
25.5cm×18.5cm

沈玉斌组建的文风剧团经常演出节目单封面
27cm×19.5cm

学校因也需用土地进行修建,故经北京市文教委员会决定准许将本会所有"东大地"由十五中学与戏曲学校分别购用(戏曲学校购用西半部,十五中学购用东半部),所有地内坟墓应于在定期内进行迁移。此次召集会议研讨关于由迁委会各委员分别担负迁坟工作的办法等。沈先生报告后,由各迁委会委员分别商讨及通过本次迁坟细则,大会通过决议并作详细分工。据有关资料记载,"陶然亭的西南处,还有一'梨园义地'的迁移工作因年久无人照管而逐渐消亡。至此,过去曾称为'戏子坟'的几处梨园义地,均已不存。"这个地方是否就是前述龙泉寺义地,尚有待核实。艺培戏曲学校的草创阶段,沈先生付出的辛劳是载入史册的。1952 年初春,北京私立艺培戏曲学校正式建成了,经市文教局批准,成立了戏校董事会,梅兰芳任董事长,郝寿臣、沈玉斌任副董事长,王瑶卿、萧长华为咨询董事,在董事会上推选郝寿臣出任校长,并制订了学校章程和教学方针。

1953 年,艺培戏曲学校更名为"北京市戏曲学校"。1953 年 2 月 9 日下午,梅兰芳先生主持了"艺培"的最后一次董事会,总结了戏校一年来的工作之后宣布,由于经费和师资的困难,经市政府批准,学校由政府接办。市文化局副处长王松声宣布,改名为"北京市戏曲学校",校长是郝寿臣先生。北京市私立艺培戏曲学校完成了它的历史使命,郝校长曾对学生们说:"戏校能有今天,多亏了沈校长啊!"1992 年,北京市戏曲学校建校四十周年之际,邓友梅曾撰文《校庆之时不要忘记沈玉斌》。

沈玉斌先生除了对于建立新中国成立后的北京戏曲学校竭尽心力外,在国剧公会变身北京市京剧工作者联合会的过程中也作出了诸多贡献。

敝寓保存有北京市京剧工作者联合会常务委员会产生经过的会议原始资料及其之后北京市京剧工作者联合会多次常务会议纪要等文件。文件记载,新中国成立后北京国剧公会改为北京市京剧工作者联合会后,常务工作仍然由沈先生负责,直到 1956 年,联合会改组梅兰芳先生任主任委员,虽然沈玉斌先生不再担任主要领导职务,但他依然是常务委员,许多重大事件,沈先生都参与其中,并起到了重要作用。

据家藏梅先生自上海寄递北京市京剧工作者联合会的信知道京剧联合会改组时,梅先生并未出席,现照录梅先生的信:

> 北京市京剧工作者联合会:顷接来信并申请书两份收到。当即填写好附上。常会选我为主任委员,我适离京,不能参加会议,至为抱歉。
>
> 此次我会改组,全仗北京市文化局大力支持,以及诸位同志的积极工作,才得顺利成功。
>
> 以后的会务仍希各位实际负责同志继续努力,向前发展。此致

敬礼

梅兰芳一九五六年十、十一。

敞斋还保存有北京京剧工作者联合会第二次常务委员会会议全部资料。这次会议的议程为：一九五六年十月十四日下午二时，在京剧工作者联合会礼堂关于推举执行常务委员、主任秘书及各组负责人名单。

会议内容：

（1）关于推举执行常务委员会委员、主任及各组负责人的议案。

（2）有关会员登记问题的议案。

（3）关于会址修缮与房屋调度的议案。

（4）关于继续加强文化学习应如何领导问题的议案。

（5）（一）关于国务院对艺人救济的工作应如何协助政府开展。

（二）关于年终为会员义演（暂定名）（筹集福利金演出）的演出和名义议案。

以上各议案提请委员会研讨决议。

也就在这次北京京剧工作者联合会第二次常务委员会会议上，梅先生以全票通过当选为主任委员。以下是选举产生出的主任、副主任及其主任秘书及各组负责人名单：

北京市京剧工作者联合会正副主任委员：

（1956、9、20：在和平宾馆召开的第二次常委会选出）

主任委员：梅兰芳　第一副主任委员：马连良

副主任委员：李和曾、李万春、吴素秋、沈玉斌、尚小云、张君秋、裘盛戎、叶盛兰、谭富英（9人）

执行常务委员：于永利、王永昌、王静波、白家麟、白云生、汪鸣辰、姜铁麟、奚啸伯、郝友、陈少霖、梁益鸣、慈永胜、谭世秀

主任秘书及各组会负责人名单：

主任秘书：奚啸伯　副主任秘书：王静波、郝友

秘书组组长：于永利　副组长：姜铁麟、陈少霖、

学习组组长：白家麟　副组长王永昌、汪鸣辰

业务组组长：白云生　副组长：马福禄、李桂云

福利委员会主任委员：徐兰沅　副主任委员：慈永胜、谭世秀

在之后的会员加入或退出以及各剧团外出演出租借戏装器材等一系列的文件中，出现的大都是常委会秘书处的奚先生和其他几位秘书处的成员了。沈先生逐渐淡出了联合会。

沈先生热衷于公益事业，在京剧界是有口皆碑的了。不过，沈先生一生致力于群曲的演唱，晚年倾注全部心血，重新整理编纂了京剧群曲曲谱集，填写了部分新词，还无偿为学生录制了群曲演唱专集和教唱录音。在京剧中，有很多牌曲是群众在一起演唱

的,此即谓之"群曲"。因为这些曲子是群唱的,所以京剧演员,无论生、旦、净、末、丑,各行均应会唱,故又有人称之为"公曲"。京剧的群曲是从昆曲的牌曲中吸取过来的,京剧往往用它来表现群众场面,效果很好。沈先生和方立善先生经过努力挖掘,共整理出 60 余首群曲,使这一濒临失传的艺术形式得以传承下来。

奚啸伯先生作为京剧奚派老生创始人，与马连良、谭富英、杨宝森被誉为京剧"四大须生"。但他与其他三位有极其不同之处。一是他出身贵族，二是他是票友下海，三是他有高中的文化程度，写得一手很好的毛笔字。

奚啸伯出身于满族喜嗒腊氏封建官僚家庭。曾祖崇伦，官至湖北巡抚。祖父名裕德，官至东阁大学士。父名熙明，乃一品荫生，户部候补员外郎。奚啸伯原名承桓，因满人以名为姓，父名熙明，改"熙"为"奚"，取名啸伯。

奚啸伯在四十年的艺术生涯中，以委婉细腻、清新高雅的唱念艺术，气质文静、感情深沉的表演才华，深受观众的喜爱。

奚啸伯八岁时，从手摇留声机学会《朱砂痣》、《探母》，十一岁那年，他参加了一次聚会，即席清唱《斩黄袍》，博得在场的言菊朋的赞许，遂正式拜言为师。奚啸伯与京剧有不解之缘，在小学、中学期间，坚持学剧，文戏请老生名票吕正一指点，武戏向杨（小楼）派名票于冷华求教。平时则在放学后悄悄跑到票房学艺，有时则去姑父关醉禅家串门学剧。每日清晨必到后门（地安门）喊嗓，即使刷牙漱口，也利用点滴时间耗腿。

奚啸伯高中毕业后，曾在故宫博物院当录士，抄写白折，熟读史书，习练书法。1931年，奚啸伯任北京"陆海空军副司令行营"（副司令张学良）书记长（即专门司抄写文书股长）。就在这一时期（1931—1934年），他经常参加票房活动，工须生，业师李洪春。还常和票友秦古乐、樊子期等人票演，随即下海。

票友是戏曲界的行话。其意是指会唱戏而不专业以演戏为生的爱好者。票友和一般的京剧爱好者不同，他们不仅爱看京剧，也喜欢演唱京剧，甚至还参与演出，粉墨登场。如清朝的皇帝爱新觉罗·载湉、贝勒爱新觉罗·载涛、袁世凯的奚啸伯(1910–1977) 字承桓。京剧老生,后四大须生之一。祖姓喜喀腊氏,满族正白旗人,祖籍北京大兴县。其祖父裕德是前清文渊阁大学士,后入阁拜相。父熙明,曾任度支部司长,善于绘画书法。

奚啸伯剧照

公子袁克文、同仁堂的经纪人周子衡和上海的杜月笙、银行老板冯耿光、大收藏家张伯驹、生理学家刘曾复都是造诣很深的名票。据说昔日中国戏坛有许多名票友,其演技、唱腔、扮相,都胜过台上正角,京华、沪宁、都有名噪一时的票友。票友大多数是为自唱自娱,从来不为钱去演戏,倘若兴致浓处,水袖长衫、长靠短靴、粉墨登台,也只是为了一个"玩"字,却决不会收那份"包银"。

票友中不仅演唱生、旦、净、丑各个行当

应有尽有,而且有些票友还把伴奏、服装、化装等都当作爱好加以研习。还有些票友为过戏瘾,专门跑龙套,而且自备各种龙套服饰,许多票友还擅长研究剧本,钻研唱腔字韵,琢磨表演身段。票友登台演戏,称为票戏,当票友取得一定造诣后,有的便转为职业演员,行话称之为下海,如老生张二奎、孙菊仙、汪笑侬、言菊朋、郭仲衡、奚啸伯,花脸黄润甫、金秀山,小生德珺如,老旦龚云甫、卧云居士,琴师李佩卿都是京剧舞台上举足轻重的艺术家。票友是中国文化中特有的现象,他们对京剧艺术的传播,演员表演技艺的提高,都发挥了重要的作用。

奚啸伯下海后,改乳名"小白"为"啸伯",意为爱唱的人。他广泛接触教授、学者、画家,以增长知识。他先后搭过尚和玉、杨小楼、尚小云的班,梅兰芳于1935年提携他进入"承华社",与梅兰芳同台演出《宝莲灯》、《三娘教子》、《打渔杀家》等剧。此外,他还与尚小云合作《御碑亭》,与程砚秋合作《法门寺》,与荀慧生合作《胭脂虎》。在与"四大名旦"合作的过程中,奚啸伯深受熏陶,在艺术上颇获裨益。他喜爱靠把戏,曾对挚友说:"《定军山》我一辈子不唱也得会。"他真的学会了,并与徐元珊试演,他饰老黄忠,一个转身上马、甩髯、倒蹉步,使同仁咂舌不已。

此后他组班,与金少山、张君秋、侯玉兰、张曼君合作。他不止一次地对人说:"论嗓子我不如谭富英,论扮相我不如马连良。"但他不甘拜下风,勇于探索,终于积累了以字定腔、以情行腔、错骨不离骨等科学发声方法,把"衣七"、"人辰"辙升华到新的高度,形成自己的独特风格。

1934年,奚啸伯自己组班演戏,合作者有卧云居士、杨维娜、韩富信等,在南京等地演出。1935年,随"梅兰芳剧团"出演南京、上海等地。同年,下半年,在北京自己组班,在各剧场出演。先名"忠信社",后改"裕善社"。直至1949年为止。1949年,他再次随"梅兰芳剧团"赴天津、上海、北京等地演出。

新中国成立后,奚啸伯先后以"裕善社"、啸声京剧团、奚啸伯京剧团等名义组团

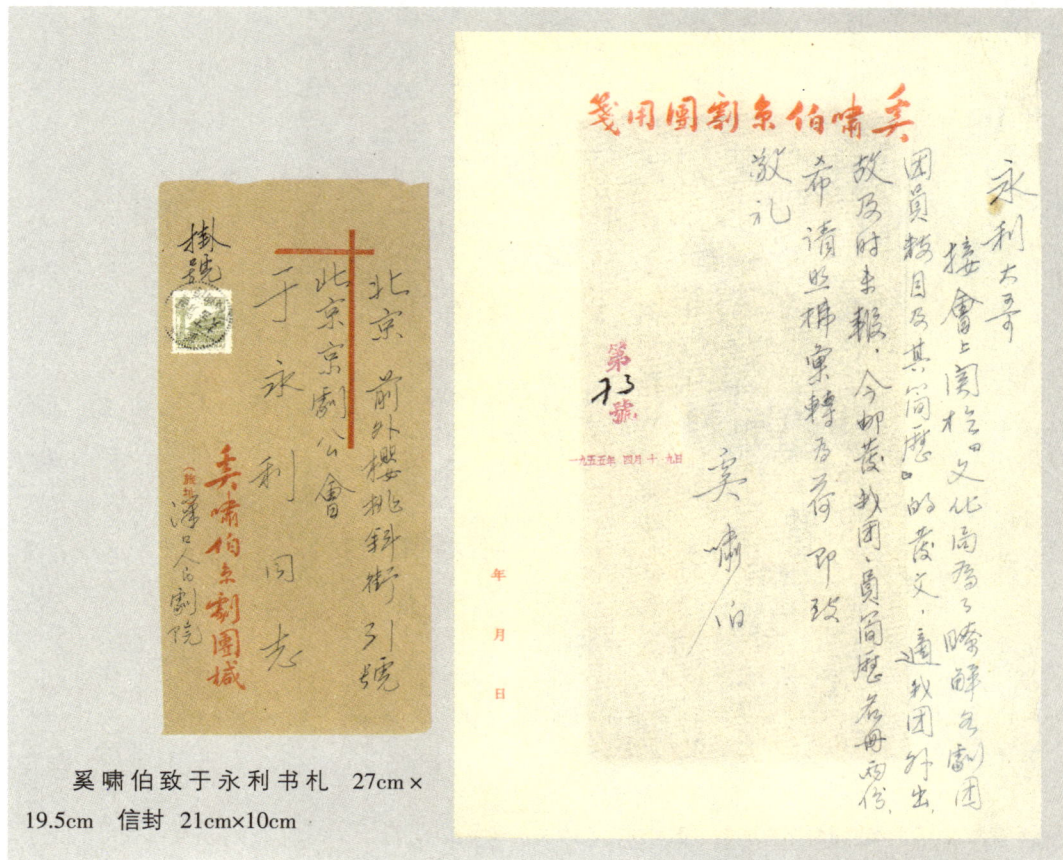

奚啸伯致于永利书札　27cm×19.5cm　信封　21cm×10cm

（一）我的右派言行

第一次乃在乙民主先的关係

（二）六月三四日以前

（三）六月三日请客的言行

（四）六月吾在乙民主党在文化俱乐部第一次坐谈会

（五）六月五日后戒目的决定

（六）六月十三日在乙民主党在此奐饭店第二次生波会

（七）六月曾以后对梅先生家的情况

（八）替他们请客的目地点檢討

（九）六月十三日以后的情况

（十）七月十日李碧芳揭黄李万春

（十一）七月十三日替李万春写信檢討

（十二）七月廿一日右李万春的策劃

（十三）七月廿三日乃李万春策劃过美的美代

（十四）八月八日由石家庄回未以后

（十五）自己的檢討

（十六）四因煽动问题

（十七）艺术与习的问题

（十八）系联问题

（十九）我同张伯驹的关係

（二十）自己的檢討

（廿一）紀經到因事

（廿二）我平日的反动言论

（廿三）我的檢討

奚啸伯　一九五七年九月二十一日

奚啸伯手迹《我的右派言行》目录　21cm×17.5cm

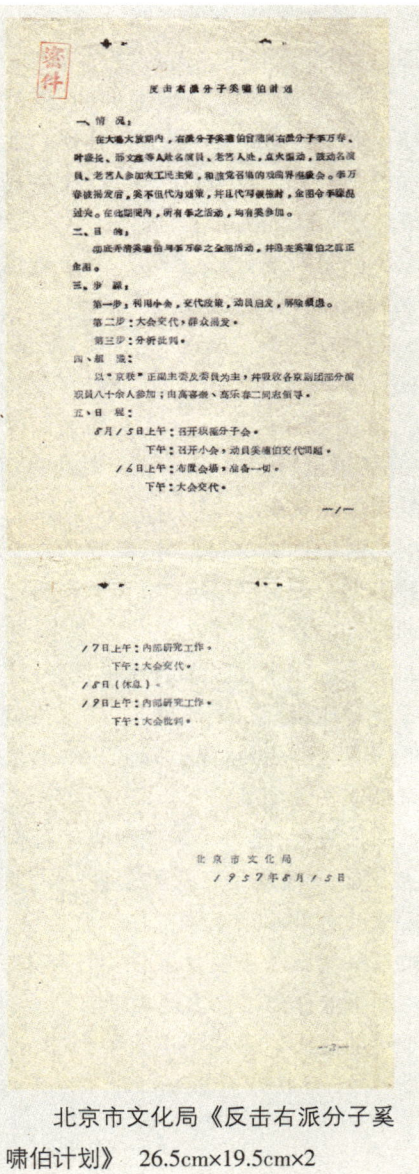

北京市文化局《反击右派分子奚啸伯计划》 26.5cm×19.5cm×2

演出，还一度参加沈玉斌组织的文风剧团，并参加石家庄剧团和北京京剧四团。

1950年5月，奚啸伯仍用"裕善社"名义，组班演出，主要演员有陈永玲（旦行，戏曲学校毕业）、孙毓堃（武生，斌庆社生科）、刘连荣（净行、富连成生科）、江世玉（小生，富连成生科）、王少亭（生行，十岁从张鸿建学）、萧盛萱（丑行，富连成生科，萧长华之子）、金少臣（净行，十二岁从刘砚亭学）。裕善社经常演出的剧目有：《失街亭》、《甘露寺》、《宝莲灯》、《捉放曹》、《洪洋洞》、《法场换子》、《群英会》、《战蒲关》、《苏武牧羊》、《杨家将》、《白蟒台》、《连营寨》、《搜孤救孤》、《击鼓骂曹》、《四郎探母》、《乌龙院》、《浔阳楼》、《四进士》、《法门寺》、《打渔杀家》、《八大锤》、《红鬃烈马》、《御碑亭》、《汾河湾》、《天水关》、《审头刺汤》、《二进宫》、《桑园会》、《借东风》、《黄金台》、《打棍出箱》、《打严嵩》、《珠帘寨》、《玉堂春》、《战宛城》、《翠屏山》、《花田错》、《十三妹》、《拾玉镯》、《铁笼山》、《长坂坡》、《英杰烈》、《辛安驿》、《挑滑车》等。

1952年，奚啸伯参加石家庄剧团。不久，他离开石家庄，自己组织"啸声京剧团"，赴各地演出。1956年夏，奚啸伯参加北京京剧四团。1957年，奚啸伯脱离北京京剧四团，再次参加石家庄剧团。之所以一会儿自己组团，一会儿又加入别的剧团，奚自己认为政府是"重大轻小"，自己组的团不受政府重视，因此上座率不高，无法维持。离开京剧四团，也是因为得不到政府的重视，他曾经与李万春策划，想把当时的京剧一团、京剧四团、新兴京剧团、春秋京剧团和燕鸣京剧团合为一团，与北京京剧团对抗。鸣放时期,奚被打成右派。1957 年 8 月 8 日,奚啸伯从石家庄被调回,令其交代问题。

奚啸伯被打成右派的罪名主要四个方面:

一、诬蔑反右派运动:

1. 奚说:农工民主党大部分党员,也不见得都是右派分子。就拿章伯钧、李伯球来说吧,错误准有那么多吗?准有那些事吗?这就是欲加之罪何患无辞!我看,章、李错误是有,不过是思想问题。这次运动是一阵风,过去没事了。他们还是照样上班,照样当部长。

2. 李万春被揭发后,奚说:他的问题"主要是逞能,是好出风头",是戏曲界拿他"当典型来学习"的,因为他"有名"。

3. 反右运动开始后,奚说:怪不得梅兰芳和李少春当初都一鸣不鸣呢,原来他们是知道有这一"收"。

二、以"外行不能领导内行"为借口,反对党的领导。

1. 奚说:政府干部只能领导政治,不能领导业务;剧团一定要由内行来领导。

2. 奚说:剧团里的党团员,既无能,也无用;辅导员和假的一样。

三、反对戏曲改革:

奚说:"京剧已是登峰造极,没法再改了。"因此,他认为现在的戏曲改革是:这不叫戏改,而是乱改,是摧残京剧。

四、利用投机取巧,"提高"艺术品位:

1. 对于政府,奚是一贯不满的,他的戏不上座,就认为"政府不支持"。他说:"北京曲艺团的《杨乃武与小白菜》上座,主要是周总理看了,他们又登了报,这才来了一百多个满堂。如果我的《范进中举》,周总理也看一下,也得来一百多个满堂。"

2. 奚在动员别人加入民盟(他自己是盟员)时说:"入盟以后,就有了政治地位,将来填表时,也不是白丁了;也有人替我们说话了;走到哪里也有照顾了。"他所说的"照顾"主要是指组织观众。

据当时的档案材料记载,奚啸伯在交代会上并不是很配合的,他一直在解释自己言行的动机,但最终,北京市文化局做出:建议撤销北京市京联常委及办公室主任;并建议石家庄专署撤销其京剧团团长,薪金可适当的降低(初步意见可将原薪降低 30%),仍保留北京市京联会委员。

奚啸伯先生,是一个极其热衷于社会活动的人,他一直是北京京剧公会的常务委员,后来改称北京市京剧工作者联合会,奚啸伯被选举为常务委员并兼任主任秘书,为振兴京剧事业作出了许多的贡献。

十年动乱中,奚啸伯再次受到冲击,因患半身不遂,于 1977 年病逝。

李万春

于「猴戏」的革新创造

李<ruby></ruby>万春谱名伯，字鸣举，乳名长顺，曾用艺名客串李，其父好友中医赵安伯为其取艺名"万春"，意在"万古长春"。他是满族正黄旗人，原籍河北省雄县，1911 年，也就是清宣统三年(辛亥)农历八月十二日，出生于哈尔滨。

李万春的父亲李永利，是红遍江南、称绝一时的清末著名"武花脸"演员。李永利早年苦练出翻跟斗的过硬本领，曾充任临时的武戏演员。投身梨园后，据其身材魁梧等天赋条件，归工武净行当。享名后与李春利、刘春利、王永利被誉为武净"四利"。其演《白水滩》之青面虎，"打滩"时的跟斗过人；《嘉兴府》之鲍赐安，"盗私娃"时从三四张桌高的楼窗内"云里翻"下高，而手中竹篮内的"喜神"从未掉出；《收关胜》之关胜，扎靠、厚底、甩发并手执大刀从高台"云里翻"；《八蜡庙》之费德功，手执大刀翻跺子、蛮子过桌接镖走抢背，这都是令人叫绝的杰作。二十世纪初，与何月山合演《战马超》，旗鼓相当，享誉一时。二十五岁时与十五岁的孙炳财结婚，生有六子

李万春《美猴王》剧照

李萬春

李万春(1911-1985) 工武生。生
于 1911 年,河北雄县人,满族。幼
年从父亲李永利学习武功,七岁登
台演出,马连良曾授之以《南阳
关》、《李陵碑》、《打棍出箱》等剧。
1922 年在斌庆社搭班,首场演出
与蓝月春合作《战马超》,一举成
名,被誉为"童伶奇才"。后与梅兰
芳合作,曾随梅兰芳赴沪演出《林
冲夜奔》、《冀州城》、《长坂坡》等
戏,得到好评。1932 年自组永春
社,在京、津、沪一带演出,并拜师
杨小楼。1933 年在北京创办鸣春
社科班,培养了鸣、春两科学生近
300 人。四十年代组班鸣春社,编
演了一些新戏,如《田七郎》、《十八
罗汉斗悟空》等。他演长靠、短打、

李万春幼时之《八大锤》剧照

李万春幼时之《佟家坞》剧照

二女。长子、长女及五子夭折。李万春名为长
子实为次子,下面依次为桐春、庆春、圜春;次
女慧英排行为四,为武旦李金鸿前室。1955
年李永利病故大吉巷寓所,享年七十一岁。

四岁那年,李万春随父母迁居上海。六
岁上学读书,后随父李永利练功习艺。除了
接受家传外,李万春还先后受教于于德智、崔
凤鸣、项鼎新等老师,学《珠帘寨》、《碰碑》、

《洪羊洞》、《逍遥津》、《斩黄袍》、《状元谱》、
《盗宗卷》、《乌龙院》、《辕门斩子》等。他在七
岁就在上海以"客串李"之名登台献艺,在白
牡丹(荀慧生)主演的《三戏白牡丹》中首次登
台饰仙童,表演"五子夺魁"。自此随其父在班
中"借台演戏",曾演出《捉放曹》、《黄金台》、
《打棍出箱》、《珠帘寨》、《摩天岭》等。八岁时
便由其老姨陪同赴芜湖、安庆、扬州、无锡、苏

李万春申请组织"首都实验京剧团"时填写的申请书 26.5cm×40cm

箭衣戏、猴戏、关羽戏均见功力。嗓音清亮,念白清晰有力,身段边式漂亮,善于武戏文唱,武打有创新。常演剧目有《武松打虎》、《火并王伦》、《闹天宫》、《两将军》、《佟家坞》、《九江口》、《夜奔》、《长坂坡》、《恶虎村》以及《十八罗汉斗悟空》、《戚继光斩子》等。其子李小春继承父业,弟子有姜铁麟等。其孙李磊现为中国京剧院演员。

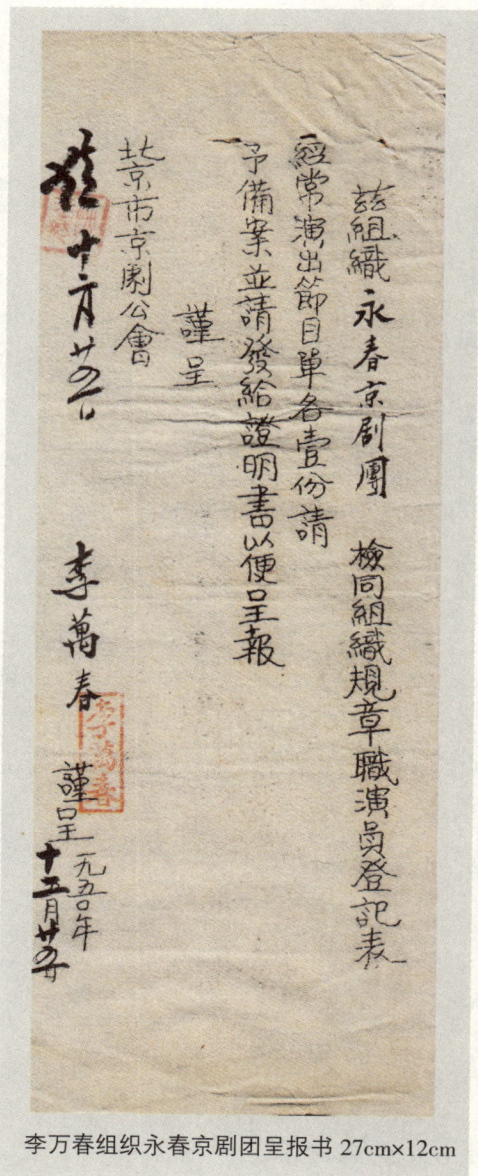

李万春组织永春京剧团呈报书 27cm×12cm

州等地演出。后又随其父赴杭州演出,自此小有名气。载誉返沪后,其父为使他博采多学,广请名师授艺,从杨瑞亭学《战马超》、《战冀州》;从张德禄学《潞安州》、《汤怀自刎》、《驱车战将》;从何月山学《三江越虎城》、《长坂坡》、《金钱豹》;从张德俊学《花蝴蝶》、《四杰村》、《快活林》;从刘奎童学《追韩信》、《徐策跑城》。随后在苏州、无锡、扬州、杭州一带演出,并改名李万春。值马连良先生抵沪演出,李万春得以拜见马连良先生并深得马连良喜爱,从马先生受教了《南阳关》、《李陵碑》、《打棍出箱》等戏,为他唱念功夫的发展起到了颇重要的奠基作用。之后又从应宝莲学了《目连救母》,此剧虽为老旦戏,但剧中刘清提有接叉、摔踝子并从高台摔下的精彩武技。

1923年9月,李万春才刚十二岁,李氏一门应"斌庆班"主事人俞振庭之约到北京搭班,李万春于三庆园演大轴《战马超》、《珠帘寨》、《四郎探母》,文唱、武打,技熟艺精,各有特色,被京城誉为"童伶奇才"。自此,李万春可谓春风得意,边演出,边广收博取,不但每天有马连良、尚小云等名家作看戏后的总结指导,而且他文戏问艺余叔岩,武戏投师杨小楼,两位大师认真传艺,宠爱极致,均收认他为螟蛉义子。后随斌庆社赴济南演出,应邀的余叔岩演《八大锤》,让李万春饰陆文龙,这是余氏有意的提携,亲传了此戏。后来,余叔岩先生还让李氏全家迁入大吉巷余氏之房。

李万春戏路宽广,长靠、短打、箭衣戏皆能。

唱念吞吐有力，身段边式利落，能戏数百出，《佟家坞》、《阴阳鱼》、《田七郎》、《大力将军》等为其独有剧目。武松与黄天霸戏均有独到之处。黄（月山）派戏《独木关》、《百凉楼》、《剑峰山》、《莲花湖》、《麒麟山》等，受教于李古瑞，并得其岳父李桂春指点。关羽戏受教于程永龙、林树森、李洪春。

1926 年，得梅兰芳提携，受邀南下上海演出《林冲夜奔》、《战冀州》等，享誉沪上，并得"小达子"李桂春青睐，将其次女幼秋（李少春二姐）许与万春。1931 年，组"永春社"，在京、沪以及济南、青岛、武汉、东北各地演出，大受欢迎。1936 年，新华影业公司为其拍摄了黑白有声京剧影片《林冲夜奔》。

1938 年，在其父李永利的支持下，李万春于大吉巷 8、9 号（今北大吉巷 19、21 号）两四合院内创办科班，取鸣举、万春之号各一字定名"鸣春社"。该科班原计划招收"鸣"、

新排剧目名称	服装名称	件数	布料	布数	说明
二本济公传	大悲楼楼片	一件	白布	八十四尺	一丈三尺高三尺宽共用七块合八十四尺
	隔天楼楼片	一件	白布	三十六尺	一丈三尺高三尺宽共用三块合三十六尺
	墙子	二件	白布	四十二尺	六尺高三尺宽七片合四十二尺
	大软片	一件	白布	一百五十尺	一丈五尺高,十幅合一百五十尺
	电影幕	一件	漂白布	五十尺	剧中加演电影用漂白布五十尺

李万春任北京京剧团团长时演出有机关布景的《济公传》时布景材料申请单　19cm×26.5cm

"春"、"佳"、"乐"四科，实际只办了"鸣"、"春"两班。先后培养"鸣"、"春"两科学生近300人，培养出于鸣奎、马鸣喆、王鸣仲、王鸣泳、关鸣林、朱鸣秀、刘鸣才、刘鸣宝、刘鸣恭、吴鸣申、李鸣升、李鸣鹤、陈鸣彤、张鸣福、张鸣禄、张鸣宇、杨鸣庆、杨鸣孝、周鸣岐、胡鸣忠、赵鸣复、洪鸣珠、郝鸣超、郝鸣振、徐鸣策、钱鸣业、常鸣晋、常鸣莲、萧鸣董、焦鸣荣、董鸣寿、蔡鸣菜、谷春章、吴春奎、张春孝、张春德、张春林等及其弟桐春、庆春、圕春等。鸣春社常演连台本戏《济公传》、《文素臣》及应节戏《天河配》等。排演了很多新戏。如《田七郎》、《佟家坞》、《阴阳鱼》、《羊角哀》、《十八罗汉收大鹏》等。四十年代初，李万春的鸣春社还在庆乐园演出有机关布景的《天河配》和《济公传》等，在庆乐园舞台上营造出灯光变幻的布景，使观众耳目一新。1948年，鸣春社报散。

李万春猴戏亦颇擅长，刻画美猴王的神态，灵捷机智，不俗不野。李万春演猴先学杨小楼，但受益最多的是溥仪的胞叔贝勒载涛。《安天会》为清贝勒载涛所授。载涛(1887—1970)号野云，为溥仪胞叔。武生票友，既能长靠又能短打，更擅猴戏。其武工扎实，所演《铁笼山》、《金沙滩》、《白水滩》、《水帘洞》、《安天会》等，深为内行所称道。其《安天会》，与杨小楼同出一师，均为张淇林亲授。除武生戏外，还能演《青石山》的周仓、《贵妃醉酒》的杨贵妃等。梁小鸾曾向其学过《醉酒》。李万春整整向涛贝勒学了三年。载涛特别传给了他演

猴的秘诀："人学猴、猴学人。"按他后来悟出的道理就是，舞台上演的是人格化的猴。在《安天会》"偷桃"一场，李万春练出了一种技巧，在舞台上吃真桃，转圈啃皮不断，最后用手一抻提起一长条果皮，常常满堂好。

李万春在前人基础上发展了新的脸谱。过去猴的脸谱有三种勾法："倒栽桃"(载涛用此勾法)、"一口钟"(杨小楼用此勾法)、"反葫芦"(李万春先生内弟李少春用此勾法)。"倒栽桃"上圆下尖与现实中猴脸相近，李万春选择了这种勾法。为了增加美感，他逐渐发展变化，勾脸红白分明，减少生线条，给人以干净、明快的喜感。而且在接近耳朵的地方加上棕色，给人以猴毛的感觉。在耳旁鬓角处还塞以毛球，类似武松的鬓边发髻，给人以干练利落的感觉。李万春自己演《安天会》"八卦炉炼猴王"中还在猴脸两眼的眼圈勾上金色(以前别人演猴是不上金色的)，表示已练成火眼金睛。到"受封斗圣佛"时就成了满脸金色，表示已成正果。这些都是他的创造。

除《安天会》外，李万春后来排演了很多猴戏，基本循着《西游记》小说中的顺序，如《石猴出世》、《花果山》、《水帘洞》、《闹龙宫》、《闹地狱》，加上《安天会》、《五百年后孙悟空》、《收白龙》、《收沙僧》、《收八戒》、《三打白骨精》、《真假美猴王》等等；他在这些戏中塑造了各种孙悟空的形象，而且以黏、勾、搭、挂等各种技巧，获得观众的喝彩。李万春的猴戏虽得载涛、杨小楼真传，但又有改革创新，

他的表演细腻,刻画猴的心理极为生动传神,至今可以说后无来者。

新中国成立后,李万春于 1950 年底申请组织了永春京剧团,他自任团长。副团长是毛庆来和于斌安(均为武生,且都是斌庆社生科)。演员阵容不强,许多出自鸣春社坐科。1952 年 6 月 16 日,那一年他四十二岁,他向北京市文化局申请组织了首都实验京剧团,由于内部制度健全,执行了所规定的制度,因此一经申报,当即得到了批准。在经历一栏中,他填写到:七岁随父学戏,十一岁正式演出,十三岁到京入斌庆社,十六岁随梅先生去上海轮流各地。廿一岁结婚,组成永春社,各地演出至五一年,加入首都京剧团。从职演员经历表中看到, 这个剧团的名角并不多。但队伍庞大。团长李万春,副团长李盛藻,演职员 81 人。演出的剧目:《群英会》、《借东风》、《华容道》、《甘露寺》、《柴桑关》、《林冲夜奔》、《火并王伦》、《兄妹开荒》、《鱼腹山》、《白良关》、《女起解》、《凤吉公主》、《清官册》、《黑松林》、《金山寺》、《铁弓缘》、《走麦城》、《野猪林》、《四杰村》、《姑嫂英雄》、《连营寨》、《白帝城》、《三岔口》、《将相和》、《红娘》、《过五关》、《古城会》、《贺后骂店》、《嘉兴村》、《刺巴杰》、《草桥关》、《巧连环》、《潞安州》、《两狼关》、《八大锤》、《吕布与貂蝉》、《智激美猴王》、《新大名府》、《武松》、《锁五龙》、《穆天王》、《穆柯寨》、《伐子都》、《猴王洞》、《水帘洞》、《斩华雄》、《捉放曹》、《打督邮》、《三结义》、《十八罗

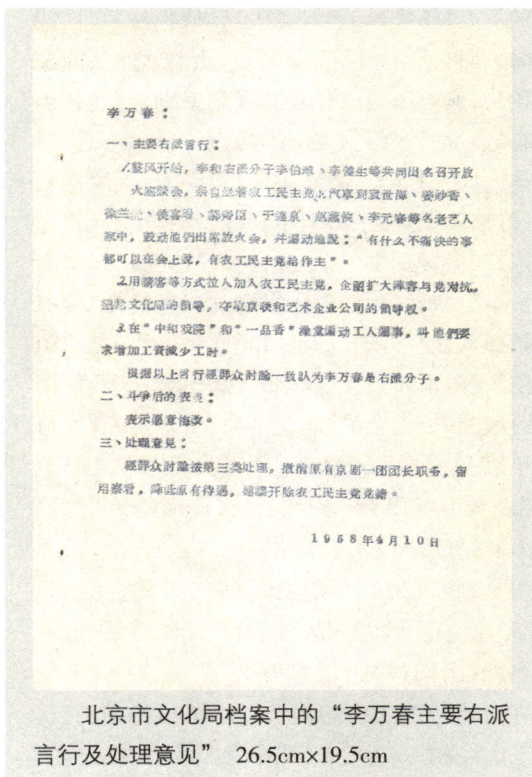

北京市文化局档案中的"李万春主要右派言行及处理意见" 26.5cm×19.5cm

汉战大鹏》、《反西凉》、《诈历城》、《战冀州》、《两将军》、《战渭南》、《金钱豹》、《白马坡》、《屯土山》、《斩六将》、《百鸟朝凤》、《花蝴蝶》、《清风寨》、《金锁阵》、《鱼肠剑》、《真假李逵》、《挑滑车》、《翠屏山》、《金雁桥》、《战太平》、《水泊七雄》、《酒丐》、《孔雀东南飞》、《木兰从军》、《通天犀》、《杀四门》、《李家店》、《盗仙草》、《四劝》、《艳阳楼》、《扈家庄》、《长坂坡》、《汉阳院》、《枪挑小梁王》、《盗御马》、《真假美

猴王》、《杨排风》、《虹霓关》、《战长沙》、《摇钱树》、《四进士》、《辛安驿》、《九纹龙》、《抗金兵》、《廉吏风》、《浔阳楼》、《霸王别姬》、《开山府》、《黄金台》、《十道本》、《十八罗汉斗悟空》、《法门寺》、《战濮阳》、《黄一刀》、《姚期》、《打渔杀家》、《水淹七军》、《武松打虎》、《打龙袍》、《平贵别窑》、《二进宫》、《战宛城》、《李七长亭》、《闹江州》、《九龙杯》、《凤凰岭》、《搜孤救孤》、《取洛阳》、《九江口》、《失街亭》、《花田错》、《白水滩》、《战滁州》、《蟠桃会》、《八仙门白猿》、《单刀会》、《能仁寺》、《普球山》、《五百年后孙悟空》、《悦来店》、《大保国》、《小放牛》、《丁甲山》、《下河东》、《汾河湾》、《骷髅山》、《打瓜园》、《金沙滩》、《红楼二尤》、《过霸州》、《牧虎关》、《凤还巢》、《御果园》、《状元印》、《逍遥太岁》、《战合肥》、《劫魏营》、《逍遥津》、《南阳岗》、《玉堂春》、《五人义》、《宝莲灯》、《铡美案》、《挂印封金》、《灞桥挑袍》、《铁笼山》、《击鼓骂曹》、《阳平关》、《汉津口》等。

李万春是农工民主党党员，1957年，被打成右派。当年北京市文化局的右派分子档案（1958年4月10号）记载有李万春的主要右派言行和处理意见。

一、主要右派言行：

1.整风开始，李和右派分子李伯球、李健生等共同出名召开放火座谈会，亲自坐着农工民主党的汽车到袁世海、姜妙香、徐兰沅、侯喜瑞、郝寿臣、于连泉、赵燕侠、李元春等名老艺人家中，鼓动他们出席放火会，并煽动地说："有什么不痛快的事都可以在会议上说，有农工民主党给作主。"

2.用请客等方式拉人加入农工民主党，企图扩大阵容与党对抗，摆脱文化局的领导，夺取京联和艺术企业公司的领导权。

3.在"中和戏院"和"一品香"澡堂煽动工人闹事，叫他们要求增加工资减少工时。

根据以上言行，经群众讨论一致认为李万春是右派分子。

二、斗争后的表现：

表示愿意悔改。

三、处理意见：

四、经群众讨论，按第三类处理，撤销原有京剧一团团长职务，留用察看，降低原有待遇，建议开除农工民主党党籍。

按照奚啸伯先生的说法"李万春这个人没有什么，就是逞能，好出风头，是冤枉了……"

他的弟子有姜铁麟、董文华、马少良、石庆福、韩增祥等。

1985年，他逝世前在北京演出了《古城会》、《连环套》、《武松打虎》的折子戏。万春先生神采飞扬，唱腔响遏行云，而那时他已是七十四岁的老人了。不料月旬之后，他便骑鹤而去，魂归道山。

李万春先生亦善丹青，曾拜师张大千学画。他能当场作画，所画墨菊，淋漓而有韵致。

著名京剧表演艺术家王玉蓉，嗓音清朗圆润，有铁嗓之称，扮相雍容华美。她毕业于上海进德中学，在民国时期乃至五六十年代的京剧界，算是个文化人，尤其是女演员，她是文化高的了。敝斋所藏1952年7月6日蓉青京剧团上报给北京市文化局的剧艺团社申请书，即为王玉蓉亲笔填写的，钢笔字写得娟秀、熟练。那一年她四十岁，她任团长，她的女儿王贞观（艺名小王玉蓉）二十一岁，也是中学毕业，学校是上海光华中学。她们母子都是王瑶卿的弟子。而蓉青京剧团团长是王玉蓉，主要演员排在第一位的是小王玉蓉。

王玉蓉原名王佩芬，本是苏州人，生于上海一个木匠家庭。她起先与演艺并无瓜葛，在就读于上海明德中学时，她的人生理想是做一名医生。遗憾的是初二那年，其父病重，因生活所迫而辍学。无奈之下，经人介绍从于莲仙学京剧，工花旦，艺宗程（砚秋）派。十六岁时，她就以王艳芳的艺名，在南京夫子庙的群芳阁、天韵楼等茶社清唱，由于她嗓音甜美嘹亮，不久就誉满秦淮。在一次群芳阁举办的"歌后"评选中，王玉蓉得票最多，被推上"歌后"宝座，名声大噪。王玉蓉于南京夫子庙群芳阁、天韵楼、飞龙阁等茶楼演唱时，同台献艺者还有绿牡丹、李晓峰和后来成为京韵大鼓艺术家的"小彩舞"骆玉笙等。

十九岁那年，王玉蓉得到同窗好友已是师长夫人的顾菊英资助，登程北上到举目无亲的京都投拜名师。几经周折，通过王瑶卿先生的公子王幼卿引荐，拜在王瑶卿门下。在"丰泽园"饭庄的拜师会上，有人问她是唱哪派的？她回答"程派"，恰好程砚秋先生出席了这场拜师会，便搭腔问道："爱唱哪一出？"她说："唱的最多的是《芦花河》。"于是王瑶卿就让她唱了一段，唱罢众人鼓掌称赞。但王瑶卿并不认可，只是肯定了她的嗓子很好，"板、眼"都没有。看到王玉蓉

王玉蓉（1913-1994）原名王佩芬，上海人。幼年读书，后因父病辍学，拜于连仙为师学京剧，工花旦。1929年以王艳芳艺名在厦门演出《十三妹》等剧，初露头角。1933年到北京拜王瑶卿为师，专工青衣，三年苦练，技艺渐精。以王玉蓉剧团在长安大戏院开幕公演，获得成功。随后王瑶卿又为其排演全部《王宝钏》、《乾坤福寿镜》等剧，名声大增。金仲仁、姜妙香、杨宝森、裘盛戎、李洪春、李多奎、奚啸伯等名演员，均搭其剧团演出。她嗓音圆润清脆，扮相雍容华美。擅演的剧目有《王宝钏》、《孔雀东南飞》、《三娘教子》、《窦娥冤》、《四郎探母》、全部《雁门关》、全部《孙夫人》、《艳云亭》、《渔家乐》等。

王玉蓉申请组建蓉青京剧团时，北京市文化局主管部门的审批意见　28cm×21cm

兹組織蓉青京劇社檢同組織規章職演員登記表經常演出節目單各壹份請予備案並請發給證明書以便呈報

謹呈

北京市京劇公會

准の一六

蓉青京劇社
王玉蓉

謹呈一九五二年四月十日

蓉青京剧社呈报北京市京剧公会的有关资料　27.5cm×12cm

有些灰心，王瑶卿鼓励她："你想成好角儿吗？想成好角儿，可要吃苦啊！"自此以后，王玉蓉便跟着王瑶卿先生学戏，专攻青衣，王瑶卿教她的第一出戏是《女起解》，开头的四句摇板，就教了半个月，直到满意为止。后来，相继教了她《金水桥》《李艳妃》《宝莲灯》等戏，还专门为她排了一出《艳云亭》（即《孔雀东南飞》）。这个戏里快板特别多，王瑶卿告诉她，唱戏的要诀是"慢板不慢，快板不快，以字带腔，着重气口"。王玉蓉后来对人说，王师传授的这十六字真言，使她一生受用不尽。

王玉蓉是上海人，有些字发音不准，必须通过吊嗓纠正，于是王瑶卿就让她对着镜子找口形。每次在吊嗓之前，王瑶卿就让她一口气喝足了水，只要胡琴一响，就再也不许喝了，这样做的目的是培养她在台上不"饮场"的习惯。在后来的舞台生涯中，王玉蓉在台上从无"饮场"的习惯，即得益于当年恩师的严厉要求。每天王玉蓉就是这样一炷香接一炷香地唱下去，有时一唱就是两三个钟头，就是嗓子唱哑了，也不许停止。每当发现不对之处，王瑶卿先生立即给予纠正。一次，唱着唱着王玉蓉竟一字也唱不出来了，她很担心，以为嗓子坏了。可王瑶卿却不以为然，分析她唱不出的原因是："以前想怎么唱就怎么唱，不受字眼管着，嗓子自然好。现在有字眼管着，不会唱了，所以唱不出来了。"并肯定地告诉她，不用担心，过几天就会好的，等到几出戏一唱下来，嗓子会使了，嗓子就会一劳永逸了。王瑶卿先生还常向王玉蓉

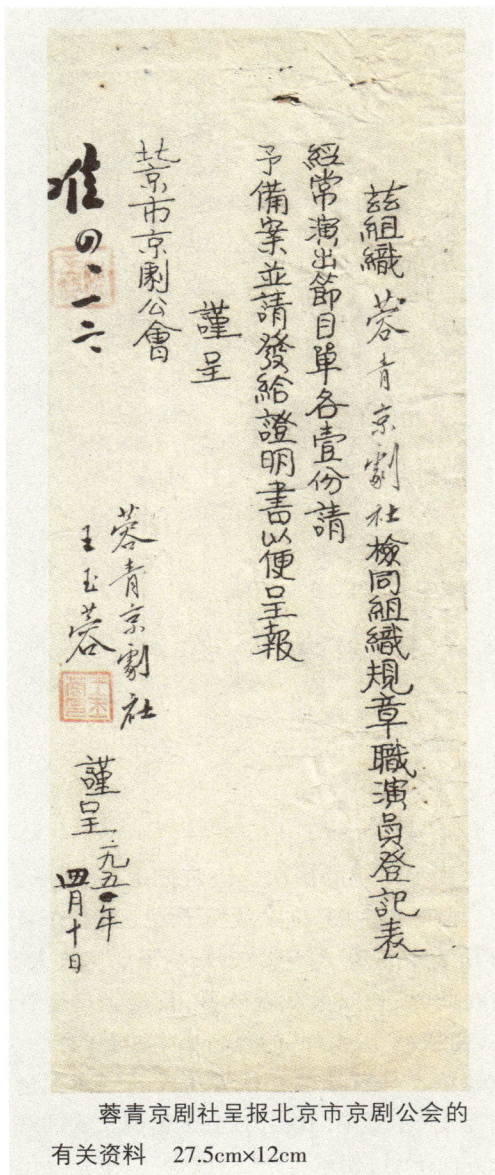

王玉蓉亲笔填写的"蓉青京剧团"申请书首页　27cm×40cm

灌输这样一个观点，他说："学戏不要着急，它跟到银行存钱的道理一样，钱要一点一点地去挣，把挣到的钱存在银行里，花起来方便。"王瑶卿是要告诉王玉蓉：银行里要是只存几块钱，要想花几百元就办不到了。学戏也是这个道理，要想出人头地，就要下苦功。就这样日复一日，年复一年的三年苦练，王玉蓉技艺日精，王瑶卿先生认为她的爱徒已然达到了一定的层次，决定让她在北京亮相。但好事多磨，许多戏园子因王玉蓉来自南方，恐怕北京人不买账，影响了票房收入，恰在此时，长安大戏院开幕，首任经理金仲仁（荀慧生"庆生社"的著名小生，与张春彦、芙蓉草、马富禄被誉称为荀氏的"四大金刚"。）来王家串门说起社会上传说长安的戏台方向不对，朝东是个"白虎台"。也就是说是"凶台"。还传说那天夜里"祭台"时，本来只有一人装扮女鬼，竟然出现了两个鬼影等怪事，越传越玄乎，这下可好，角儿们都不敢来这儿演出了。金老板懊恼地说："您说，那么好的戏园子，请谁谁都不愿唱，真急死人了！"王瑶卿先生听罢大喜，暗想真乃天助！

此时王玉蓉也在场，于是他对金老板说："您先别着急，玉蓉不怕鬼，我让她去唱。"王玉蓉说"全听师傅的安排。"可金仲仁并不领情，他认为这个1200多个坐席的大戏园子，若是贴出"王玉蓉"三个字，人家不认，不上座怎么办？看出了金老板有疑虑，乘王玉蓉

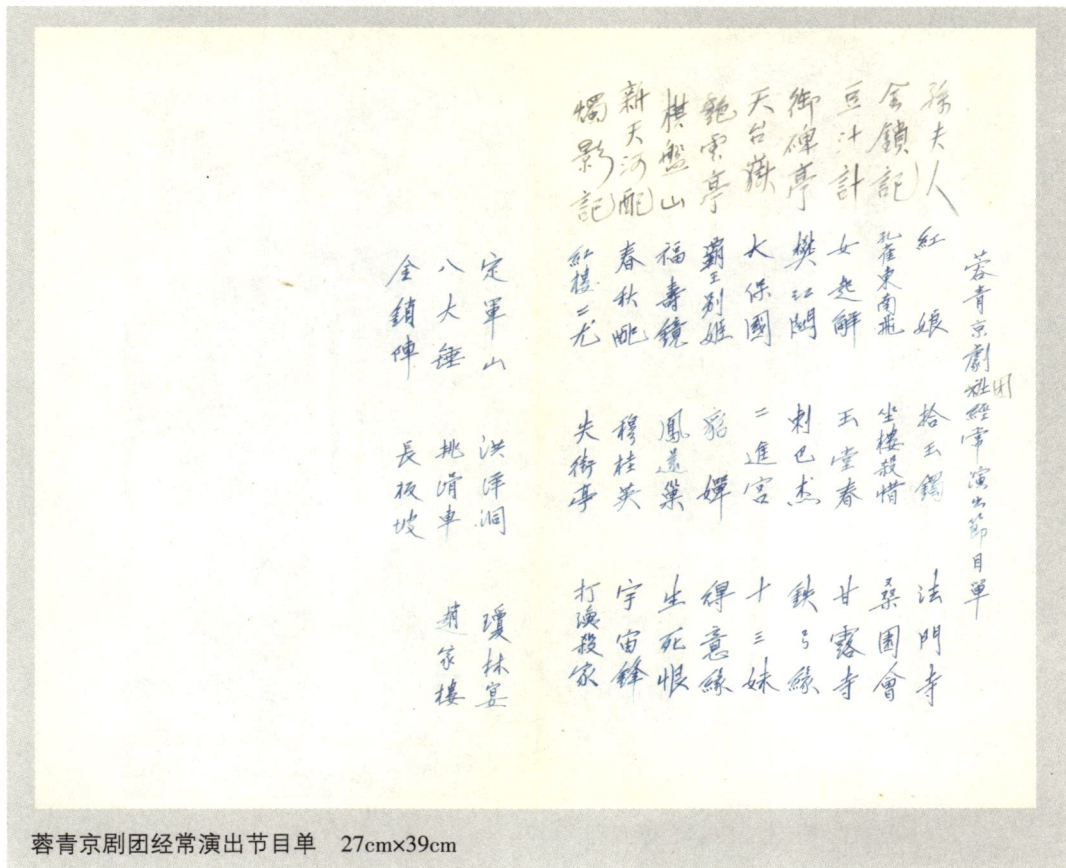

蓉青京剧团经常演出节目单　27cm×39cm

马连良与王玉蓉《武家坡》剧照

出去之时，王瑶卿告诉金老板说"我是她师父，没把握我能让她唱吗？"有了王瑶卿先生的这句话，金老板放心地走了。很快就和长安大戏院签了约，王玉蓉挂头牌，须生为管绍华。长安大戏院门前贴出告示："由王瑶卿为徒儿把场，亲自上台。"这个告示，起了不小的广告作用，观众震于通天主教王瑶卿的大名，又觉得"把场"一举新鲜，买票非常踊跃，戏院上下座无虚席，把金老板乐坏了。开场的那天，场内气氛极为高涨，台下观众全是捧场的，台上演员阵容又是旗鼓相当，而且全都格外卖力气。场内掌声、叫好声接连不断，后台把场的王瑶卿先生更是激动万分，几年的心血耕耘，终于看到了成果。

自此以后，王瑶卿又为王玉蓉排演全部《王宝钏》《乾坤福寿镜》等剧。《王宝钏》的八出戏，在王瑶卿的授意下，串连成一台戏，包括《花园赠金》《彩楼配》《三击掌》《平贵别窑》《探寒窑》《武家坡》《算军粮》《大登殿》，王玉蓉饰王宝钏，她一人饰演王宝钏到底，整整演足四小时，这是一般演员望尘莫及的，为此王玉蓉曾有"王八出"之雅号，被誉为"铁嗓青衣"而享誉剧坛。

王玉蓉亦喜丹青，曾拜袁寒云为师学习绘画。因她先后拜了王瑶卿和袁寒云两位名师，其师兄胡铁畊便将两师之名各取一字，为王之寓所起名为"卿云楼"。

新中国成立后，1950 年 4 月，王玉蓉申请组织"蓉青京剧社"，并自任团长，那年她四十岁。1958 年调往长春，任吉林省京剧团副团长，毛世来任团长。1960 年剧团改为剧院建制，王玉蓉与梁小鸾任副院长。退休后，王玉蓉返京定居崇外安化楼。1994 年 6 月 8 日病逝于天坛医院，享年八十二岁，安葬于华夏陵园。

王玉蓉的女儿王贞观，艺名小王玉蓉，亦为京剧著名旦角演员，她毕业于上海光华中学，也从于王瑶卿先生，她的首次登台恰好是在她的母亲王玉蓉在长安大戏院首次登台亮相整十年，而且也是在长安大戏院，同是演出《四郎探母》，由迟世恭扮演杨四郎，只是把场是她的母亲王玉蓉，不是王瑶卿老先生。1950 年 4 月，王玉蓉申请组织"蓉青京剧社"，在北京市文化局的"团社登记初审意见书"的"演员阵容"一栏，审批者对小王玉蓉的评价是"主要演员小王玉蓉是比较有发展前途的演员。小王玉蓉的丈夫是著名京剧演员马长礼，曾在现代京剧《沙家浜》中饰演刁德一。

叶盛兰先生出身于京剧世家。他的曾祖父叶廷科，清道光年间从太湖贩茶、笋至京，后定居。祖父叶中定始入梨园，学艺于老嵩祝班，后为四喜班净角台柱。他的父亲叶春善坐科于杨隆寿小荣椿科班。1904 年，叶春善创办著名的旧式京剧学校富连成社并终身任社长，是成就卓越的戏曲教育家。叶盛兰系叶春善四子。

叶春善先生膝下有五男四女，五个儿子全部继承父业，从幼年起，哥儿五个都进入"富连成"学习京剧，而且都很有成就。老大叶龙章，生于 1906 年，六岁入私塾，七岁入小学，同时一面在"喜连成"二科学练基本功，十岁随大师兄雷喜福学老生戏。后一度去东北军供职。1934 年叶春善患半身不遂，把龙章叫回接"富连成"社长职务。1936 年秋，北京大、中学校京剧爱好者及广大观众给各报写信，倡议进行京剧童伶选举，时任富连成社社长的叶龙章，即是积极策划和重要组织者。他代表富连成社与《立言报》社长金达志商妥，由该报发出专门接待各界投票的消息，逐日在报上发表投票数字，并约请"韵石社"几人来报社监督。规定投票日期为半个月，到期查点票数，中华戏曲学校和富连成社负责人及《实报》、《实事白话报》、《北京晚报》、《戏剧报》亦派人当场查验票数。选举结果，富连成社的李世芳得票约万张，当选"童伶主席"。生部冠军王金璐，亚军叶世长（即叶家老五叶盛长）；旦角冠军毛世来，亚军宋德珠；净角冠军裘世荣（即裘盛戎），亚军赵德钰；丑角冠军詹世甫，亚军殷金振。选举结束后，于虎坊桥富连成社举行庆祝大会，并于当晚在鲜鱼口内华乐戏院举行加冕典礼，由李世芳，袁世海演出了《霸王别姬》。童伶选举后，仍由《立言报》主持，选出李世芳、张君秋、毛世来、宋德珠为"四小名旦"。叶龙章接替乃父任富连成社长直至 1945 年"富连成"解体。叶家弟兄中叶龙章先生是最长寿的，终年八十一岁。

叶盛兰与「叶派」小生的传承

叶盛兰

叶家老二叶荫章，是五弟兄中唯一没有登台的，他幼时先是入"福清社"，后转"富连成"，随唐宗成学"武场"（即打击乐），学成后即留富连成社任教，后因病去世。

老三叶盛章，字耀如，1912年生，幼入"福清社"，学花脸，因该社解散，又入"富连成"社，后根据总教习萧长华建议，改学武丑，受王长林赏识，亲授拿手剧目，如《九龙杯》《藏珍楼》《时迁偷鸡》《酒丐》等，最终成为丑行中的"叶派"。"文革"中受迫害致死，时年五十五岁。

叶盛兰是叶家老四，他字芝如，1914年生，幼入"富连成"社，先学青衣花旦，根据萧长华建议，改学小生，竟出类拔萃，世称"叶派"。小生行中真正被誉为一派传世，除了"姜派（妙香）"，就是"叶派（盛兰）"了。叶盛兰先生文武兼擅，昆乱不挡，举凡雉尾生、扇子生、穷生、靠把小生乃至昆曲中的宜生无一不能，无一不精；他所创造的周瑜、吕布、许仙、周仁等角色，皆栩栩如生，非同凡响，世有"活周瑜"之誉。这一切在此处不细表，留待下文。

叶家老五名盛长，幼入"富连成"社，原名"世长"，后因要与胞兄名字划一，随易名盛长。攻文武老生，深得雷喜福、马连良等名家传授，文武兼擅，能戏颇多。同其三哥叶盛章、四哥叶盛兰一样，"文革"时期叶盛长也遭到迫害，待到拨乱反正后重返舞台，已然劳累致疾，后专以传授后生为乐事。

此外，叶春善老先生尚有四女，她们虽未从事京剧，但都与京剧结"缘"。长女玉琪，嫁给名小生茹富兰。 次女玉琳，许配老生演员宋继亭。三女过继给四姨母，易姓杨。四女惠蓉，与萧长华之子萧盛萱结婚。另有一义女叶萍，嫁给名丑马富禄之兄长。

以上是叶氏一门二代的情况。叶家到了第三代依然未换门庭，第三代从事京剧艺术的共有十人，计有八男二女，他们当中生、旦、净、丑皆有，其中出类拔萃者不乏其人，如叶蓬、叶少兰、叶金援等都是知名度很高的。

以下，再用些笔墨专门详述叶盛兰先生的从艺经历和成就。

叶盛兰六岁就读于北平师大平民小学，九岁奉父命，辍学从艺，入富连成社，排入第四科，"盛"字辈。开始他学习的是旦角，因英武有余，柔媚不足，于是萧长华向乃父叶春善建议，让他改学小生。这也是后来叶盛兰先生以小生挑班以后，能反串《木兰从军》《南界关》等旦角戏的根由。

在富连成科班，叶盛兰练功学戏特别刻苦，再加上张彩林、萧连芳、曹心泉、萧长华等名师的教授，基础牢，起点高。很快叶盛兰就学会了《辕门射戟》《罗成叫关》《奇双会》《借赵云》《八大锤》《黄鹤楼》《群英会》等小生戏。这里还要提到叶盛兰的姐夫茹富兰。茹富兰也是出身富连成的著名小生和武生艺术家，其表演以规范严谨而著称，叶盛兰的武小生戏得到了茹氏的悉心传授，《石秀探庄》《八大锤》《雅观楼》等戏都是

叶盛兰（1914-1978）原名端章，字芝如。原籍安徽太湖，生于北京。富连成创始人叶春善之四子。幼入富连成科班习青衣、武旦，后改习小生。先从张彩林、萧连芳学文戏，从茹富兰学武戏，未出科已崭露头角。出科后拜程继先为师，先后曾与马连良、言慧珠、章遏云、李玉茹等人合作。

茹富兰亲授，为叶盛兰之后成为文武全才的京剧表演艺术家奠定了非常重要的基础。

叶盛兰于 1930 年满科，按规矩他留在富连成科班的学生剧团里"效力"；同时，拜当时的小生泰斗程继先为师，以求深造，《群英会》、《临江会》、《借赵云》、《奇双会》、《打侄上坟》、《贪欢报》、《蔡家庄》、《玉堂春》等戏均为师之真传。特别是《群英会》中的周瑜，这出戏叶盛兰在科班时就跟班内的总教习、名丑萧长华老师学过。萧先生虽然是丑角，但是却是一位生旦净丑行行精通的奇才，他把当年观摩"同光十三绝"之一徐小香的心得体会传授给了叶盛兰。而叶盛兰拜程继仙为师后，又学到了程派《群英会》许多独特的表演。其中"舞剑"、"抚琴"的表演就是程继先与武净名家钱金福共同研究创造的。它不仅显示了繁难的技巧，而且形神兼备，从琴声剑影中渲染了周瑜的性格和咄咄逼人的气势。

1931 年秋，叶盛兰开始正式搭班。首先是应马连良之邀，正式搭入扶风社，为马连良配演《四进士》、《十老安刘》、《清官册》、《苏武牧羊》、《春秋笔》、《串龙珠》、《火牛阵》等剧，并合作演出《群英会》、《八大锤》等。叶盛兰在与马连良合作中相得益彰，充分发挥了个人所长。他同时先后与于连泉、华慧麟、言慧珠、吴素秋、李玉茹、张君秋等合演《红梅阁》、《独占花魁》、《得意缘》、《虹霓关》、《游园惊梦》等戏，其中与章遏云的合作达十年之久。演出了大量小生、旦角的"对儿戏"。

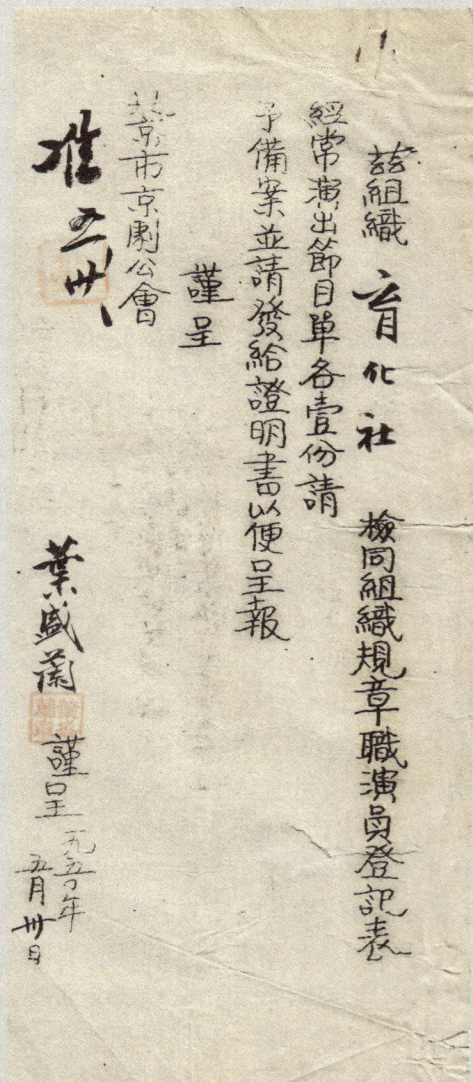

叶盛兰向北京市国剧公会呈报组建育化社的有关资料　27cm×12cm

1934 年,叶盛兰先生于上海首演《群英会》而名声大振。

　　抗战胜利前夕,1945 年夏,叶盛兰成立育化社,开创了京剧小生挑班的先例,先后演出了全部《周瑜》,全部《吕奉先》,全部《罗成》,全部《十三太保》,《水淹下邳》。他的雉尾生、武小生戏更取得突出成就,有"活周瑜"、"活吕布"之誉。新中国成立后,1950 年 5 月,叶盛兰的育化社在北京市文化局备案,他的五弟盛长和著名旦角陈永玲也在其中。陈永玲是旦角演员,原名陈志坚。他八岁学艺,九岁登台演出,十岁进中华戏曲专科学校学艺,为"永"字班学员。学校解散后,拜筱翠花为师,刻苦攻习"筱派"花旦。1941 年在天津先后与李宗义、李多奎、侯喜瑞、孙毓堃等同台演出,以"小筱翠花"名声誉满津门。1943 年组织玲声社。1944 年与张春华组班赴沪演出,以《小放牛》、《二进宫》双出连演五十余场,声誉渐震。1947 年李世芳逝世后,被补选为"四小名旦"之一。同年拜荀慧生为师。1948 年又拜梅兰芳、尚小云为师,博采众长,逐渐形成自己的艺术特色。武生梁慧超及净行名角孙盛文、丑行名角贯盛吉等依然在育化社效力。1951 年,叶盛兰率先响应政府号召,带领私人班社加入中国戏曲研究院京剧实验工作团。1955 年任中国京剧院一团团长,与杜近芳、张云溪、张春华、李少春、袁世海等长期合作,创演了《柳荫记》、《白

叶盛兰饰演石秀

叶盛兰饰演吕布

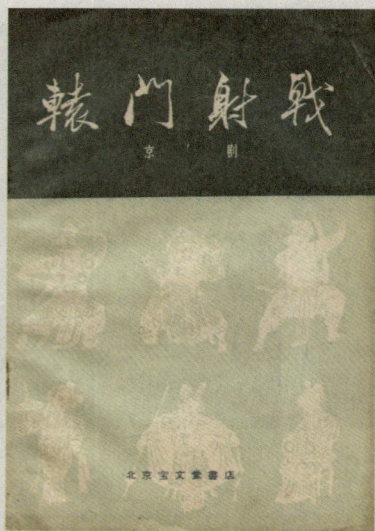

叶盛兰演唱京剧《辕门射戟》和《连环计》剧本

蛇传》、《桃花扇》、《周仁献嫂》、《九江口》，与其他名家也合作排演了《西厢记》、《赤壁之战》等剧目。1955年随中国艺术团首次赴西欧国家访问演出。1957年参加影片《群英会》、《借东风》的拍摄，留下了珍贵的音像资料。

叶盛兰对程门本派的剧目、表演、武打、工架和念、做诸方面的继承全面，并在多年的舞台实践中有重大的突破和发展，不仅青出于蓝，而且把程派小生艺术推向又一个新的高峰，其中最大的成绩在于唱功。唱法上，他远取德（珺如）、朱（素云），近摹姜（妙香）、金（仲仁），多方吸收了各家唱腔、唱法的精华，而使自己的唱腔华丽秀劲，并研创了反西皮唱腔。叶盛兰在五十年代以后，念白不需着意模仿而酷似程继先，语气音色，皆可乱真，腰腿功夫极佳，刀、枪、剑、棍等等开打纯熟脆帅，翎子甩发均有超出前人的表演技巧，《狮子楼》（饰西门庆）、《翠屏山》（饰石秀）等剧中翻扑功夫和武技均不在武生演员之下。中年以后上演了一批独有剧目，如全部《罗成》、全部《周瑜》、全部《吕布》等。叶盛兰全面地发扬了程派小生的艺术，被认为是当代小生的首席演员，中年以后更形成了自己的表演风格，成为当代最有影响的小生流派。

叶盛兰是自树一派的表演艺术家，他的嗓音宽厚圆润，气度大方，扮相英俊，表演细腻，他的行腔刚劲遒健，华丽婉转，是龙、虎、凤三音的总合，听他的演唱，似饮玉液琼浆，沁人肺腑，扮武将壮武健爽，英气逼人；演文生清秀飘逸，富有书卷气。他在京剧小生行的发展史上居于承上启下的地位，是极难得的人才，周瑜的志得意满、吕布的刚愎自负、罗成的悲壮苍凉，他都演的情真意切、惟妙惟肖，准确地把握舞台的节奏和分寸感，使表演的层次清晰，寓神情之真于声色之美，是叶盛兰表演艺术的主要特点。

正在他艺术创造力最为旺盛的时候，却受到某些权要人物的迫害。1958年，在"反右运动"后期被戴上右派帽子。敝寓所藏的北京市京剧公会旧档中，有"叶盛兰反党反社会主义言行材料整理"（摘要）和一些与他较为亲近或熟悉的人的"揭发材料"，我仔细阅读之后，大致了解了叶盛兰先生被错划右派的缘由，归纳起来揭发批判叶氏的"问题"有四个方面：

1. 揭发批判叶盛兰积极参与农工放火的筹划工作，争取对党不满的人向党开炮，带头向党进攻，表示积极参加农工，提出地位要求，煽动杜近芳也去放火，并追问其真正目的。

以上问题，也是叶盛兰的言论所致，如他就农工党组织的座谈会（亦称"放火会"）和五弟叶盛长说"要多请人，要大伙都谈谈。"并表示"我一定带头发言！"关于"积极参加农工党"的事情，事实上，叶盛兰是不太关心政治的，因此当叶盛长向他介绍农工党的情况后，他也只是说了一句"好！应该参加！"所谓叶盛兰就加入农工党"提出地位要求"，是叶盛兰就农工党联系人邢文鑫找他介绍入农工党后叶氏表示"我要参加农工党，凭邢文鑫来说不行，非章伯钧来争取我不可。""我参加农工党，如果不给我地位，我算个什么！"而后他通过他五弟叶盛长向邢文鑫提出"参加农工党有两个要求：第一见章伯钧；第二在京剧院成立党支部，才有群众基础。"关于"煽动杜近芳也去放火"，起因是他找杜近芳参加农工党的座谈会，杜拒绝参加，叶盛兰于是说"你是不是为了入党？入党又怎么样，不入又怎么样？你看我不入党，不照样是名演员吗！"

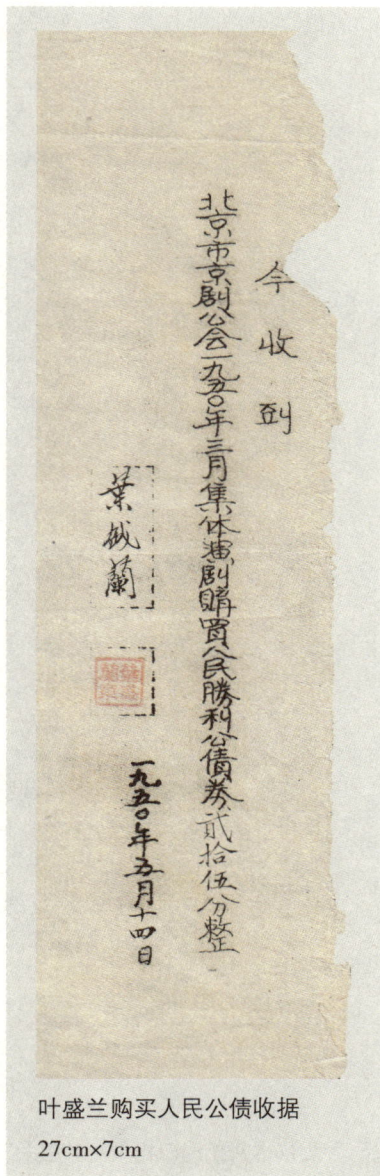

叶盛兰购买人民公债收据
27cm×7cm

叶盛兰反党反社会主义言行材料整理（摘要）

1.参加章、李反党联盟，积极参与筹划农工民主党的放火大会，向筹同盟会主义进攻。他和叶盛长研究筹划座谈会，提供一批对党不满的人的名单，以达到他反党、颠覆党、篡制京剧院的目的。如他说：「要多请人，叫大伙都发泄！」他对参加农工党也是相当积极的，当团长问他介绍农工党，说入了党可以当中央委员、政协委员，他从沙发上跳起来说：「好！应该参加！这下报仇雪恨的机会可到了。」「这回农工党座谈会，我非把仇雪恨不可！」「我要参加农工党，靠邢文蔚来说不行，非章伯钧来争取我不可。」「我参加农工，如果不给我地位，我算个什么！」又据叶盛长向邢文蔚提出：「参加农工党有两个要求：第一见章伯钧；第二在京剧院成立支部，才有群众基础。」邢文蔚向叶盛兰讲过：「恁你的理论、地位，入党后即可参与领导工作。……现在市委会和中央委员会都没有戏曲界的委员……市委会即要改选，中央也要改选……」，邢当即把章伯钧的家庭电话留给叶，要叶直接和章联系。对于农工党座谈会，叶积极筹划，并且表示：「我一定带头发言」！在农工党放火会后向叶盛长、郑亢检等人说：「今天真痛快，这是我参加京剧院来最高兴的一天」！他还尽量鼓动别人，找社近劳点火，拉社参加农工座谈会，杜拒绝不去，叶说：「你是不是为了入党？入党又怎么样？你不是不入党不照样是名演员吗」！

（此段主要是揭发提到他积极参与农工放火会的筹划工作，争取对党不满的人向党开炮，自己带头向党进攻，表示坚决参加农工，提出地位要求，煽动杜也去放火，道道闻其真正目的。）

2.否定京剧院几年来的成绩，诬蔑京剧院「一团糟」，竟在六月五日农工

北京市文化局旧档中的叶盛兰"反党反社会主义言论"（摘要）局部　26.5cm×19.5cm

2. 揭发批判叶盛兰否定党领导的京剧院几年来的工作成绩，和他以反对马少波个人为幌子，否定党的领导。

所谓否定京剧院几年来的成绩，实际上叶盛兰对于当时掌握京剧院实权的副院长马少波（1955 年至 1961 年；梅兰芳 1955 年 1 月至 1961 年 8 月任院长；马少波 1955 年 1 月至 1961 年任副院长兼党总支书记、党委书记）有意见引发的，具体的言论是叶盛兰在农工党的"放火"会上说了"京剧院是一团糟。""京剧界存在矛盾，京剧院都要负责"，"京剧院领导是十足的自私自利个人主义者，'专横跋扈''不懂装懂''独揽政权打击别人'"；"新中国京剧团加入京剧院完全是强迫命令，是马少波一人造成的"；"演员是积极的，但领导思想是大阻碍，我们要彻底打倒绊脚石。"；"不打倒马少波，京剧界不能大放光明！"以上这些支离破碎的言语，也是后来要划叶盛兰为右派分子，而从叶盛兰的亲友同事嘴中说出来的，前因后果都不提了，断章取义，硬把"否定党的领导"的帽子扣在了叶盛兰先生的头上。

3. 揭发批判叶盛兰向党夺取权力篡夺领导权的野心，批判不推翻党的领导，艺人不能翻身的反动谬论，列举事实说明几年来艺人是否受压制，批判外行不能领导内行的言论。

所谓企图向党夺取权力篡夺党的领导，霸持京剧院，起因于叶盛兰曾私下聊天时针对京剧院中有的领导根本不懂戏，却喜欢瞎指挥而对茹元俊、叶盛长讲过："京剧院为什么我们不能领导，让这一堆领导！""坚决把袁广和（袁广和，其经历不详。1982 年 5 月至 1983 年任中国京剧院副院长）打回大顺染坊！叫栗金池打他的鼓！""不把马少波这伙人扳倒，我们永远翻不了身，艺人永远受压制！""马少波吃党的饭，来领导我们，领导我们的都是一堆外行，外行就是不能领导我们……"我们这一代原本不应该对那个时期发生的事情说三道四，但是让一个以前染坊学徒根本与京剧不沾边的人做剧院的领导，让一个不出名的鼓师来在叶盛兰这样的京剧名家面前指手画脚，怎么能让人家服气呢！

4. 一贯仇视党，辱骂党和党员。

根据揭发材料，所谓他辱骂党员，其实就是他说过马少波为"四条腿"；说过萧盛萱入党后"没有人性了，六亲不认了。"另有一次在石家庄演出，打小锣的孙庆华打错了，遭到叶盛兰的大骂，这个孙庆华是个党员。还有一次叶盛兰演出《群英会》，舞台监督何金海第一次就把大盃（应放小盃，后放大盃）放上，叶盛兰在台上一看不合适，没办法就唱下去了。下来何居然以舞台监督的身份批评叶盛兰，叶讽刺何说"演周瑜时还没你呢！"也因此，叶盛兰曾私下议论说"过去为我们服务的人，入了党就管我们了，过去为我们提水的人，伺候我们，入党后成了干部管着我们……"

我在仔细阅读了有关叶盛兰先生的右派言论摘要及当时的揭发材料后，认为，叶

《全国戏曲、音乐、舞蹈的主要演员》

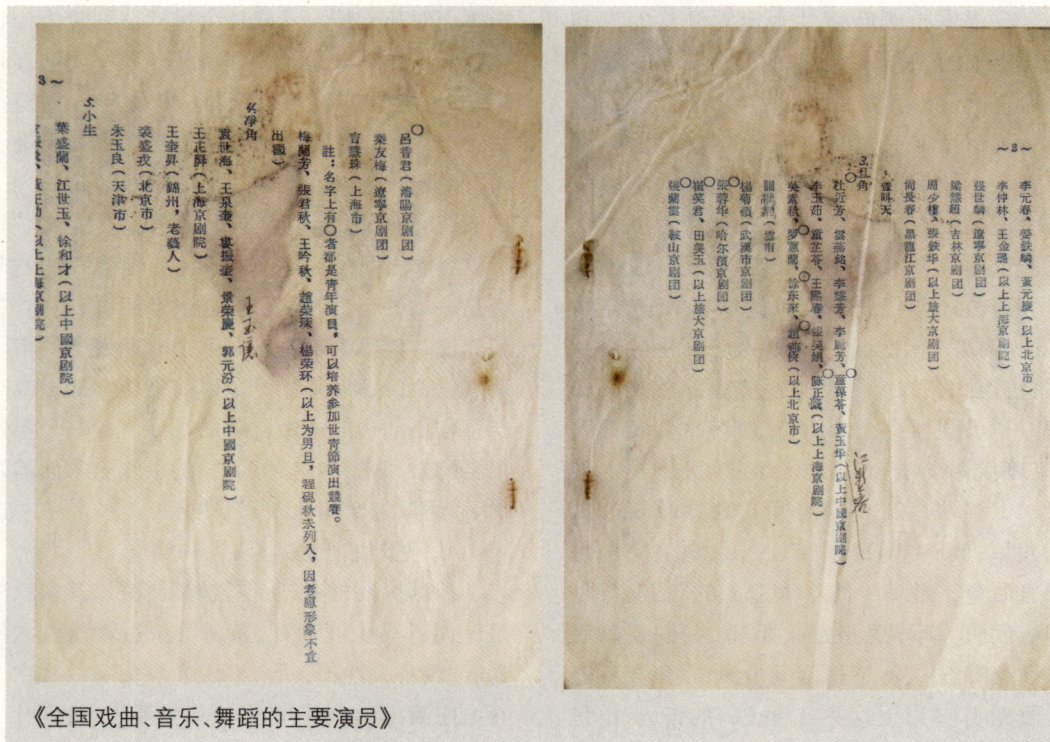

先生归根到底是对京剧院的领导有成见，特别是对于时任院领导的马少波有很大的意见。他最终并没有加入农工党，据后来多次揭发他的邢文鑫说"叶盛兰所以没入农工党，主要是因为没有肯定许他什么官衔……"似乎过于牵强。

　　叶盛兰和马少波的积怨已久。在"肃反"时，叶盛兰在西欧，叶盛长被"斗"，内容是"五三"小集团，叶盛兰回国后想不通，与马少波闹意见，还因此吃了安眠药自杀。叶盛兰到朝鲜战场慰问，马少波说他出风头，叶盛兰对此极为不满，多次强调说"在朝出生入死，回来却遭到马的批评。"对于1956年7月12日，中国京剧院组建的访日京剧代表团在广岛与朝日新闻社联合举办救济日本广岛原子弹受难者及战争中的孤儿义演，马的爱人江新蓉在日本演出和梅兰芳先生并列（挂同牌）有意见，他说江是马的爱人，是院太。对江新蓉调级坐汽车不满，由一百（元），到三百（元），到七百（元），对此他认为

他才八百（元），而江七百（元）显然不公平。

说到这里，我想起了五十年代初马彦祥向文化部副部长刘芝明送呈的（为出国参考用）"全国戏曲、音乐、舞蹈演员"京剧旦角名单中，中国京剧院的著名旦角演员江新蓉的名字是马彦祥后写上的。打印的名单共六位：杜近芳、云燕铭、李慧芳、李丽芳、童葆玲、黄玉华。是打印时漏掉了呢？还是有其他原因呢？就不得而知了。

1958 年，到了反右斗争的收尾。李万春、叶盛兰、叶盛长三人，划为资产阶级右派分子。李万春调往内蒙，叶盛兰留在中国京剧院，叶盛长则成了劳教人员。后来迫于叶盛兰在艺术上的造诣和在观众中的声誉，1959年初有关方面只得准其恢复演出。但是，艺术创作却受到很大限制。1978 年 12 月，叶盛兰离世时年六十四岁。叶盛兰去世后，他的所谓"右派"问题才得到彻底改正。

宋德珠（1918—1984）毕业于北平中华戏曲专科学校，曾先后向余玉琴、郭际湘、阎岚秋、荀慧生、程砚秋等人学戏，并得到王瑶卿等人的指教。他以演武旦、刀马旦为主，兼演花旦。四十年代初，与李世芳、毛世来、张君秋并称为"四小名旦"。曾在北京、上海等地演出。他是京剧史上武旦挑班的第一人。他完整系统地继承了武旦行当的种种技艺，兼采前辈九阵风（阎岚秋）、朱桂芳、余玉琴、郭际湘、十阵风（张善亭）等诸家之长，集京朝派武旦、刀马旦精华之大成，练出了很多惊人绝技，创造了富于个人特色的艺术美，他的武戏具有"美、媚、脆、锐"的艺术风格。建国后，历任河北省京剧团、河北省艺术学校教员，中国剧协河北分会副主席。代表剧目有《杨排风》、《扈家庄》、《泗州城》等。

宋德珠 "美、媚、脆、锐"的艺术风格

"**颖**光社"是我国现代著名的京剧武旦宋德珠先生领衔组建的。那时，在众多的京剧社团中，以武旦挑头牌、唱"大轴儿"的也只有颖光社，可以说，在我国京剧史上，是宋德珠先生开创了以武旦挑头牌、唱"大轴儿"的先例。在宋德珠先生的带领下，"颖光社"，辗转于京、津、沪等地演出，台上的宋德珠舞蹈身段优美，身手敏捷，动作灵巧，尤精于跷工和"出手"。他戏路宽广，以演武旦、刀马旦为主，兼演青衣花旦。他武功坚实，扮相俏丽，动作灵巧，身手轻捷，具有英俊气，形成美、媚、脆、锐的独特表演风格。他常演的剧目有《杨排风》、《扈家庄》、《金山寺》、《小放牛》、《锯大缸》、《泗州城》等。

颖光社后来叫"颖光京剧社"，到了 1951 年 5 月从新进行注册登记时更名为颖光京剧团。团长依然是宋德珠先生。此时的颖光京剧团已经有演职员达 67 人，经常演出的剧目也逐步增多，达 33 种之多，主要有《战金山》、《姑嫂英雄》、《新大劈棺》、《霸王别姬》、《挑廉裁衣》、全部《武松》、《白蛇传》、《走麦城》、《取金陵》、《两狼关》、《马上缘》、《小放牛》、《拾玉镯》、《穆柯寨》、《十三妹》、《破洪洲》、《曹营十二年》、《翠屏山》、《夺太仓》、《锁阳关》、《战宛城》、《法门寺》、《穆天王》、《虹霓关》、《刺八杰》、《过五关》、《追韩信》、《铁弓缘》、《扈家庄》、《英杰烈》、《棋盘山》、《辛安驿》、《竹林计》等。

宋德珠是程砚秋、焦菊隐 1930 年创办的中华戏曲专科学校第一科"德"字班学生，他原名宋宝禄，号颖之。祖籍天津，生于北京崇文门外河泊厂一个渔行家庭里。初学老生、小生，老师看他眉宇清秀，双目有神，动作敏捷干净，毯子功、把子功都很出色，是个武旦材料，就让他改为专工武旦。在校期间，学校安排张善亭（十阵风）、朱玉康等老师传授他跷功、出手、武打等特技艺术，延聘阎岚秋（九阵风）、朱桂芳（小四十）、余玉琴（名武旦余庄儿）、郭际湘（老水仙花）和诸如香等老师

宋德珠

传授《打青龙》、《金山寺》、《扈家庄》、《夺太仓》、《青石山》、《泗州城》、《丑荣归》、《贵妃醉酒》等戏，王瑶卿、梅兰芳、程砚秋、荀慧生、筱翠花等京剧大师也对他另眼相待，宠爱倍至。后来他和王玉蓉在王瑶卿那里学戏。王瑶卿亲自传授他《四郎探母》、《雁门关》、《贺后骂殿》、《三娘教子》、《法门寺》、《女起解·玉堂春》、《王宝钏》等戏。程砚秋授其《玉狮坠》、《游园惊梦》，尚小云授其《金山寺》，荀慧生授其《花田错》，筱翠花授其《辛安驿》，梅兰芳也曾多次指教其《霸王别姬》、《凤还巢》等戏的演出。宋德珠的妻子是著名杨（小楼）派武生孙毓堃（艺名小振庭）之女，在武功技艺方面又得其岳父的启迪和传授，舞台艺术又跃进了一步。

皇天不负有心人，宋德珠怀揣刻苦练就的一身真本事，经过众多名师的谆谆教诲及悉心传授，再加上他在演艺道路上的"多学、巧练、精研、善择"，终于脱颖而出，《立言报》负责人吴宗祜先生根据群众的公认，为承前启后标新立异，于1940年请李世芳、毛世来、宋德珠、张君秋在当时的长安戏院和新新大戏院举行过两次联袂合作演出《白蛇传》，每人一折，当时被称为《四白蛇传》。这是梨园内的一次盛会。宋德珠演《金山寺》、毛世来演《断桥》、李世芳演《合钵》、张君秋演《祭塔》，珠联璧合，各展所长，非常精彩。从此李世芳、张君秋、毛世来、宋德珠声誉雀起，被观众公认为"四小名旦"。

宋德珠幼功、跷功、出手功基础扎实，舞蹈身段优美，"起打"边式利落。他的武旦戏是博

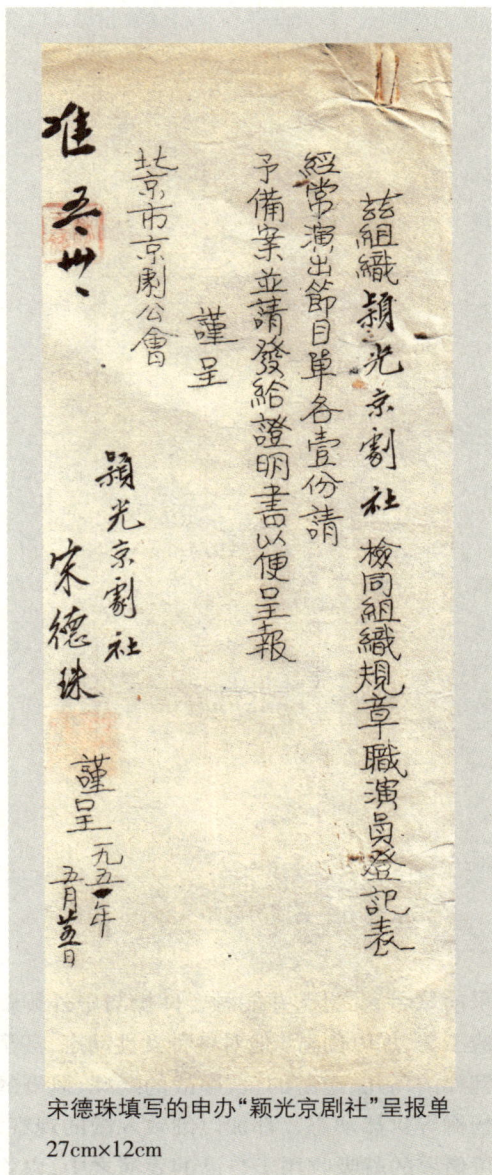

宋德珠填写的申办"颖光京剧社"呈报单
27cm×12cm

颖光京剧团主要演员名单　26cm×52cm

采前辈名家之长，并能融合体操与中外舞蹈造型美，加以创新。他对各种女性动态，甚至翱翔的鸟儿、遨游的鱼、鏖战的蟋蟀、风舒的杨柳等自然动态，都加以细致入微的观察，可借鉴的就吸收用于自己的表演之中，以弥补男旦女性美不足之忌。他把孔雀开屏时的稳健大方，化到了出场与亮相中；把鹰击长空时的矫健敏捷，化到了开打与出手之中；把鸟儿展翅起飞或落地时那一瞬间的美态，化到了由慢而快由快而慢的舞台动作之中。

北京镜光京剧团演员名册 第一页

职别	姓名	年龄	性别	籍贯	行当	住址	文化程度
团长	宋德珠	37	男	天津	旦		小学
演员	聂新垣	36	男	天津	武生		小学
演员	刘群章	33	男	北京	老生		小学
演员	张金芳	27	男	天津	旦		小学
剧务	徐泽溥	58	男	北京	老旦		小学
演员	王钺侠	35	男	北京	老旦		小学
"	于效若	35	男	北京	老生		小学

宋德珠饰演的杨排风剧照

　　宋德珠终于在不断地演出、革新、模拟、探索中，建树了轻盈翩跹、干净利落、勇猛花哨、刚健婀娜的美、媚、脆、锐的表演艺术。

　　宋德珠先生在河北省艺术学校授艺的二十多年，桃李满门，在河北一带，宋派艺术无人不学，无人不夸，包括旦角、老生、小生、武生、花脸等各个行当，都吸收、融会了宋德珠的艺术风格。有所建树的学生里，除传人安荣卿外，还有河北梆子剧种的王丽君，也是他培养的学生。其女儿宋丹菊继承其衣钵。

袁世海先生生前是第四届全国人大代表，第五、六、七、八、九届全国政协委员。也就是在他出席政协会议期间，我得以和他老人家近距离的接触，并几次到他下榻的酒店拜访。

和同龄的人一样，我知道袁世海先生的名字，是因看了他与李少春先生合作的影片《野猪林》，在这个戏曲片中袁先生饰演的鲁智深，给人们留下了深刻的印象。而在上个世纪六十年代以后，袁世海先生成了家喻户晓的公众人物，是因为他在现代京剧《红灯记》中成功地塑造了日本侵略者鸠山这个角色。也因此，他在"文革"中没有受到冲击。

袁先生是北京人，出生于1916年。他年幼时即入富连成科班学戏，艺名袁盛钟。初学老生，后随叶福海、裘桂仙和王连平、孙盛文（袁世海的师兄）学花脸，并在科班中独挡净角一面。出科后，曾在尚小云等戏班搭班演唱。1940年正式拜郝寿臣先生为师，继续深造。在郝先生众多的弟子中，卓有成绩的有王永昌、袁世海、李幼春、周和桐几位，而最为出

袁世海（1916-2002）著名京剧表演艺术家，北京人。幼时入富连成科班学戏，郝寿臣得意门生之一。与李少春合作拍摄影片《野猪林》，在现代京剧《红灯记》中成功地塑造了日本侵略者鸠山这个角色。

袁世海先生晚年与作者在人民大会堂合影

袁世海与——京剧舞台上的常青树

袁世海购买人民公债收据
27cm×7cm

类拔萃的是袁世海先生。他素有雄心大志,从不恪守某派,而是择善而从,不拘一格,汲取各家之长。他嗓音浑厚,扮相魁伟,在前人的基础上对架子花脸的表演艺术有所革新发展。成为郝派艺术的主要继承人。在此后的十几年演艺生涯中,曾与梅兰芳、程砚秋、尚小云、荀慧生、徐碧云、马连良、谭富英、高庆奎、周信芳、盖叫天、奚啸伯、李世芳、张君秋、毛世来、宋德珠、新艳秋、李万春、李少春等名家合作演出剧目三百余出。在同各流派艺术家合作演出中,吸取各家精华,博采众家之长,极大地丰富了自己的表演艺术。在舞台上,成功地塑造了各种性格的人物形象,尤其主演的十余出扮演曹操的剧目赢得了观众广泛的喜爱,形成了袁派表演艺术的风格体系。

马连良先生很是喜爱袁世海的演技,时常邀请他为配角,与马连良合演的《四进士》,成一时名剧。1948年他参加起社,与李少春先生合作。并在新中国成立后,同李少春、叶盛章等人率先将私人班社改制为以集体所有制为基础的新中国实验京剧团。排演了新编历史剧《将相和》、《野猪林》、《云罗山》、《血泪仇》、《夜奔梁山》、《虎符救赵》等具有新时代气息的大型剧目。1951年,率团加入中国戏曲研究院京剧实验工作团,任副团长。后又任中国京剧院三团、一团副团长。再后来又任中国京剧院副院长。

袁世海先生擅演的剧目有《将相和》、《野猪林》、《黑旋风》、《九江口》、《除三害》、《桃花村》、《响马传》等剧目。其中袁先生在与马连良等戏剧名家合作的《群英会》中,饰演曹操,可谓继郝寿臣、侯喜瑞先生之后,无可比肩者。

1975年,袁世海先生已年近六十岁,仍坚持在演出第一线,并且十分关注并积极投入对青年演员的培养工作。台上带,台下教;言传身教,诲人不倦。他在写给马增寿的信中表达了自己对曾经同台演出已经故去的同行的怀念,和对青

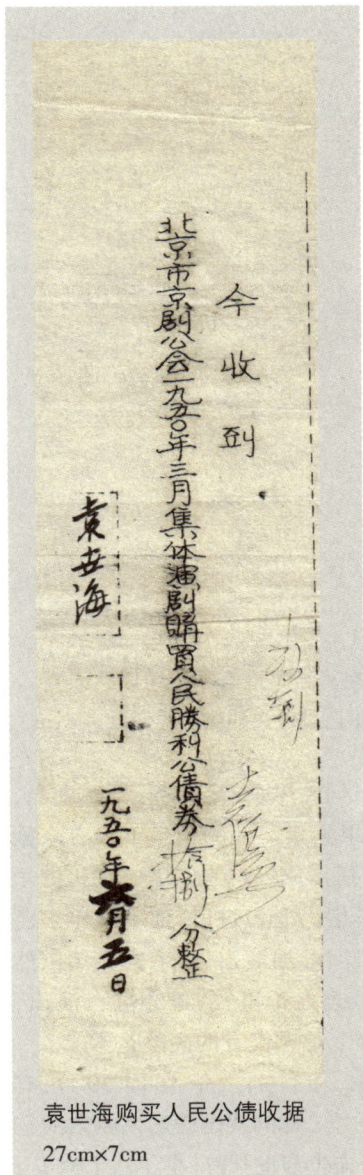

年一代寄予的希望。以下是这封信的原文：

> 增寿同志：回首蓦然，当年的同台大师健在者已屈指可数。他们不倦的追求、精湛的艺术和民族的风骨，使京剧的繁荣和鼎在舞台上璀璨奇园，使生、旦、净、丑在舞台上色彩斑斓。
>
> 京剧的弘扬、发展是你们青年一代的重任。京剧艺术的瑰宝，是你们的。我虽年已六旬，我愿为京剧事业与你们贡献绵薄之力，同时祝愿你们使京剧更色彩斑斓，更璀璨夺目。
>
> 　　致
>
> 　　　敬
>
> 　　　　袁世海
> 　　　　一九七五年七月

这位马增寿先生 1940 年 8 月 15 日生于北京。是北京戏曲学校第一届京剧科学生。1960 年毕业于北京戏曲学校。师承京剧十三绝"罗百岁"罗文奎先生、叶盛章先生、慈少泉先生、李四广先生和张春华先生，有京城第一丑之称，会戏极多，如《打城隍》等八打戏，及《请医》、《荡湖船》等丑行戏。曾和张学津合作演出《箭杆河边》饰赖子一角。在电影《杜鹃山》中扮演毒蛇胆。长期与李崇善合作，二人合作的《乌盆记》、《法门寺》、《四进士》堪为妙赏。

正如袁先生信中所说，"愿为京剧事业与你们贡献绵薄之力"。他在没有演出任务的时候，应邀到全国各地教学讲课，先后收

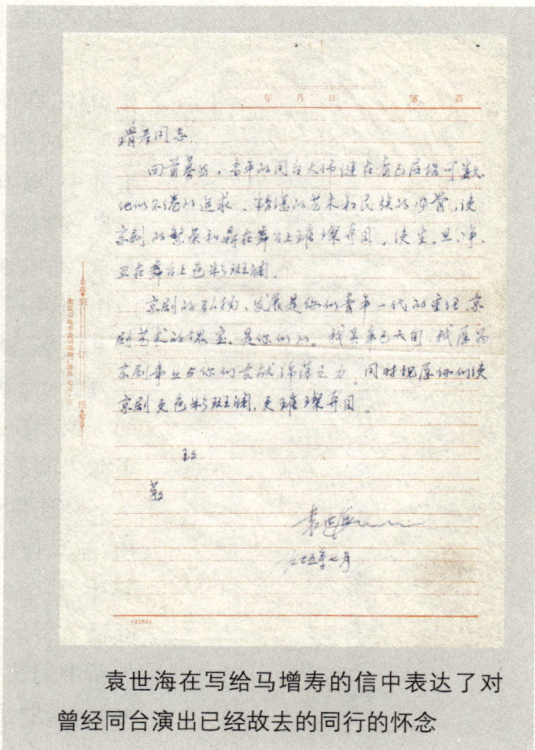

袁世海在写给马增寿的信中表达了对曾经同台演出已经故去的同行的怀念

徒二十余人，尽心、尽责、尽义务，不图虚名，无私奉献，硕果累累。他的学生不仅有京剧的，而且还包括评剧、汉剧、晋剧、河北梆子等地方剧的学生。七旬过后，他不顾年事已高，仍四处讲学，参加演出；在耄耋之年依然以"老骥伏枥、志在千里"的雄心登台演出，成为京剧舞台上绝无仅有的高龄艺术家。

2002 年 12 月 11 日上午 10 时 50 分，有着"活曹操"美誉之称的我国著名京剧表演艺术大师袁世海先生与世长辞，享年八十六岁。

现今许多地方电视台都开设了"模仿秀"节目,可以这么说,今儿刚出了个明星,明天就一定会出现若干个"模仿秀"。在中国"模仿秀"由来已久,远的如"东施效颦",近的就举不胜举了。在娱乐界学别人的玩意儿,叫"模仿";在戏剧界,尤其是京剧界学人家的唱腔技法,叫"传人"或属某"派"。如学梅兰芳先生的,那叫"梅派";学余叔岩先生的传人称"余派"。本文要说的这位梁益鸣先生,是学马连良先生的,据说他对"马派艺术"的热爱到了如醉如痴的程度,从台风到扮相,从剧目到服饰,从唱念到表演,甚至顾盼举止,与马连良无一不似。他算得上是"马派"超级"模仿秀"了,但是最初梁先生并不是马连良先生的弟子。这还要从梁氏的出身和学艺经历谈起。

梁益鸣 1915 年农历七月十六日出生于北京郊区通县小甘棠村一个贫苦的农民家庭。家中四口人,有两间土房和几亩地,过着糠菜半年粮的苦日子。他五岁那年京东大旱,庄稼颗粒没收。为了老婆孩子,父亲到开滦煤矿做煤矿工人。第二年,因矿井塌方,父亲右臂被砸断而丧失了劳动能力。他的母亲望着失去右臂的丈夫和嗷嗷待哺的一双儿女,只好到京城当保姆。

为了让孩子学些技术,养活自己,梁益鸣刚满八岁,母亲就把他送到在北京天桥"群益社"科班管事的姨夫张起家,正赶上群益社科班成立不久正在收徒,于是张起为梁写了关书(入科时的文书),梁益鸣从此踏上了京剧艺术之路。他本名叫梁大龙,进科班学戏,沿"益"字排行,改名叫梁益鸣,先学武生后学老生。

群益社共招收了 50 多个学生,社里在天坛西坛根租了九间平房,师父们占去三间,其余六间则是 50 多名孩子吃饭、睡觉、练功、上课、排戏的场所。孩子们挤在一条大坑上,睡觉时连翻身都困难。这还不算苦,最苦的是学戏时经常挨

梁益鸣（1915－1970）北京通县
（今为通州区）人。原习武生后改老
生，常演马派剧目，有"天桥马连
良"之称，1952年与姨表弟张宝华
组建"鸣华京剧团"，曾在1954年
与张宝华先生合作串演《遇皇后·
打龙袍》，梁反串李后，张反串包
拯。1959年拜马连良为师，惜十年
动乱时被迫退职，1970年10月18
日与世长辞，享年仅五十四岁。

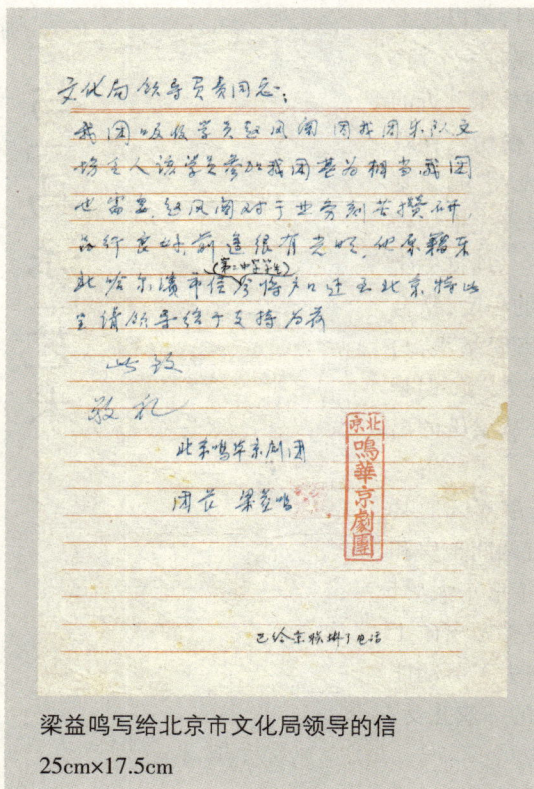

梁益鸣写给北京市文化局领导的信
25cm×17.5cm

师父棒打鞭抽。旧社会学戏，俗称"打戏"。记
不住词儿，唱跑了调，动作不准确，都要挨
揍。有一次，梁益鸣跟师父学《四郎探母》中
杨延辉的四句"流水板"："把头的儿郎要令
箭，翻身下了马雕鞍。背后取出金钑箭，把关
的儿郎你们仔细观。"这四句唱难度并不大，
但梁益鸣学了多遍仍然走调，师父见此情
形，抢开双臂，左右开弓，扇了他的耳光。十
一岁的梁益鸣顿时口吐鲜血，还不敢哭出声

来。打完后师父让他在院里"站桩"，大冬天
冻得他手脚麻木，嘴唇发青，一动也不敢动。
这种办法在科班里是常事儿。群益社还有个
制度叫"打通堂"。一个孩子学戏不用心或是
做错了事，大家都得跟着挨打。为了《四郎探
母》四句唱词，全班跟着梁益鸣挨了两次通
堂，他自己则被打的晕死过去两次。

梁益鸣虽天赋不佳，缺乏灵气，但韧性
强，有股傻气。这韧性和傻气又恰是一般天
赋优越、资质卓异的孩子所不具备的。年复
一年，月复一月，孜孜不倦，水滴石穿，几年
后，他成了戏班的"台柱子"。出科后曾到天
津、河北、上海等地跑码头演出。1937年"七·
七事变"后，梁益鸣回到北京，与武表演员张
宝华（梁益鸣姨夫张起的儿子）组成鸣华京
剧团，长期在天桥天乐戏园演出。他对艺术
很有悟性，非常认真，善于调整自己。开始上
演余派戏《珠帘寨》、《洪羊洞》，谭派戏《失街
亭》、《空城计》、《斩马谡》等。

梁益鸣学习马派艺术纯属偶然。1938
年，他在新新戏院（即西长安街首都电影院）
看了一次马连良、郝寿臣、张君秋、马富禄、
叶盛兰等先生合作演出的京剧《串龙珠》（原
名《反徐州》，为晋剧本。1938年丁果仙把剧
本赠给了马连良，由吴幼荪执笔，改编成京
剧）后，被马派艺术所吸引。自打这以后，只
要有马连良先生的演出，他一定去看，买不
到坐票，站一晚上也要把戏看完。回家后，他
凭记忆把马先生演出的整个过程重新过一

遍，一招一式地演练，他还购买不少马连良的唱片，边放边模仿。为了能够较好地把握马派艺术的真谛，他不惜重金聘请对马派艺术研究有素的专家给自己说戏，还向马连良先生的师友以及早年与马先生合作过的鼓师、琴师如萧长华、姜妙香、于连泉、郝寿臣、侯喜瑞、李慕良、马富禄、刘连荣、赵荣琛、叶盛兰、迟金声、刘雪涛等人求教，甚至那些年纪比自己小，艺龄比自己短的马派弟子，他也登门求教。

功夫不负有心人。经过数年的苦苦揣摩，使梁益鸣从剧目演出到表演风韵等，都不同程度地吸收到了马派艺术的精髓。他不仅可以轻松地演出《借东风》、《空城计》、《春秋笔》、《清风亭》、《十道本》、《将相和》、《淮河营》、《四进士》、《苏武牧羊》、《十老安刘》、

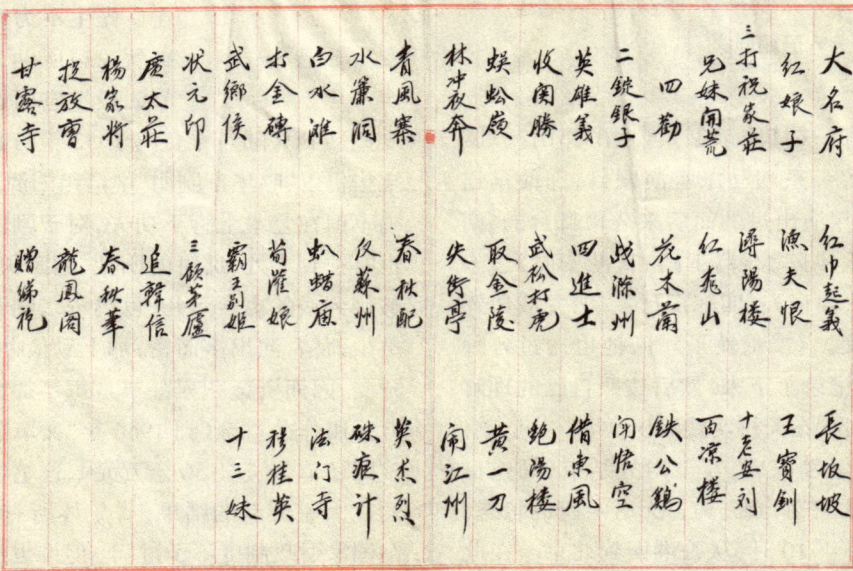

鸣华京剧团常演剧目　26.5cm×35cm

梁益鸣《清官册》剧照

惟妙惟肖，于是乎，戏迷们奔走相告，一股脑地直奔天桥去听"天桥马连良"唱戏。果然不负众望，这位矢志马派艺术的京剧艺人，从台风到扮相，从剧目到服饰，从唱念到表演，甚至顾盼举止，与马连良无一不似。"天桥马连良"的声誉也就传开了。

新中国成立初，马连良先生不为台湾当局高薪邀请所动，高风亮节，毅然应周恩来总理

《龙凤呈祥》、《打渔杀家》、《六出祁山》、《胭脂宝摺》等一系列马派常演剧目，即使马连良先生早年演出过的而后来久辍舞台的《南天门》、《火牛阵》、《骂王朗》、《淮安府》、《朱砂痣》、《武乡侯》、《四郎探母》、《游龙戏凤》、《舍命全交》、《二堂教子》等，他也通过各种间接渠道记录了下来，然后按照自己的理解去融合吸收，在天桥实践演出。

抗战爆发以后，直至内战结束，马连良先生一直处于颠沛流离，无有定所的状态，直到1951年10月，从香港回到北京。在此期间北京的众多的"马派"戏迷们看不到马连良先生的演出了，此时梁益鸣却在天桥大唱特唱马派连良先生的剧目，并且"模仿"得

之邀回到大陆。梁益鸣1952年与姨表弟张宝华仍以"鸣华京剧团"申请组团演出。梁益鸣不但在艺术上肯下功夫，对于剧团的经营也有独到之处，那时的剧社、剧团很多，但能够赚到钱的寥寥无几，可鸣华京剧团由于人员少而精，演出多而密，加上勤俭办团，节约开支，因而资金积累甚丰。每年都赢余十多万元用作公益金（到1966年"文革"开始时，该团还节余资金50余万元），这笔钱是剧团同仁大家劳动的结果，属集体所有，如何开销国家财政制度不予过问。但谁也没想过要把这份巨额节余分光吃尽。而是决定把它用来建设剧团，添置设备，购置灯光道具，培养京剧事业接班人。五十年代中期，他们以近

60万元的公共积累资金,定做了全套的苏绣蟒、靠、袍、褶、盔、带、履等男女各色服装近百件,使舞台面貌焕然一新。光男女短打衣裤就有上百套之多。此外还招收了京剧学员50余名,用"以团养班"的办法,负责学员的吃穿住用全部开支。后来曾一度活跃在京剧舞台上的小生演员李士明、花脸演员宋宝奎、武净演员顾金水、武生演员黄胜春、武丑王世则、青衣吴小平、老旦林雅文、武丑张少华、花脸侯宪政,以及鼓师和顺保等等,都是该团自力更生培养出来的京剧后起之秀。

梁益鸣自从迷上马派艺术后,就多次想拜马连良为师。可惜由于当时旧传统束缚,京剧界有大街南北之分,即以珠市口大街为界,街北身份高,街南身份低,街北的演员绝不到街南演戏,街南演员也没有资格到街北去演出。梁益鸣多次托人去说,都遭马连良拒绝。

最终梁益鸣如愿以偿,是上个世纪五十年代中期。当时北京市文化局副局长张梦庚,知道了梁益鸣多年学马派而最终想成为马连良先生入室弟子的愿望之后出面斡旋。他向马先生讲述了梁益鸣私淑马派艺术的经过和夙志,又谈了个人的看法和建议。马连良颇受感动,但转而又想梁益鸣将近半百之年,艺臻稳精,收下这个徒弟该如何施教

颇感棘手,对此张梦庚先生耐心地给马先生做工作,梁益鸣因年岁大固有因袭成规的缺点,但也有点石成金使之迅速提高的可能。最后,马先生慨然应允了。

梁益鸣很快从张局长那里得到了这个消息,当天下午,在张梦庚陪同下他便谒拜了马连良,并商讨了有关拜师事宜。6月初,由梁益鸣的师兄弟们和鸣华京剧团的同仁操持,在北京前门饭店举行了隆重的拜师仪式。文艺界在京的专家名流数百人出席祝贺。梅兰芳、萧长华等艺术大师还讲了话。五十九岁的老师收了个四十五岁的门徒,也一时在文坛被传为佳话。从此,马连良先生倾心尽力向梁益鸣传授马派艺术。经过一年多的时间,梁益鸣演出的马派剧目,基本上都经过了教师认真的点拨和调理,使梁益鸣在马派艺术的继承上更加益臻成熟。

1962年春天,梁益鸣紧步马连良后尘演出了吴晗的《海瑞罢官》。结果"文革"开始了,马连良因演出了《海瑞罢官》被打入了冷宫,梁益鸣也因演出该戏被挂上了黑帮牌子,剃了阴阳头,接连受批斗,下放劳动改造。从1966年8月起,梁益鸣的工资由150元降为60元,后来干脆被勒令离开京剧团。他哭叫无门,由于忧郁愤懑,于1970年10月离开了人间,年仅五十四岁。

毛世来（1921-1994） 原籍山东掖县，生于北京。七岁入富连成第五科"世"字班学艺，受业于萧长华、于连泉、萧连芳、王连平等老师，初习小生，后工花旦，兼演武旦。九岁就开始在"盛"字班大师哥面前唱开锣戏。他尊师敬友，刻苦练功，认真演戏，艺术造诣渐深。随之，他与李世芳二人成了富连成科班的台柱子。1936年，尚小云先生来富连成执教，认收毛世来为徒，并为他们排了十几出戏，如《娟娟》、《玉虎坠》、《金瓶女》、《昆仑剑侠》、《天河配》等等，都是由毛世来与李世芳合作主演。在《立新报》举办的"童伶"比赛中，毛世来与宋德珠、侯玉兰、白玉薇被评选为"四大童旦"。随后，社会舆论认为李世芳、张君秋、毛世来、宋德珠能继"四大名旦"之后，堪称"四小名旦"。

毛 世来先生是我国现代著名京剧旦角演员，是"四小名旦"中组班最早的人，也是最早到上海演出的一位名旦。他曾先后拜尚小云、梅兰芳、荀慧生、赵桐珊（即芙蓉草）为师。与周信芳、盖叫天、李少春、李万春、叶盛章、叶盛兰等名家同台演戏。

毛世来的祖籍是山东掖县（今莱州市），1921年出生于北京。他和大哥、三哥都是京剧界的名角，大哥坐科"斌庆社"习武生，艺名毛庆来，三哥坐科"富连成"四科，艺名毛盛荣。

毛世来七岁入富连成社科班第五科"世"字班，先学小生、青衣、老生，后工花旦，兼演武旦。受业于萧长华、于连泉、萧连芳、王连平，艺宗于连泉。九岁就开始在"盛"字班大师哥面前唱开锣戏。他尊师敬友，刻苦练功，认真演戏，艺术造诣渐深。随之，他与李世芳二人成了富连成科班的台柱子。

毛世来功底好，戏路宽，嗓音清亮，扮相俊俏，白口清丽干脆，跷功极佳，以能唱擅做、文武兼备名著一时。尤擅长演出花旦戏，泼辣虽不及筱翠花，但娇小玲珑，妩媚动人，他眉目颇似尚小云，做工近似荀慧生，享有"小筱翠花"之誉。他在长期的演出实践中，博取强记，择善而从，在继承老师及前辈艺人传统艺术的同时，不断开发创造，建树了别具特色的跷功、扑跌技艺以及婀娜娴熟、玲珑娇巧的艺术风格。

1936年，尚小云先生来富连成执教，认收毛世来为徒，并为他们排了十几出戏，如《娟娟》、《玉虎坠》、《金瓶女》、《昆仑剑侠》、《天河配》等等，都是由毛世来与李世芳合作主演。

毛世来在科里经常演出的剧目还有《十三妹》、《双钉记》、《大劈棺》、《拾玉镯》、《锯大缸》及全部《穆桂英》等。在科班时即已享名，在《立新报》举办的"童伶"比赛中，毛世来与

毛世来与「花旦」艺术的发展

毛世来

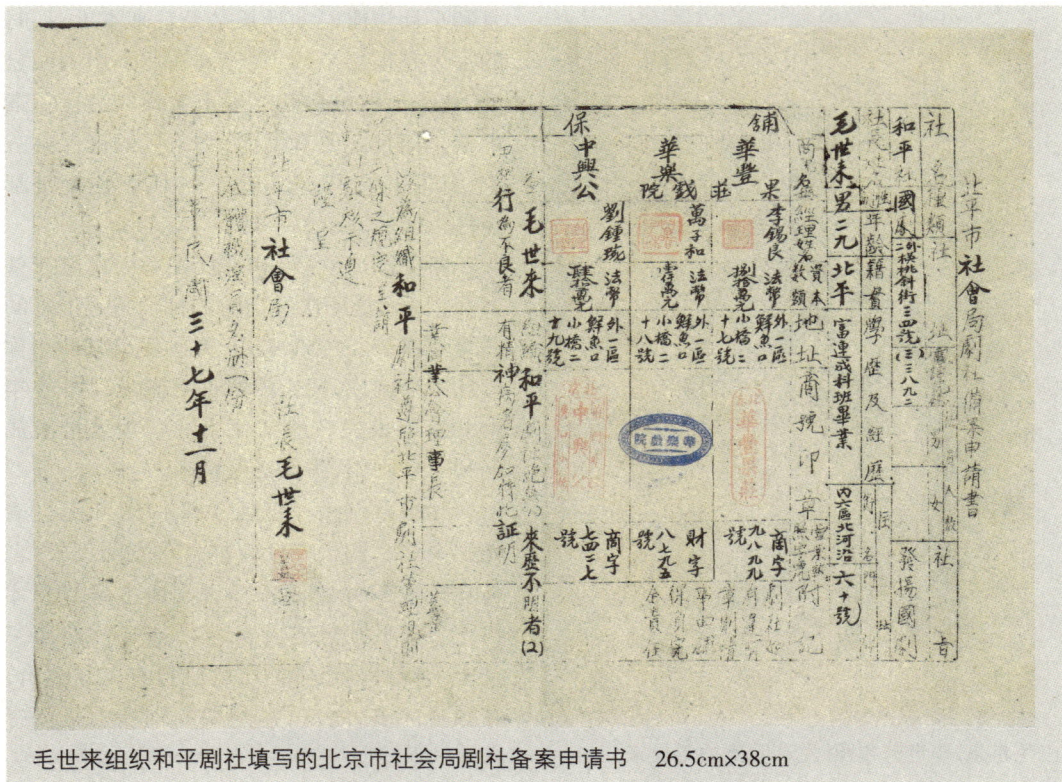

毛世来组织和平剧社填写的北京市社会局剧社备案申请书　26.5cm×38cm

宋德珠、侯玉兰、白玉薇被评选为"四大童旦"。 1939 年 8 月 8 日，农历己卯年六月廿三日，毛世来拜荀慧生为师 。同年，北京《立言报》接受读者建议，效仿二十年代评选"四大名旦"之举，主办了从青年新秀中评选"四小名旦"的活动。最后排列出李世芳、毛世来、张君秋、宋德珠为"四小名旦"。1940 年，在广大观众的呼声中，《立新报》又约请李世芳、毛世来、张君秋、宋德珠合作，在北京"新

大剧院"（即现在的首都电影院）演出传统剧目《白蛇传》，他们分别饰演其中一折的白素贞。宋德珠演《水漫金山》，毛世来演《断桥》，李世芳演《产子·合钵》，张君秋演《祭塔》，他们珠联璧合，各展所长，演出效果轰动，从此他们即被誉称为"四小名旦"。遗憾的是有小梅兰芳之称的四小名旦之首的李世芳。一次乘飞机回北平，因在青岛遇大雾，飞机失事。机上五十余人无一生还，李世芳

毛世来、李世芳剧照（左李世芳 右毛世来）

才二十六岁，竟遇此意外的奇祸，闻者无不痛惜之。

1938 年，毛世来十九岁满师，组班和平社，转演于上海、天津、北京、山东等地。以毛世来担纲并任团长的和平社，算得上是个生命力强的京剧社团，自 1937 年建立以后，持续发展到上个世纪五十年代。其间 1948 年（民国三十七年）和 1950 年、1952 年、1953 年又四次进行登记注册。民国三十七年十一月和平社注册时的社长是毛世来本人，那时的手续是很复杂的，要分别在北平市国剧公会、北平市社会局和北平市警察局进行备案申请。而且还要有铺保，和平社的铺保共三家，有华丰果庄、华乐戏院和中兴公，地址都在外一区的鲜鱼口一带。

新中国成立后，和平社先后两次进行备案登记。而这两次登记时的社长是毛世来的三哥毛盛荣。1952 年初，再次登记时的名称为和平京剧社，社长依然是毛盛荣。1953 年由北京市人民政府文化事业管理处批准成立和平京剧团，团长是毛世来。

和平京剧团一直延续到 1958 年毛世来先生由北京调长春任吉林省京剧团团长、吉林戏校校长并兼任吉林省剧协主席等职才终止。和平社自组建至结束，差不多经历了三十个年头，经常演出的剧目有 120 多出，其数量之多，之广，在同期的剧社中是负有盛名的。

1958 年 8 月，毛世来先生应吉林省文化局请求，北京市政府、市文化局为支援吉林省文化建设，将北京和平京剧团以著名京剧表演艺术家"四小名旦"之一毛世来先生为团长的一批艺术人才调配到长春，同年 10 月 16 日，经吉林省相关部门批准，正式成立吉林省京剧团。对应的行政级别县团级。

1960 年初，经吉林省委、省政府批准，扩大编制，改革机构，将团变院。1964 年 9 月 10 日，又由院变团。"文革"初期，砸乱体制，

毛世来致周环桓信　26.5cm×19.5cm×2

剧团解体。1969年，省与长春市京剧两团合并，组成吉林省革委会政治部京剧队。1972年重新启用吉林省京剧团对外名称。1998年11月12日，经吉林省机构编制委员会批复，恢复吉林省京剧院。对应的行政县团级别不变。

自1958年到吉林省到他离世，一直从事京剧的演出和教学工作。他擅演剧目有《双姣奇缘》《十三妹》《花田错》《大英杰烈》《马思远》《武松杀嫂》《霍小玉》等。他主演的《白蛇传》《木兰从军》《三休樊梨花》《南界关》《穆桂英大破洪州》等戏，受到观众的欢迎。其弟子邢美珠是当红一时的坤伶；王继珠获得"梅兰芳金奖大赛"金奖。

童侠苓和他的「童家班」五兄妹

童侠苓

童侠苓（1918-？）祖籍江西南昌，后迁天津。亦称遐苓。求学时学工科，后下海登台演戏。曾随京剧艺术家姜妙香学戏，会戏很多，但主要精力在编剧和导演方面。妻子李多芬是京剧老旦演员。

在北京市京剧公会的旧档中，有两件与民国时期名扬梨园的童家班有关的资料。一件是 1950 年 5 月童家班老大童侠苓与他的弟弟、妹妹们组织"苓社"的备案资料。另一件是 1953 年童家班中最小的弟弟童祥苓组织的"大众剧团"演职员名册。

1950 年 5 月，童家班老大童侠苓与他的弟弟、妹妹们组织"苓社"，老大童侠苓任社长时年三十二岁。童侠苓的两个弟弟和两个妹妹都是苓社的主要演员，依次是大弟弟童寿苓（小生），时年三十一岁，大妹妹童芷苓（旦），时年二十八岁，二妹妹童葆苓（旦），时年二十岁，小弟弟童祥苓（老生、武生），时年十六岁，也是新中国成立后名气最大的一个。其他演员有李鸣盛（老生）、苏维明（净）、张洪祥（净）等。

童家的祖籍是江西南昌，后迁至天津。童家五兄妹的父亲童汉侠是个京剧票友，原本在天津一所中学里任国文教员，他的妻子据说是赫赫有名的抗倭水师英雄邓世昌的妹妹，毕业于天津女子师范学校，在中学里教外语。这对夫妻酷爱京剧，业余常在票房里粉墨登台。他们的子女受家庭环境熏陶，一个个从小就成了戏迷。1939 年 4 月童汉侠在友人的帮助下，组建了以童家姐妹兄弟为骨干的京剧表演团体——苓社（初名公益社），自任社长，时人习称苓社为童家班。童家班当年多在新中央戏院演出，备受观众青睐，赴山东、江苏、上海、北京等地献艺，也盛极一时，为当年天津的戏曲名班。

在童家的兄弟姐妹中，老大童霞苓（亦称侠苓、遐苓）求学时学工科，常去票房里玩票，曾随京剧艺术家姜妙香学戏，会戏很多。"下海"后虽然经常登台演戏，但主要精力用在编剧和导演方面。老二童寿苓比童侠苓小一岁，寿苓学戏也很早，妹妹芷苓刚登台唱戏时，他们兄妹常合演《武家坡》等对儿戏；后来寿苓嗓子倒仓，改唱小生，得过姜妙香先生亲传。当年芷苓在童家班所演《花田错》《十三妹》《得意缘》《红娘》等花旦戏,小生角色都是由寿苓陪演,也算苓社的主演之一。老三童芷苓比二哥小三岁,是五兄妹中成就最高的一个。老四童葆苓比姐姐童芷苓小八岁,她宗尚小云兼学荀慧生。她曾是小有名气的花衫、刀马旦演员,她是四大名旦之一尚小云的弟子,她所擅演的《汉明妃》《佘赛花》《穆桂英》等尚派名剧,均得之于尚老师亲授。和她的姐姐童芷苓和小弟弟童祥苓比,她的名气似乎小一些,不过她的两任丈夫却都是戏曲界大名鼎鼎的人物。她的前夫是著名电影演员石挥,童葆苓在舞台演出之余,也常在电影界客串,与石挥等电影明星合拍过几部故事影片。石挥先生在"反右"运动中被打成右派分子后,独自潜逃香港,不久客死他乡。她为此在精神上遭受到刺激。1960 年,童葆苓在北京尚小云剧团领衔主演。尚剧团后来并入北京京剧院,童葆苓随之成为该团的演员。1961 年,童葆苓和比她大 24 岁的戏剧家马彦祥结婚。她和马彦祥结婚只办了登记手续,没有任何仪式。大概是老夫少妻的缘故,她的第二次婚姻没有维持几年,就分手了。

成名最早、影响最大者,当属 1922 年出生的童芷苓。其次是童家兄妹中最小的童祥苓。

童芷苓首次登台是在春和戏院(解放后改为工人剧场),与名丑金鹤年合演《女起

1947 年童氏姐弟在上海合影:童芷苓(前排中)、小弟童祥苓(前排左)、妹妹童葆苓(前排右)、二哥童寿苓(后排左)、大哥童侠苓(后排右)

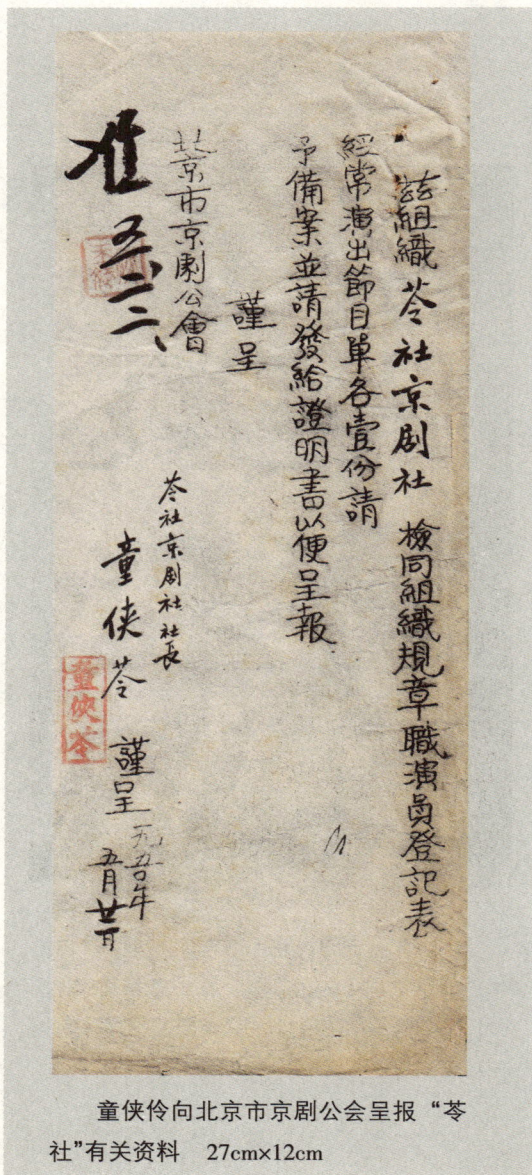

童侠伶向北京市京剧公会呈报"苓社"有关资料　27cm×12cm

解》，十一岁即能演出《女起解》。后拜近云馆主及张曼君等为师，在天津与白家麟、高盛麟、李盛斌等合作演出。1939 年拜荀慧生为师，并向王瑶卿问艺。1940 年自组苓社，偕李盛藻去上海演出。并与林树森、唐韵笙、高百岁等合作很久。后又拜梅兰芳为师。后来她应邀赴上海在皇后大戏院任头牌主演，红火于时，纪玉良、裘盛戎、高盛麟等名家，都是与她同台合作的伙伴。童芷苓天资聪颖，对艺术有独到的悟性。在京剧舞台上，她不单师承荀派，而且学梅派也有非凡造诣。难能可贵的是她把荀、梅两派的艺术精华融合一处，体现到自己的演出实践中，因此被同行称作荀派梅唱。童芷苓戏路极宽，不拘成规，表演细腻，善于刻画人物除演出外，先后参加拍摄电影多部，如《夜店》、《傲雷·一兰》、《尤三姐》、《宋士杰》、《十八扯》、《粉墨筝琶》、《女大亨》、《太太问题》、《婚姻大事》、《歌衫情丝》等。为一多才多艺演员，其代表剧目有《红娘》、《王熙凤大闹宁国府》、《武则天》、《尤三姐》、《金玉奴》、《姑嫂英雄》、《铁弓缘》、《钗头凤》等。

　　新中国成立后，1951 年童芷苓去中南海怀仁堂为首长演出《汉明妃》，演出结束，毛主席上台接见了她。毛主席还亲临观看过她出演的《尤三姐》，演至剧中，毛主席还站起身来为她鼓掌……童芷苓名声在外，先是北京戏曲改进委员会约请她留京，后有解放军总政治部在北京建团，特许她团长的职位

苓社旧剧职演员经历表首页　26.5cm×52cm

和优厚待遇。接着，南京、武汉文化局都以极优越的条件留她，但她都没有接受。中国戏曲研究院实验京剧团（中国京剧院前身）也向童芷苓发出了邀请，许以她团长职位和一级演员称号，但她仍是谢绝了。她最大的愿望是将童家七个京剧演员组合成一个童家班，重振当年"苓社"雄风。

二十世纪五十年代初期，正是私有经济逐渐为公有制所取代的过渡时期，同行都争相加入国营剧团，二哥寿苓也劝她加盟国营，童芷苓只得加入了上海人民京剧团，主演过《武则天》、《赵一曼》等许多新戏。特别是大戏剧家田汉专为她重写唱词的《尤三姐》，表演与歌唱更是特色独具，成为她又一出代表作。"文革"过后古典戏开禁，她主演的舞台艺术影片《尤三姐》在海内外公映，社会反响强烈。"文革"中童芷苓被江青选中出演京剧样板戏《海港》中方海珍的角色。她多次下码头体验生活，可排演了几次都不理想。她感到该剧矛盾冲突设计不合理，她说："我几次下码头，见扛大包的工人全是清一色男的，看不见有一个女的。戏里偏偏放上一名女书记，这不符合生活真实。"她以为她作为戏中的角色，必须实事求是从生活出发谈塑造角色的合理性。她哪里知道《海港》剧组乃是按照江青既定的调子在操作，她的表现很令江青不满。以后，江青又让童芷苓去演《红灯记》里的李奶奶。童芷苓个儿高，显得年轻，形象不对路。青衣不演演老旦，她觉得不合适。由此又惹恼了张春桥。由此，童芷苓逐渐被人遗忘了。

"文革"结束，京剧界"牛鬼蛇神"陆续解放，童芷苓是最后一个开脱的，为了恢复演戏，她每天早起刻苦地吊嗓子，终于一点一点地发出声来，半年后重又登台唱戏，复活了舞台生命。童芷苓晚年随女儿移居国外，1995 年 7 月病逝于美国。1989 年 10 月 12 日，中国唱片总公司为庆祝中国唱片出版事

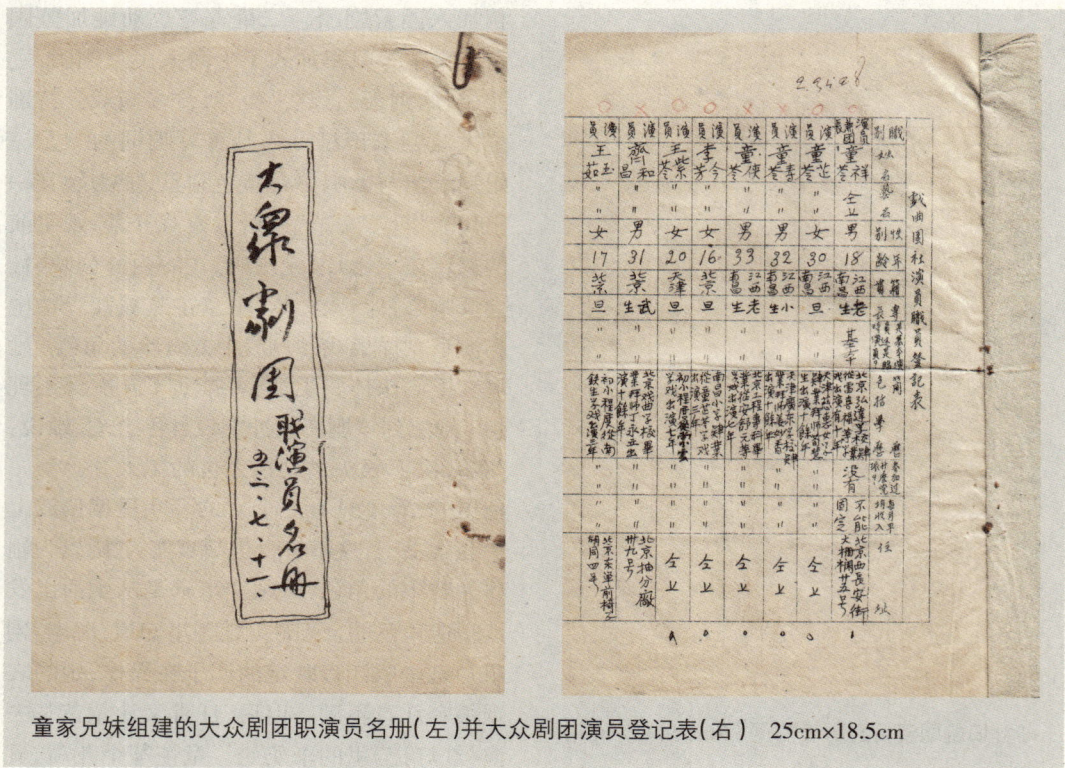

童家兄妹组建的大众剧团职演员名册(左)并大众剧团演员登记表(右)　25cm×18.5cm

业四十周年,在北京隆重举行第一届中国金唱片奖。获奖的京剧演员有梅兰芳、裘盛戎、马连良、周信芳、程砚秋、张君秋、李世济、童芷苓、俞振飞、方荣翔、李维康。

祥苓是童家手足中最小的弟弟,他刚登台唱戏时是由人抱到舞台的凳子上去的,小小年纪唱得有滋有味、有情有趣,非常讨人喜欢。成年后得到马连良、周信芳等多位艺术家提携,很快成为知名度很高的青年艺术家。1953年童家兄妹姐弟齐上阵,组建大众剧团,团长由童家兄妹中最小的童祥苓担任,这一年童祥苓只有十八岁。可见他在童家兄妹中的地位。

1935年,童祥苓生于天津。在他刚刚懂事的时候,大他十三岁的四姐童芷苓早已是红透上海滩的头牌坤旦。为了培养这个童家最小的弟弟,姐姐不惜工本,为他广延名师。十几岁时,童祥苓便与二哥寿苓、姐姐芷苓、

江青同志培育的革命样板戏之一

革命现代京剧

智取威虎山

上海京剧团集体改编

上海京剧团《智取威虎山》剧组演出

在现代京剧《智取威虎山》中童祥苓饰演杨子荣

葆苓一起，令童家班扬名梨园。新中国成立后不久，童芷苓率童家班一起进入上海京剧院，童祥苓每月可以领到350元工资，这在当时是很多人难以想象的。到童祥苓二十岁出头时，他在圈里已颇有名气，但真正让他声名远扬的，却是《智取威虎山》的主人公杨子荣。1964年，现代戏《智取威虎山》剧组到上海选演员，童祥苓经过考试和面试，最终被选中。凭借自己的天资、功底和勤奋，他出

演的杨子荣得到了各方肯定。1966年，童祥苓的姐姐童芷苓遭到抄家和批斗。而童祥苓当时正在北京演出，并受到毛主席的接见。他写了封信给姐姐，让姐姐好好交代问题，并且说相信姐姐是个好人。不料，这几句话成了他为姐姐"翻案"的证据。当时，童祥苓并没有意识到事情的严重性。脾气倔强的他甚至当面与张春桥争辩："我说张书记呀，您说话好像没什么水平。你们说童芷苓是文化特务，可你们现在还在对她进行审查，并没有给她定案。没有定案，我给我姐姐翻什么案呢？"不久，童祥苓被扣上了"为文化特务童芷苓翻案"的罪名。

1968年，因要把《智取威虎山》拍成电影，杨子荣的人选难以物色，最后不得不再次启用童祥苓。童祥苓十分清楚地意识到，这次被重新启用，也是童家唯一可能"将功赎罪"的机会。他也清楚地知道，这次出演杨子荣会被人看做是"江青旗下的样板团成员"而遭到误解和排斥。尽管如此，童祥苓还是咬牙坚持了两年，最终将电影完成。在北京录电影的两年，童祥苓在剧团内被人误解和挨整的同时，还不能回家和亲人来往。受姐姐童芷苓问题的牵连，他已被定性为"敌我矛盾"。每日除了拍戏，还必须接受劳动改造。"早上起来吃完早点，两百人的碗筷要由我来洗干净。接着上班，上班回来吃中饭，吃完后两百人的碗筷又要洗完。洗完后又上班，晚饭吃完后两百人的碗筷还要洗，洗完

了有时还要开会。"洗碗和拍戏成了童祥苓一辈子无法忘却的记忆。1970 年,京剧《智取威虎山》终于被拍摄成电影并在"十一"国庆在全国公映,它是第一部被搬上大银幕的"样板戏"。电影拍完了,童祥苓回到上海,不久即被"搁置"起来,直到 1976 年。在这段时间里,尽管他几乎没再排过戏,但电影《智取威虎山》的放映,却使他真正成为家喻户晓的明星。童祥苓在现代戏《智取威虎山》里扮演的杨子荣,经过三十余年风风雨雨,在各地依然传唱,可见艺术魅力深入人心。

李少春与现代革命京剧

提起革命现代京剧《红灯记》中男主角李玉和的扮演者，大多的读者马上想到的是钱浩梁。这不能算错，只是钱某在《红灯记》中是 B 角。《红灯记》题材最早来自于电影文学剧本《革命自有后来人》。先是上海爱华沪剧团据此改编成沪剧剧本《红灯记》，是江青发现后，把沪剧本《红灯记》从上海带到北京并建议改编成京剧。1963 年 3 月，时任文化部副部长的林默涵将这个改编任务交给了中国京剧院导演阿甲先生。剧本由翁偶虹执笔写出初稿，阿甲根据初稿进行导演构思并在此基础上执笔修改写出了第二稿，以后又进行了多次修改。全剧由刘吉典、李广伯负责音乐设计，张建民负责乐队编配，李金象设计老旦唱腔，李少春设计李玉和唱腔。剧中李玉和由李少春饰演，反派人物鸠山由袁世海饰演。李铁梅原定由"梅派"传人、著名旦角杜近芳扮演。后因杜近芳年龄偏大，扮相不像十七岁的少女，于是决定改由京剧四团的刘长瑜来扮演。李奶奶则由京剧院四团演员高玉倩饰演。

革命现代京剧《红灯记》一经公演迅即得到各界的好评。1964 年 11 月 6 日晚，毛主席在刘少奇、邓小平等人陪同下在人大小礼堂再次观看了《红灯记》。1965 年 2 月，中国京剧院副院长张东川和阿甲一起带剧组南下公演。所到之处，观众对这出戏反应之强烈大大出乎剧组的预料。

令人遗憾的是，在江青的干预下，京剧《红灯记》中李玉和的扮演者由李少春被换成了钱浩梁。从此李少春便逐渐远离了从唱腔到台步到身架自己一手设计塑造出来的"李玉和"。

关于李少春的被换掉，有两种说法。第一种说法是，说江青蓄意要将他换掉的，原因很简单，每次江青到京剧院来李少春"总是不理她"，也就是说李少春"眼里没有她"。第二种说法是，一次江青到京剧院看《红灯记》，恰好这次扮演李

李少春（1919–1975）河北霸县人。幼随其父李桂春居上海，从陈秀华学老生戏，又从丁永利学武生戏。后拜师余叔岩，得其亲传《战太平》、《打渔杀家》、《定军山》和《洗浮山》等戏的演技。他文戏师承余派，武戏宗法杨派，对京剧表现现代生活进行了成功的探索。

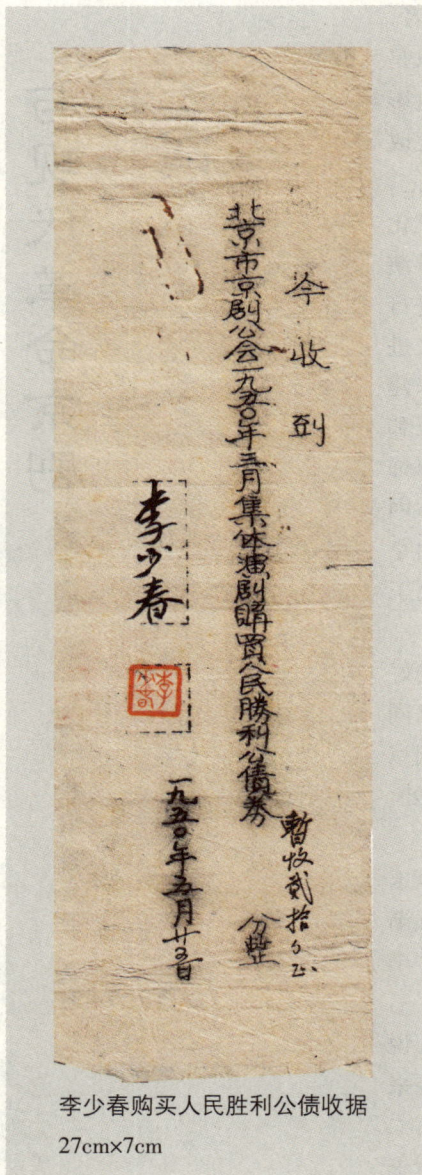

李少春购买人民胜利公债收据
27cm×7cm

玉和的是为李少春配的 B 角钱浩梁，她于是对剧院领导说："我看还是让小钱还演李玉和吧，李少春演得李玉和不像个工人，倒像个站长。"

1966 年"文革"爆发后，《红灯记》被江青列为十大样板戏之首。钱浩梁也随之在全国走红，完全取代了李少春，他的名字也根据江青意思改为"浩亮"。而《红灯记》的主创人员阿甲、刘吉典和李少春等则因抵制江青不合理意见被打为"破坏《红灯记》的反革命分子"，关进牛棚。

实际上，开始的时候观众并不是完全接受钱浩梁的"李玉和"的，不过这位钱某人也非等闲之辈，他的底子本来不错，再加上他对自己演的李玉和也有深刻理解，并且此前作为《红灯记》中李玉和的 B 角，李少春对他没少费心血。而江青为了培养这个新人还专门调天津著名武生演员张世麟来剧组向钱浩梁传授技艺，这也使他获益非浅，他根据张世麟的意见将京剧《铁笼山》等传统老戏中的磋步（碎步）等步法身段引进《红灯记》中李玉和受刑一段，效果很是不错。因而，钱浩梁所饰演李玉和这个角色最终也得到了广大观众的认可。1964 年全国京剧现代戏大会演中钱浩梁演的"李玉和"一炮打响，红遍全国。

实际上，新中国成立后李少春先生不仅积极参加了革命现代京剧《红灯记》的编创和演出，自 1958 年起，李少春先后塑造了《白毛女》中的杨白劳，《红灯记》中的李玉和，《林海雪原》中的少剑波，《柯山红日》中的杨帆等艺术角色，成功运用传统京剧表演技巧，塑造现代英雄人物的优秀之作。

李少春祖籍河北霸州，出身梨园世家，他的父亲李桂春（艺名小达子），多才多艺，善于创新，是著名的南派演员，人称"活包公"。李少春没有进过科班，但由于家中督责严苛，备尝辛苦，终于练出深厚功底，练就一身功夫。经过几十年钻研技艺，李少春开创了将京剧老生与武生唱法融为一体的艺术流派，既能像正宗老生那样胜任各种板式的唱腔，字正腔圆、韵味醇厚，又保持了长靠、短打等武生功架、身段以及武术技巧，对京剧艺术的发展做出了卓越的贡献。

李少春幼功极为扎实，七岁从师沈延臣练功，十一岁又受名师丁永利、陈秀华在家中指导正式练功学戏。学习过程中少春十分刻苦，无论寒暑，每天学、练十三四个小时，他戏路宽广，博采广取，勇于创新。他虽然宗余（叔岩）、宗杨（小楼），但不拘泥成规，善于体察剧情，运用技巧、程式刻画各类不同人物。文戏唱腔韵味清醇，身段优美，表演细腻；武戏长靠、短打皆精，武功精湛，开打迅疾干净；演猴戏气度飘逸，身手矫捷，对武打套路多有创新，在海内外享有"中国美猴王"美誉。

李少春自幼在家中受到艺术熏陶与严格的庭训，逐渐养成良好的艺术气质。1931年，他从上海赴天津，1932年，年仅十三岁的少春正式登台演出，后返回上海。1934年仅十五岁，在上海与梅兰芳同台合演《四郎探母》，得到梅的称许和观众欢迎。1937年李少春在天津演出，声誉大起，一跃成为头牌演

员。1938年10月7日，农历戊寅年八月十四日：李少春首次赴北京演出，新新大戏院门前有"欢迎上海新到文武老生李少春"字样。他并不自满，1938年拜余叔岩为师，成为余叔岩的入室弟子，使李少春的表演艺术得到飞跃发展。据有关资料记载：1938年10月19日（农历戊寅年八月廿六日），李少春在泰丰楼拜余叔岩为师，所授第一剧戏为《战太平》。出席的有高庆奎、李菊笙、王凤卿、谭小培、郝寿臣、李洪春、金仲仁、鲍吉祥、马德成、慈瑞泉、吴彦衡、王福山、叶龙章、袁世海、李宝奎、阎世善、高维廉、李桂春等。

1938年12月3日，在新新大戏院李少春首演《战太平》，配演有袁世海、沈曼华、高维廉、慈瑞泉、陈富康、高富远。当日北京车水马龙，万人空巷，从北新华街的中央电影院，汽车一辆接一辆，一直排到西单。余叔岩也亲自到场观看。此时，杨小楼已经去世，余叔岩也已不再登台，李少春驰骋于北京、天津、上海的舞台上，宛如一颗新生的明星。他把杨派和余派的真髓掌握的深入、透彻、娴熟、传神。在此基础上，他又创作演出了新剧目《文天祥》，唱、念、做、打更是得心应手，舞台形象激昂慷慨，气势夺人。李少春的扮相清秀，嗓音宽厚，唱腔清纯，身段优美。他的表演感情饱满，武功出众，拥有大批的追随爱好者。最值得一提的李少春参加的两次演出，一是1945年10月31日，由上海戏剧联合会主办，在上海天蟾舞台举行庆祝蒋主席

六秩华诞国剧大公演。可谓"群星荟萃"，演出剧目有 《蟠桃盛会》（周菊舫饰猪龙婆）；《九龙杯》（程少余饰黄三太，杨盛春饰计全，叶盛章饰杨香武，高盛虹饰邹应龙）；《双姣奇缘》（言慧珠饰孙玉姣，姜妙香饰傅朋，孙盛武饰前刘媒婆，马富禄饰贾桂，袁世海饰刘瑾，何润初饰国太，顾正秋饰宋巧姣，张盛利饰宋国士，杨宝森饰赵廉，刘斌昆饰刘公道，赵桐珊饰后刘媒婆，马世啸饰刘彪）；《龙凤呈祥》（李少春饰赵云，谭富英饰刘备，周信芳饰乔玄，韩金奎饰乔福，李盛泉饰吴国太，林树森饰鲁肃，刘连荣饰孙权，孙兰亭饰贾华，梅兰芳饰孙尚香，李世霖饰诸葛亮，赵如泉饰张飞，叶盛兰饰周瑜）；其中《法门寺》赵廉一角，本拟请马连良，但因其被卷入所谓"汉奸"官司，一时不便登台，改请杨宝森。

另一次是 1946 年，本年秋至次年夏，程砚秋先应宋庆龄儿童福利基金会邀，率秋声社赴沪演于中国大戏院。演毕，又应王准臣先生之请续演营业戏两期共六十六天于天蟾大舞台，第一期与谭富英先生合作，加入叶盛兰、袁世海、高盛麟；第二期与李少春、俞振飞、芙蓉草合作，阵容齐整，名角云集。程氏把从二十世纪二十年代以来创演的全部本戏如《赚文娟》、《花舫缘》等，到三、四十年代新排的全部本戏《费宫人》、《锁麟囊》、《女儿心》等一一展示于舞台，甚至连多年未曾露演的别具风格的传统老戏如《玉堂春》、《骂殿》、《桑园会》、《御碑亭》、《弓砚缘》、《汾河湾》等都演了，可以说是程派艺术的一次总检阅和总结性质的演出，获得空前的成功。

最后必须要提到的是李少春在继承了杨小楼的剧本基础上，自己创新编排的一出新戏京剧《野猪林》，可称其传世之作。从立意、框架、场景设置、情节的贯穿，人物的刻画，角色的唱、做、念，都是李少春亲自构思、设计，费尽了心血，可以说这是他全身心投入的一部经典剧作。但是，他尊重传统，尊重老师，注意吸取别人的意见和建议（剧本最后请翁偶虹填写和润色）。在编演过程中，他还得到袁世海很好的合作，而且毕恭毕敬地征求了郝寿臣先生的指点，得到了赞同和支持。正是李少春的虚心、热情、宽容和诚恳，众星捧月，使这个新剧目在剧坛上大放异彩。1949 年在上海，连演七十多天，上座始终不衰。

新中国成立前夕，李少春和他领导的起社不断遭到国民党军政部门盘剥和骚扰。据敝斋存北平市国剧公会旧档内有四份是通知李少春及起社参加慰劳驻平各部队"参加作战官兵"义务演出的公函。1948 年 12 月 14 日，李少春的合作伙伴袁世海因拒交国民党军政部门摊派的苛捐杂税，被控"抗交兵役费、妨碍兵役工作"被拘禁，为救出袁世海，李少春等到处奔走，花钱无数，袁世海"抗交兵役费、妨碍兵役工作"一案先被保

轉知該社照辦 沈（印）

空軍第二軍區司令部公函

收文　第　號

事由：函請貴會約李少春等來令部參加遊藝晚會

受文者：北平國劇公會

附件
登記日期　三七·六·一
字號　北平字三二七號
駐在地　北平

收文字274字37.6.10.11時到

一、查本軍駐平各部隊參加作戰官兵晝夜出擊、備極辛勞。除茲端節屆臨、本部為犒勞各該官兵起見、訂於本月二日舉行遊藝晚會。

二、特煩貴會惠予協助、代為約請李少春趙蘊秋兩同志及其該社全體演員來部參加、以慰軍心。至酬勞方面、並請酌酌減洽。

三、希查照辦理。

第　頁

檔號

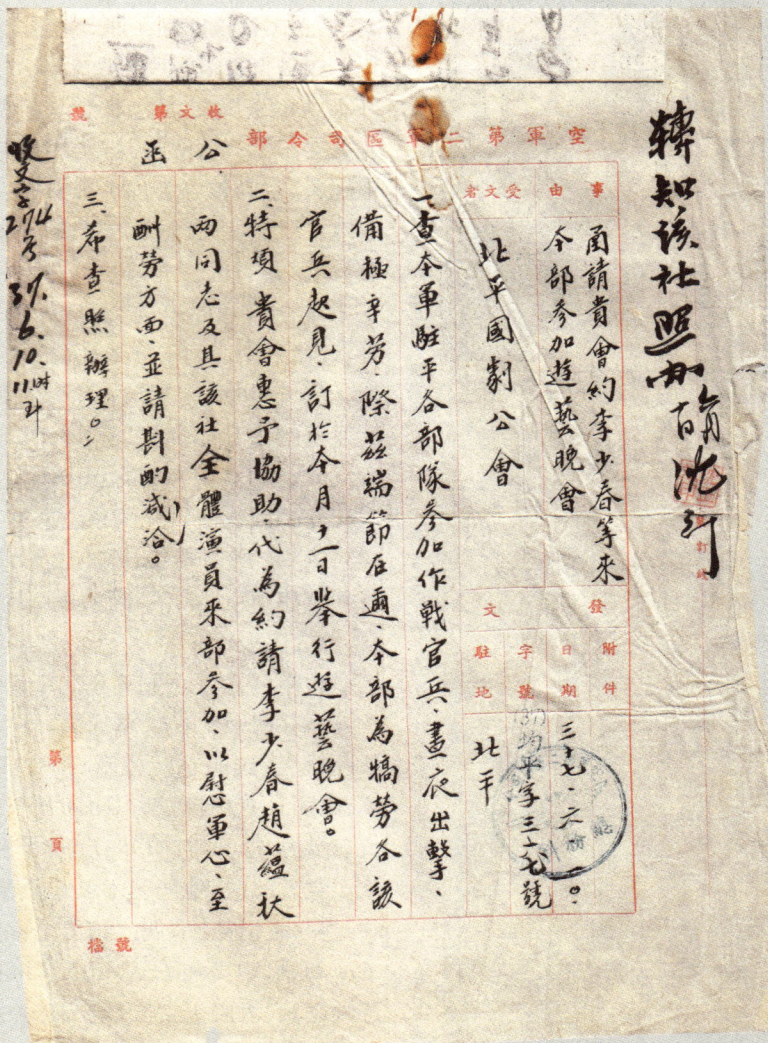

李少春被北平警备司令部责令与赵蕴秋等为国民党驻平部队"慰劳"演出的公函原件　25.5cm×18.2cm

李少春在革命现代京剧《红灯记》中饰演李玉和

李少春以武生饰演《林冲夜奔》中的林冲

释，并在12月7日和12月12日两次出庭受审，于本日被宣判无罪。

1949年初，北平和平解放。7月2日，第一次中华全国文学艺术工作者代表大会在北平召开。戏曲界梅兰芳、周信芳、李少春、程砚秋、李和曾等参加。会上成立了中华全国戏剧工作者协会，周信芳当选为常务委员，李少春当选为全国委员会委员。又成立了中华全国戏曲改进会筹备委员会，李少春、叶盛章当选为常务委员会委员。

从1949年到1951年，李少春的起社与叶盛章的金升社合并，随即组成以李少春、袁世海、叶盛章为主的新中国实验剧团，不久转为中国戏曲研究院京剧实验工作三团。1954年，农历甲午年：京剧上海武生大会举行并评出"四大武生"高盛麟、李少春、厉慧良、王金璐。

1955年中国京剧院在北京成立。院长梅兰芳，副院长马少波，总导演阿甲；第一团团长叶盛兰，副团长叶盛章；第二团团长张云溪，副团长夏虎臣；第三团团长李少春，副团长袁世海、李和曾。1958年李少春加入中国共产党。此时，他的艺术创作热情达到了高峰，他与袁世海、翁偶虹结成艺术集体，连续编演新剧，主要有《云罗山》、《将相和》、《虎符救赵》、《大闹天宫》、《响马传》、《满江红》、《战渭南》等。《将相和》获得第一届全国戏曲会演一等奖。此时，《野猪林》也进入了演出盛期，得到更多观众热爱。1962年此剧被搬上银幕,成为长期流传下去的艺术珍品。

1958年起,李少春以饱满的政治热情投入到现代戏创作的工作之中,他积极参加演出和编创工作,塑造了《白毛女》中的杨白劳,《红灯记》中的李玉和,《林海雪原》中的少剑波,《柯山红日》中的杨帆等艺术角色,成功运用传统京剧表演技巧,塑造现代英雄人物的优秀之作。有文章说马连良的潇洒,谭富英的高昂,李万春的挺拔,李少春的大气,裘盛戎的雄沉,叶盛兰的英武,至今无人超越。是最恰当不过的。就是这样一位京剧功臣,却在"文革"中惨遭迫害,于1975年逝世,年仅五十六岁。

2006年11月4日,京剧表演艺术家李少春诞辰八十七周年之际,投资2000万元的李少春纪念馆和李少春大剧院在河北省霸州市落成。这是全国首个由县级市投资兴建的京剧名家纪念馆。

附:李少春常演剧目单

老生剧目有《战太平》《定军山》《空城计》《珠帘寨》《断臂说书》《打棍出箱》《红鬃烈马》《击鼓骂曹》《宝莲灯》《洪羊洞》《打渔杀家》《打金砖》等。

武生剧目有《挑滑车》《两将军》《长坂坡》《战冀州》《恶虎村》《三岔口》《武松》《连环套》《八大锤》《金钱豹》等。

猴戏有《水帘洞》《闹天宫》《智激美猴王》《五百年后孙悟空》《十八罗汉斗悟空》等。

新编、改编之代表剧目有《野猪林》《响马传》《将相和》《满江红》《云罗山》等。

现代戏有《白毛女》《红灯记》等。

张君秋先生是我国著名的京剧表演艺术家，四小名旦之一，旦角张派创始人。原名滕家鸣，字玉隐，祖籍江苏丹徒。他自幼家贫，先是随父亲滕联芳，母亲张秀琴在各地客串演出，后经李多奎先生介绍，拜李凌枫先生为师。1935年，张君秋在北京吉祥戏院首次登台，以一出《女起解》唱红。1939年，北京《立言报》举行公开投票选举，推选"四大童伶"，张君秋与李世芳、毛世来、宋德珠被选中（后世称"四小名旦"）。报界评价其"扮相，如窈窕淑女，似梅（兰芳）；唱功，

张君秋（1920–1997）京剧表演艺术家，四小名旦之一，旦角张派创始人。原名滕家鸣，字玉隐，祖籍江苏丹徒。他自幼家贫，随父滕联芳、母张秀琴在各地客串演出，后经李多奎介绍，十四岁拜李凌枫为师，专攻青衣。后又拜尚小云、梅兰芳为师。他学习前人不拘形似，追求神似。他的唱腔，兼容梅、尚、程、荀之腔，结合自己嗓音明亮、甜润、高中低音运用自如的优越条件，另辟蹊径。经过他的润色修饰，其唱腔有一种刚健清新的美感，形成他独特的艺术风格。他在《西厢记》中饰崔莺莺、《望江亭》中饰谭记儿、《赵氏孤儿》中饰庄姬、《状元媒》中饰柴郡主、《秦香莲》中饰秦香莲，这些角色的唱腔，均成为张派的艺术精品。有《张君秋戏剧散论》行世。

张君秋与
其恩师梅兰芳

张君秋与影响深远的「张派」艺术

君秋

华，在梅派的基础上，创造出大量新腔，形成了"张派"。代表剧目有《四郎探母》、《龙凤呈祥》、《红鬃烈马》、《打渔杀家》、《审头刺汤》、《四进士》、《三娘教子》、《苏武牧羊》、《春秋配》、《诗文会》、《状元媒》、《金山寺·断桥·雷峰塔》、《刘兰芝》、《望江亭》、《西厢记》、《秦香莲》、《赵氏孤儿》、《楚宫恨》、《彩楼记》、《怜香伴》、《珍妃》、《秋瑾》、《芦荡火种》等。

张君秋先生嗓子得天独厚，响亮悠扬。因此有些旦角演员怯于和张君秋先生同台演出，怕张君秋开口把自己比下去。专家们说他发声方法科学，张君秋自己却幽默地说，他的声音响，主要靠吃得多，丹田之气来自能吃。梨园界本有一句行话："饱吹饿唱"意思是说唱戏之前不能吃得太饱。张君秋却喜欢吃饱了再唱。有时已经化妆，还要吃一两碗饺子再上场。二斤鱼，他能吃得精光。他不仅声音响亮，而且身体也好。七十多岁的时候，还能主演《龙凤呈祥》。碰上登门求教的人，他常半认真半开玩笑地说："唱我这一派，首先要先能吃。"

三十年代中，张君秋在北京京剧界崭露头角之后，京剧名家尚小云对他十分器重，认为义子，并常带他同台演出。一次，他俩同演《福寿春》，尚小云饰主母胡氏，张君秋饰演侍女寿春。演到"失子惊疯"一场时，尚小云演胡氏惊疯，呆看侍女，表演的细腻逼真，竟使张君秋以为他真的神经失常，吓得忘记了演戏，情急之间，把寿春的一句台词"啊，

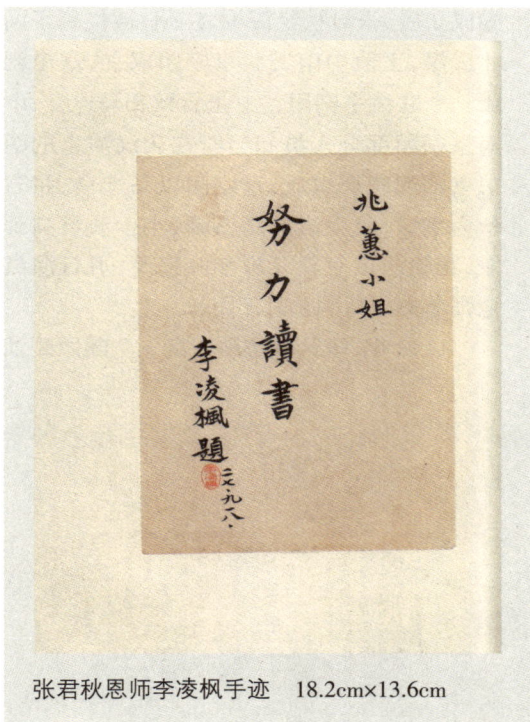

张君秋恩师李凌枫手迹 18.2cm×13.6cm

有一条好喉咙，似尚（小云）；腔调，婉转多音，似程（砚秋）；做工，稳重大方，似荀（慧生）"。他的嗓音"娇、媚、脆、水"，甜润清新，高低随意，舒展自如，梅派的华丽，尚派的刚劲，程派的轻柔，荀派的婉约，都被他很好地融合在自己的表演艺术风格之中。后拜王瑶卿为师，并得梅兰芳、尚小云、阎岚秋、朱桂芳等指导。

张君秋扮相雍容华贵，嗓音宽亮甜润。他的演唱吸收了其他行当及曲艺、歌曲的菁

主母"脱口说出："啊，干爹！"场内观众为之哄笑。

1942年，张君秋自组谦和社挑班。1945年，张君秋重整旗鼓，创立"秋社"，自任社长，挂头牌，从而开始了完全自主的艺术生涯。在这个时期，张君秋与马连良合作演出的折子戏《打渔杀家》和《游龙戏凤》，当时已是四小名旦中享有最高声誉者。1947年张君秋与马连良、俞振飞在香港演出数年。新中

国成立后，张君秋经深圳、广州，被接到了湖北武汉，正值中南实验京剧团成立，这个剧团是个联谊京剧团，由张君秋和马连良、中南京剧团部分人员和当时在武汉演出的明来京剧团联合组成，京剧团以马连良、张君秋为主演，武生演员高盛麟，小生演员高维廉，花脸演员有郭元汾和叶盛茂，丑行演员是张金梁。高盛麟兼任团长。

1952年，张君秋与马连良先生随团到江

北京市京剧三团演出节目单(正面)　张君秋在《银屏公主》中饰演银屏公主(背面)　26.5cm×19.5cm×2

西南昌演出，沿途北上，至北京、天津。经北京市文化部门挽留，马连良、张君秋及剧团多数人员留在北京。中南实验京剧团随之撤销。马连良先生回到了北京组成了马连良京剧团。

张君秋回到北京受到了周恩来总理的接见。当时在市文化局领导下，北京市陆续成立了北京市京剧一团，由李万春领衔主演；北京市京剧二团，由谭富英、裘盛戎领衔

北京市京剧工作者联合会保存的京剧演员等级名单　29.5cm×21cm

主演；北京市京剧三团，由张君秋领衔主演；北京市京剧四团，由吴素秋、姜铁麟领衔主演。梅兰芳、程砚秋、尚小云、荀慧生、马连良等也各自有自己的剧团。此外，还有一些私营剧团如新兴京剧团、鸣华京剧团等。张君秋为团长的北京市京剧三团全团六十多人，行当整齐，人员精练，人心齐，劲头足，主要演员有陈少霖（老生），十九岁拜余叔岩、张春彦为师习艺。二十岁开始登台演出，先后和程砚秋、吴素秋、赵燕侠合作。1952年加入京联剧团，后随团并入北京京剧三团任副团长。刘雪涛（小生），十二岁开始从张晓峰、李雨田习老生，十五岁演出，拜徐碧云、姜妙香习小生。后加入李宗义、李盛藻、杨宝森、程砚秋等班社演出，1954年元旦入京剧三团。李四广（丑），十岁从郭春山习艺，二十岁演出。先后在谭富英、梅兰芳、程砚秋等班演出，1952年加入京剧三团。朱金琴（老生），十二岁入戏曲学校，1940年开始演出，1949年加入南下京剧团工作，1952年加入京剧三团，任团委。耿世华（老旦），八岁入富连成学戏，十五岁演出，参加班社，三十四岁脱离梅兰芳剧团，加入京剧三团。郝庆海（净），时年二十一岁，是三团最年轻的演员。他九岁拜刘少峰习戏，十五岁在天津中国戏院演出，后转入新华剧团，二十岁加入京剧三团。钮荣亮（丑），十四岁荣春社科班学艺，二十一岁毕业入尚小云剧团，后加入石家庄专区大众剧团演出，后加入京剧三团，任团委。冀韵

兰（武旦），九岁入戏曲学校，后转入富连成科班，二十岁在上海演出随中南联谊京剧团返京，之后参加京剧三团。慈永胜（净），时年四十六岁，十一岁入福清社学戏，十七岁拜钱宝奎为师，后在各班社演出。1950年入新疆军区司令部京剧团任教师，1952年返京加入京剧三团任团委。还有一位是文化局委派的协理员为佟志贤。音乐组中胡琴第一把是何顺信，他十三岁拜耿永清为师习胡琴，后一直随张君秋工作，直到加入京剧三团任音乐组组长。

以上提到的京剧三团演员中，需要多说说的是小生演员刘雪涛，他是姜妙香弟子。来京剧三团以前，曾在程砚秋京剧团里陪程先生唱小生。京剧三团成立后，张君秋经过与程先生商议，先是借调刘雪涛，演了一段时间，不久，刘雪涛正式加入京剧三团。1952年秋，第一次全国戏曲演出观摩大会在北京举行，京剧、越剧、川剧、豫剧、晋剧等剧种名家纷纷在北京的舞台上展现各自风姿。只要有空闲，张君秋总要去观摩，从中汲取了许多可借鉴的东西，并把这些融入到自己常演的角色中去。也就是在这个时期，张君秋和刘雪涛观看了著名川剧演员许倩云、曾荣华的《彩楼记》之后，决定移植这出戏。川剧《彩楼记》的故事是丞相之女刘翠屏抛球择婿，看中了才高志大但又一贫如洗的秀才吕蒙正，因父亲嫌贫爱富，父女反目，吕蒙正、刘翠屏二人在破瓦寒窑度日，经过种种坎坷，

最后吕蒙正得中状元，大团圆结尾。这出戏以一个正旦、一个小生为主，极为适合张君秋和刘雪涛二人。经过一年多的改编、排演，《彩楼记》的首场演出在天津中国大戏院举行。

张君秋先生的代表作《望江亭》，也是从川剧移植过来的。《望江亭》又名《谭记儿》原作者是元代著名剧作家关汉卿。《望江亭》是一出富有讽刺意味的喜剧。太尉之子杨衙内仗势欺人，眼看着自己垂涎已久的美貌女子谭记儿被潭州太守白士中迎娶而去，心中不甘，于是诬告白士中荒怠政务，请来圣旨及尚方宝剑，并亲任钦差大臣至潭州向白士中问罪，以便夺回谭记儿。当他气势汹汹步入潭州太守公堂时，展开圣旨宣读，不料读的是一首歪诗：“月儿弯弯照楼台”；拔出尚方宝剑一瞧，竟是把短刀，在公堂上出尽了洋相，反被白士中问了个假冒圣旨之罪，拿获归案。原来，杨衙内赶赴潭州途中，在望江亭停泊住宿，百般无聊，调戏一卖鱼女子取乐，被卖鱼女子灌醉，偷换了圣旨、宝剑，而那卖鱼女子却是谭记儿所装扮的。

谭记儿是一位学士夫人，聪明，有才学，丈夫三年前病故，却受到杨衙内的百般纠缠，万般无奈，便躲在清安观内，每日抄写经卷消遣时日。观中白道姑的侄儿白士中赴任潭州路经清安观探望姑母，谭记儿在观中遇到白士中，一见倾心，决然选择了白士中为夫。这是个勇于选择自己命运的女子。及至

白士中得知杨衙内奉旨前来缉拿之事而束手无策时，谭记儿又急中生智，巧扮渔妇，到望江亭诓哄杨衙内，骗取圣旨及尚方宝剑，扭转了局势，变被动为主动。这又是一位智勇双全的女子。整出戏的矛盾焦点集中在这个女子身上，谭记儿凭着自己的智勇才学化解了这些矛盾。张君秋非常喜欢剧中的谭记儿，于是他决定移植这出戏。事不宜迟，张君秋不仅请来了拟在剧中扮演主要角色的刘雪涛、陈少霖、李四广、耿世华等诸位先生，还请来编剧王雁商量剧本移植。

在京剧《望江亭》中，张君秋扮演的谭记儿身材婀娜，唱腔清脆，表情自然.活脱脱一个少女模样。1958 年，为了纪念关汉卿创作七百年，张君秋主演的京剧《望江亭》还被拍成电影。也是在这个时期，张君秋主演的京剧《秦香莲》也被拍成电影。从此张派艺术家喻户晓，广为流传。

1956 年，张君秋先生领导的北京市京剧三团和马连良京剧团及谭富英、裘盛戎先

张君秋绘兰草赠兆蕙女士　　18.2cm×13.6cm

生主持的北京京剧二团合并，组成了阵容强大的北京京剧团。在这个时期，张君秋先生与马连良、谭富英、裘盛戎合作演出了《赵氏孤儿》、《四进士》等传统剧目。1956年冬，张君秋参加了赴朝慰问中国人民志愿军的演出活动。在冰封雪冻的朝鲜战场张君秋为战士们演出《法门寺》、《霸王别姬》、《白蛇传》三出戏。

张君秋先生在五十年代戏曲改革的过程中也作出了一定的贡献。按照"百花齐放、推陈出新"的原则，使传统剧目的演出产生出新的面貌，张君秋先生一直把整理、加工传统剧目作为演出以外的主要工作。自五十年代至六十年代中的十来年的时间里，张君秋陆续整理、加工了许多传统剧目，如《玉堂春》、《春秋配》、《金山寺、断桥、祭塔》、《四郎探母》、《红鬃烈马》、《银屏公主》等，他还陆续整理加工了自己在建国前演的《怜香伴》等新戏。

同许多的京剧名家一样，"文革"中，张君秋先生备受迫害。1966年，张君秋先生一家被扫地出门，全家人住进一间半房，每人每月的生活费是9元钱，子女们全部住校，或是插队落户，家里只剩下最小的女儿和儿子。

"文革"后复出，张君秋先生把主要精力放在京剧教学方面，广收海内外弟子，有近百名之多，遍及全国各地，其中有薛亚萍、李炳淑、杨春霞、杨淑蕊、王婉华、雷英、张静琳、王蓉蓉、赵秀君等。

1986年，应天津市政府领导之邀，张君秋先生主持天津市青年京剧团百日集训。后接受全国政协主席李瑞环委托，担任《中国京剧音配像精粹》的艺术总顾问，到他逝世为止，共完成京剧音配像120部，为京剧艺术的留传作出了巨大贡献。

张君秋历任中国人民政治协商会议全国委员会委员、中国文学艺术界联合会副主席、中国戏曲学院副院长、中国戏剧家协会副主席等职。1990年被美国林肯艺术中心和纽约美华艺术协会授予终身艺术成就奖和林肯大学人文学荣誉博士学位。

张君秋先生在1940年与当时北平梨园公会会长赵砚奎先生的千金赵玉蓉小姐结婚。1944年，张先生与上海银行家女儿吴励箴小姐结婚，两夫人共育5女7男。吴夫人和赵夫人先后在1969年和1974年去世。1974年张先生与京剧名家杨宝森的遗孀谢虹雯女士结婚。其故居位于宣武区南兵马街。

民国间京剧著名演员多通书画艺术，张君秋先生亦不例外。前些年，拍场上曾见到过张先生早年与时慧宝合作扇面，极精致。巧合的是，扇面所绘兰草与家藏张先生为兆惠女士绘制的兰草竟然一模一样。晚年，张君秋先生也时有绘事，我曾买过他晚年所绘"老来红"，功力已大不如从前。

王吟秋先生写给王光美同志的这封信，是王光美同志送给我的。因工作关系，在王光美同志生前我曾多次去她的木樨地寓所看望过她老人家。有一次，一个外地的邮友寄来几枚刘少奇同志诞辰纪念封，委托我请王光美同志签名。我到她的家里的那一天正值"五一"前夕，虽然她老人家的身体不是很好，总是咳嗽，但兴致很高。当她听说我收集文化名人的书信，想起了她在几天前整理杂物的时候，曾经有一封京剧演员王吟秋的信，她让秘书找出来，给了我。

王吟秋先生的这封信，写于 1987 年 2 月 14 日，内容是他在 2 月 17 日在吉祥戏院上演《锁麟囊》，送上戏票三张，请她老人家"光临指教"。这出戏，她老人家并没有去听，而是把戏票送给了姜椿芳同志。姜椿芳先生生于 1912 年，江苏武进人。他是我国当代著名翻译家；新中国文化教育、编辑

王吟秋《锁麟囊》剧照

王吟秋与程派艺术

王吟秋

王吟秋（1925-2001）京剧旦角演员，声名遐迩的程派表演艺术家。1925年出生于苏州。12岁到北京，拜王幼卿为师，留居王瑶卿家中学戏，得王亲传《棋盘山》、《十三妹》、《乾坤福寿镜》、《苏武牧羊》等剧。1943年，加入马连良的扶风社，为马配演《打鱼杀家》、《桑园会》等戏，技艺得以长进。1945年，经王瑶卿引荐，拜程砚秋为师。因出身贫苦，且为孤儿，由程收养，至1951年始离程家。在与程砚秋朝夕相处的数年间，受程悉心点拨，深得程派艺术之真谛。程派代表剧目，王吟秋演出时，大多能保持程派的风格原貌。

王光美同志：您好！

上月收到您寄来的贺年片，非常高兴，谢谢您！

元宵节刚过，给您拜个晚年，祝您身体健康！

二月十七日，我在吉祥戏院上演《锁麟囊》，送上戏票三张，请您光临指教。

此致

敬礼

王吟秋敬上

一九八七年二月十四日 晚

请转达苇椿芳同志夫妇，他们惦戏。

2/16,'87.

王吟秋致王光美书札

作者(左)在木樨地王光美同志的家里

作者(右一)在王光美同志的家里(右四为王光美同志)

出版事业、外语教育事业奠基者之一;《中国大百科全书》的首倡者之一和第一任总编辑;华东革命大学附属上海俄文学校校长(上海外国语大学前身)首任校长。曾领导参加《马恩全集》、《列宁全集》、《斯大林全集》、《毛泽东选集》和中央文件俄文版的翻译编辑工作。"文化大革命"中受迫害,入狱近七年。1975年出狱。1978年,出任《中国大百科全书》总编委员会副主任、大百科全书出版社总编辑、顾问。倡导编译《简明大不列颠百科全书》,还被聘为《中国农业百科全书》总编委会顾问。姜椿芳曾先后担任全国政协第五、六届常委,文化组组长等职,同时还兼任中国戏曲学会顾问;中国昆剧研究会副会长;中国梅兰芳艺术研究会副会长;中国周信芳艺术研究会副会长等等。遗憾的是,就在这一年的12月17日,姜老先生因病去世

了。

王吟秋先生1925年生于江苏苏州,他出身清苦,少小孤贫。12岁进北京投师求艺,得到王瑶卿等名家亲传,留居王瑶卿家中学戏,得王亲传《棋盘山》、《十三妹》、《万里缘》、《乾坤福寿镜》、《苏武牧羊》等剧。还从诸如香学花旦,如《拾玉镯》、《打樱桃》等。20世纪40年代初,即在舞台崭露头角,1942年冬在北平三庆戏院以全部《焦仲卿妻》一剧出台,得到好评。1943年曾加盟马连良先生的"扶风社",唱二牌旦角(为马先生义子),为马配演《打鱼杀家》、《桑园会》、《四进士》等戏,技艺得以长进。后又与谭富英先生合作演出,艺事得以长进。1945年,经王瑶卿引荐拜在程砚秋先生门下,由程收养,入室身旁如同己出,亲聆教诲传授艺业。王吟秋在与程砚秋先生朝夕相处的几年里,受到程先

生的悉心传授,深得程派艺术的真谛。他的表演严谨有法,恪守矩矱,精湛完美;身段舞蹈、做工分寸准确,举止有谱;唱念吞吐考究,行腔刚寓于柔;四功五法头头是道。王先生特别着意于保持程派所独具的艺术风范,准确展现程派艺术特有的意韵,是程派艺术最具影响力的传人之一。王吟秋先生从艺几十年来,经常在舞台上演《锁麟囊》、《荒山泪》、《春闺梦》、《金锁记》、《红拂传》、《碧玉簪》、《亡蜀鉴》、《窦娥冤》、《鸳鸯冢》、《青霜剑》等程派经典名剧,还排演了新编剧《平地风波》、《火焰驹.打路》等,受到广大观众拥戴和业内人士好评。

1951 年,王吟秋先生加入中国人民解放军,随贺龙元帅部队进驻大西南,任军区政治部京剧院主演;1955 年后,历任中国京剧院、宁夏京剧团、北京青年京剧团、北京京剧二团、北京京剧院主要演员。他还是文化部戏曲改进局内定的京剧男旦中年轻的演员,按戏曲改进局呈报文化部的名单,依次为梅兰芳、张君秋、王吟秋、赵荣琛、杨荣环。改革开放以来,王吟秋先生焕发艺术青春,除在京津沪等内地舞台上演一系列程派名剧外,还远赴香港、台湾演出,传播正宗流派经典。在北京京剧院退休后,课业授徒倾囊相赠,为培养造就青年一代程派传人发挥余热。在北京京剧院退休后,课业授徒倾囊相赠,为培养造就青年一代程派传人发挥余热。1994 年曾赴台湾讲学传艺并作示范演出,受到欢迎。

吴素秋的戏品和人品，在行内和戏迷中是有口皆碑的。最让人们敬佩的是"文革"期间，她的老师尚小云先生从西安回到北京，无处栖身，走投无路时，吴素秋毅然将老师接回了家，待若老父。尚小云先生最后病故于吴家，吴素秋如丧亲父一样，郑重地为尚先生料理了丧事。要知道在那个时代，为一个"有着严重历史问题的人"养老送终，是需要担当很大风险的！

吴素秋是山东蓬莱人，原名吴玉蕴、丽素秋。她的丈夫姜铁麟是著名京剧武生演员。她少年时即已走红，1942 年在上海演出新编戏《武松与潘金莲》，卖座鼎盛。

吴素秋七岁开始在烟台开蒙学戏。她一个女孩家初学唱戏，学的是长靠短打的武生行当，每日里拿大顶，翻跟斗，

吴素秋剧照

吴素秋 1922 年生，京剧女演员，工旦。山东省蓬莱县人。原名吴玉蕴。幼随陈盛荪学青衣、花旦。九岁入北平中华戏曲学校，因嗓哑退学，在家继续学戏，先后从师李凌枫、何佩华、赵桐珊、魏莲芳等。后曾拜尚小云、荀慧生为师。1938 年与金少山合组松竹社，赴东北演出。1939 年赴上海以《孔雀东南飞》一剧博得美誉。吴素秋善于表演，戏路广博，青衣、花旦皆工，四大名旦流派戏均能演出。1943 年脱离舞台。五十年代重返舞台，排演了新编历史剧《节烈千秋》。1952 年参加北京京剧四团，先后排演了新剧《伊帕尔罕》、《春香传》、《张羽煮海》、《苏小妹》、《柜中缘》、《团圆之后》、《辞郎洲》、《司棋》、《武则天》、《人面桃花》、《杨娥传》等。1960 年调回北京，与尚小云剧团联合演出。1979 年又转入北京京剧院二团。其后兼做教学工作。

吴素秋为兆惠女士绘菊花　18.2cm×13.6cm

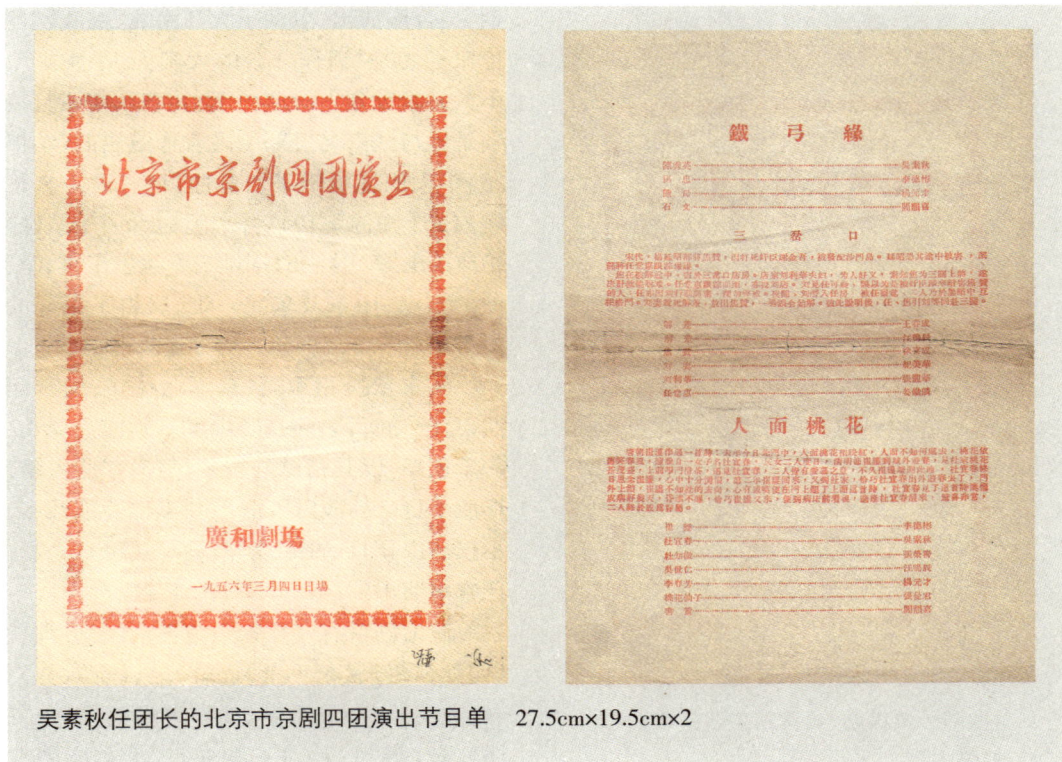

吴素秋任团长的北京市京剧四团演出节目单　27.5cm×19.5cm×2

耍枪弄棒，滚爬跌打，后来她改学旦角，可幼年所学的武生童子功，却为她后来演刀马旦戏奠定了坚实的基础，她早期拍摄京剧电影《十三妹》，证实她演武旦，也是当行本色。

十岁那年吴素秋考入中华戏曲专科学校，在校从李凌枫、魏莲芳、何佩华、赵桐珊学戏。学校的学生，以德、和、金、玉字命名，吴素秋属于玉字科，取名吴玉蕴，和毕业于戏校玉字科中有"四块玉"之誉的坤旦李玉茹、侯玉兰、白玉薇、李玉芝为同科，遗憾的是因嗓子出了毛病，中途退学。

吴素秋退学后，并未放弃继续学戏，在家继续从赵桐珊、魏连芳学习。后又拜四大名旦之一的尚小云为师，同时她又十分喜欢另一位四大名旦之一的荀（慧生）派艺术，荀慧生又特别喜欢她，由于她先拜了尚小云为师，便破例收她为干女儿。这两位师父对吴素秋后来攀登艺术高峰，起了决定性的作

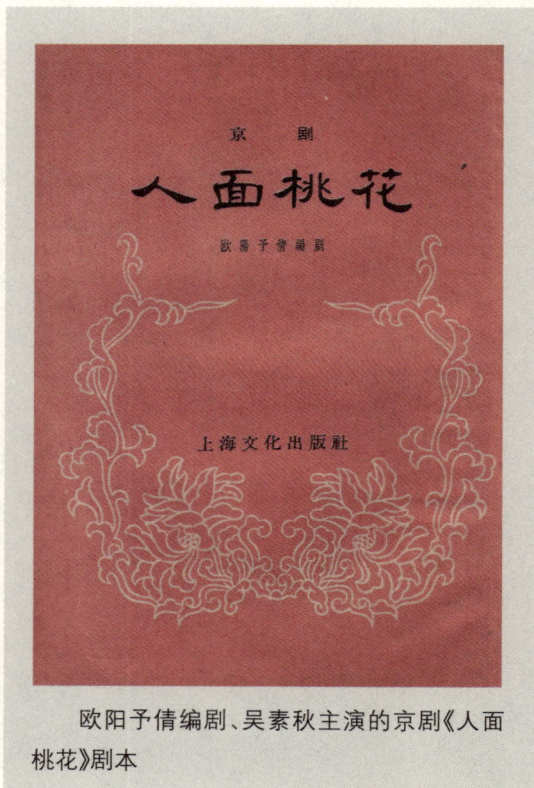

京剧

人面桃花

欧阳予倩编剧

上海文化出版社

欧阳予倩编剧、吴素秋主演的京剧《人面桃花》剧本

用。

1935年，吴素秋刚满十三岁，就组班"秋文社"，她挂头牌，与她同台演出的是一色的富连成科班盛字科的毕业生，计有：武生高盛麟，老生贯盛习，丑角贯盛吉、孙盛武，老旦何盛清，小生叶盛兰，大花脸裘盛戎，二花脸袁世海（袁也是盛字辈）。

1938年，刚十六岁的吴素秋，还与花脸泰斗金少山合作演出了《霸王别姬》。这次金、吴合作演出，轰动了大江南北，被戏剧评论家誉为是"天作之合的大霸王、小虞姬"。不久吴素秋到上海演出了《孔雀东南飞》，特别是她与江南名丑刘斌昆合作演出的《纺棉花》中大胆地插唱了新歌曲《何日君再来》，震惊了上海滩。1943年，她演出的《十三妹》拍成了电影。这一时期她经常演出于京、津、沪、宁、汉、山东及东北一带，获得了很好的声誉。后一度离开舞台居住于青岛。

吴素秋扮相秀丽，基本功扎实；嗓音甜润，行腔动听；表演真实细腻。她博采众长，善于创新，以其精湛的技艺，努力塑造人物，形成了自己的演出风格。她戏路宽能戏多，不仅演出花旦、青衣戏，刀马旦戏也有光彩，还常串演小生。

演出剧目有《孔雀东南飞》、《二进宫》、《四郎探母》、《霍小玉》、《红娘》、《奇双会》、《虹霓关》、《小放牛》、《棒打薄情郎》、《拾玉镯》、《红鬃烈马》、《玉堂春》、《大英杰烈》、《十三妹》、《金山寺·断桥》等。

吴素秋善于"藏拙"，她曾说："程砚秋老先生在舞台上常常是以侧身和蹲腿的姿势演唱，以藏他身高体胖之'拙'。裘盛戎为弥补他脸形瘦削，个子不高的缺陷，就在脸谱的勾画和端架耸肩企脚上下功夫，上台总是'长身'。我从来不唱《贵妃醉酒》，杨贵妃仪态丰满，雍容华贵，而我体型瘦小，扮演这一角色形象不美，但是若扮演黛玉、苏三这类的角色，则较为相宜。"吴素秋身高不足一米六，为了增高自己在舞台上的形象，她还将跟垫垫在绣花鞋和靴子里，后来这种作法被许多剧团采用。

五十年代初，离开京剧舞台达七年之久的吴素秋重返舞台，在北京组织人民京剧团，曾长期在庆乐园演出。1952年参加第一届全国戏曲观摩演出大会，演出《玉堂春》，与马连良、谭富英、李少春、杨宝森、裘盛戎、叶盛章、张春华、张云溪9人并列荣获演员一等奖。同年参加北京市京剧四团并任团长。在此期间，先后排演了新编剧目《节烈千秋》、《伊帕尔罕》、《春香传》、《张羽煮海》、《武松与潘金莲》、《团圆之后》、《辞郎州》、《司棋》、《武则天》、《杨娥传》、《人面桃花》、《杨乃武与小白菜》、《宝莲灯》、《柜中缘》等。在《宝莲灯》一剧中，吴素秋同时扮演三圣母和沉香两个角色，充分显示了她的艺术才华。《柜中缘》一剧1954年参加了北京市戏曲观摩演出大会，获表演一等奖和导演一等奖。

吴素秋的戏品和人品

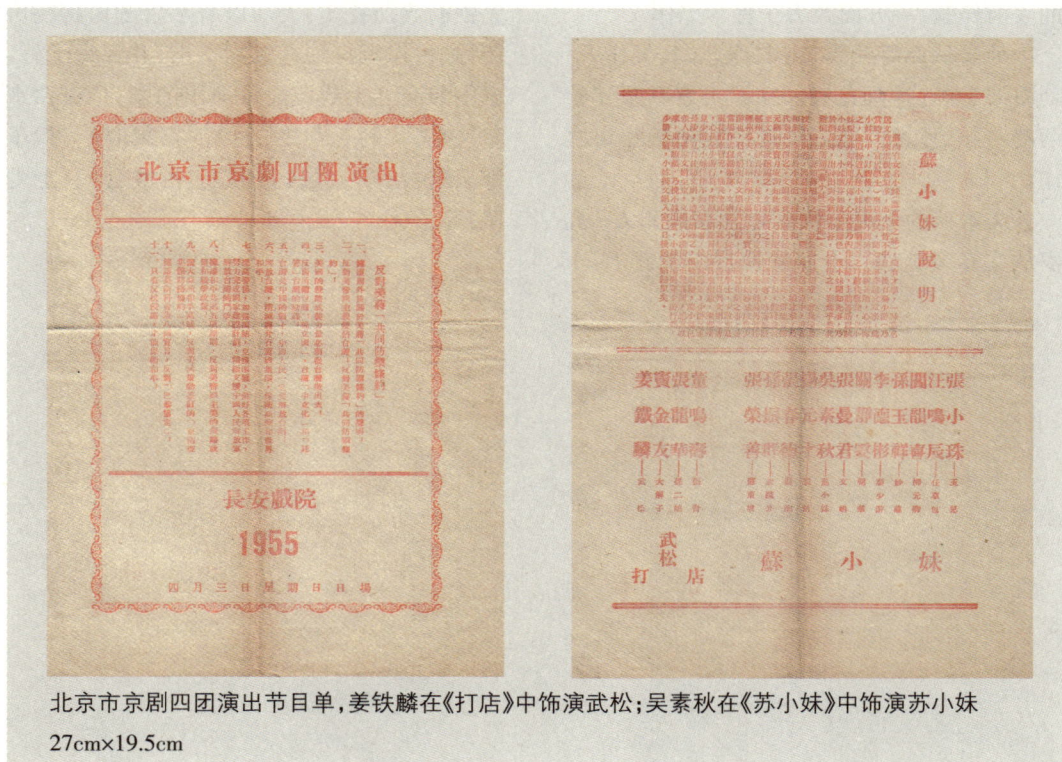

北京市京剧四团演出节目单，姜铁麟在《打店》中饰演武松；吴素秋在《苏小妹》中饰演苏小妹

27cm×19.5cm

1960 年，吴素秋调任辽宁京剧院院长，1962 年调回北京，与尚小云剧团联合演出。1964 年任新燕京剧团副团长，参加演出了现代戏《南海长城》、《六号门》、《红嫂》等。

1978 年参加北京京剧院二团，恢复上演了《苏小妹》、《柜中缘》、《红娘》、《拾玉镯》、《十三妹》等。并排演了新编古代戏《溜须老店》，重排演出了现代戏《南海长城》、《六号门》和《红嫂》。

八十年代以后，吴素秋一方面总结自己的表演经验，一方面致力于教学工作。

吴素秋亦好绘事，曾向徐悲鸿、吴作人、刘海粟学画，擅画花卉。家藏吴素秋早年绘菊花一帧，水平一般，大概是她初学绘事之作。

吴素秋的丈夫姜铁麟是北京通州人。九岁从文春宝练功，十岁从钱富川学武生，十一岁拜陈富康为师，在此期间，开始登台演出《石秀探庄》、《武文华》、《战马超》、《挑滑车》等戏。1937 年拜李万春为师，参加鸣春社演出。四十年代先后与周信芳、张君秋、吴素秋、毛世来、梁秀娟等合作演出。1949 年在北京参加京剧武生会演。新中国成立后，1951 年在天津组织青年京剧团，任团长；1952 年任北京京剧四团副团长；1960 年任辽宁京剧院副院长；1964 年北京新燕京剧团副团长。1978 年参加北京京剧院，在二团挑梁主演。姜铁麟武功扎实，表演以身手矫健勇猛凌厉著称，长靠短打均有较高造诣，并因嗓子好，也能兼演老生戏。经常演出的剧目有《白水滩》、《恶虎村》、《四杰村》、《嘉兴府》、《伐子都》、《挑滑车》、《铁笼山》、《古城会》、《走麦城》等。

赵燕侠「个性鲜明」的艺术特色

赵燕侠是我国现代著名京剧旦角女演员。1964 年,赵燕侠在现代京剧《沙家浜》(原名《芦荡火种》)中成功塑造了阿庆嫂的艺术形象,而广为人知。当《沙家浜》成为"样板戏"时,阿庆嫂的扮演者是青年演员洪雪飞,因为此时的赵燕侠已失去了演戏的资格。直到 1979 年,北京京剧团恢复,赵燕侠任一团团长,她才重新出现在京剧舞台。但她已很少演出,而把精力主要放在培养青年演员,进行艺术团体改革方面。

其实赵燕侠并不是靠主演《沙家浜》并成功塑造了阿庆嫂的艺术形象才出名的。她 1928 年出生,七岁就已经随父亲赵小楼在杭州、上海、汉口等地搭班演戏。十四岁时,一次偶

赵燕侠剧照

赵燕侠 1928 年出生，京剧旦角演员。祖籍河北武清曹子里乡。自幼在父母督导下练功学艺，七岁随父搭班演戏。十四岁在北京先后拜诸茹香，李凌枫、荀慧生等名家为师学习青衣、花旦，学习了王、荀、梅派的艺术特点。十五岁演出《十三妹》崭露头角，并与前辈名家金少山、谭富英、杨宝森、马连良等联袂演出《武家坡》、《二进宫》、《霸王别姬》、《坐楼杀惜》等，1947 年，十九岁的赵燕侠组建"燕鸣社"，在京、津、沪等地演出，她担任主演的《红娘》《玉堂春》《荀灌娘》等在继承荀派风格基础上，有了新的突破性发

燕鸣社向北京市京剧公会呈报的有关资料 27.5cm×20cm

燕鸣社剧团团员名册 26.5cm×18.5cm

然机会，赵燕侠结识了曾与梅兰芳同台当配角多年的老一辈旦角演员诸茹香先生，于是诸先生成了赵燕侠的第一位恩师（开蒙老师）。拜师后，诸先生爱徒如子，倾囊相教，赵燕侠尊师如父，勤学苦练，终使诸茹香老人一生精修苦研、日积月累，从而形成和积累的艺术成就与经验后继有人，也使赵燕侠醍醐灌顶，从而为后来出名成家打下了坚实的基础。之后，赵燕侠又先后随李凌枫、荀慧

生、何佩华等名家为师，她聪颖、刻苦、勤奋，经过数年的努力，掌握了王（瑶卿）、荀（慧生）、梅（兰芳）派的艺术真谛。十五岁那年，赵燕侠主演《大英杰烈》，在京剧舞台初露头角，并相继与前辈名家金少山、谭富英、杨宝森、马连良等联袂演出，曾与杨宝森合演《武家坡》，与金少山合演《霸王别姬》，与马连良合演《坐楼杀惜》，与侯喜瑞合演《十三妹》等。

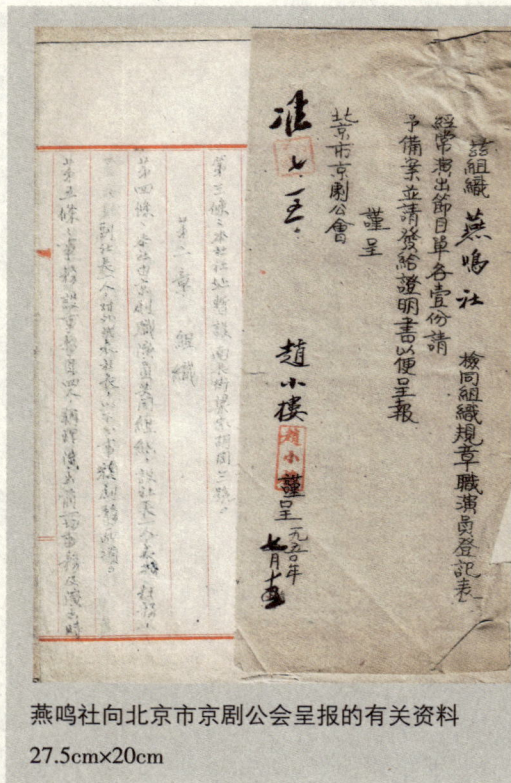

赵燕侠以吐字清晰、唱腔流利著称。她戏路宽，青衣、花旦、刀马旦、文武小生等多种行当的各种不同类型的角色都能演，常演剧目有《辛安驿》、《白蛇传》、《玉堂春》、《红梅阁》、《碧波仙子》、《武家坡》、《二进宫》、《霸王别姬》、《坐楼杀惜》等，在出演这些剧目中的女主角时，赵燕侠从剧中人物性格出发，大胆突破以往的程式、行当的界限，塑造出一系列个性鲜明的艺术形象。她做戏洒脱，唱腔悠扬婉转，节奏鲜明，念白清脆甜亮，咬字清晰，为业内外行家所称道。

1947 年，十九岁的赵燕侠组建"燕鸣社"，在京、津、沪等地演出，由她担任主演的《红娘》、《玉堂春》、《荀灌娘》等在继承荀派风格基础上，有了新的突破性发展，唱、念、做、打别具一格，受到广大观众的喜爱。同其他剧社一样，"燕鸣社"，在临近北平和平解放的一年多的时间里，遭受到

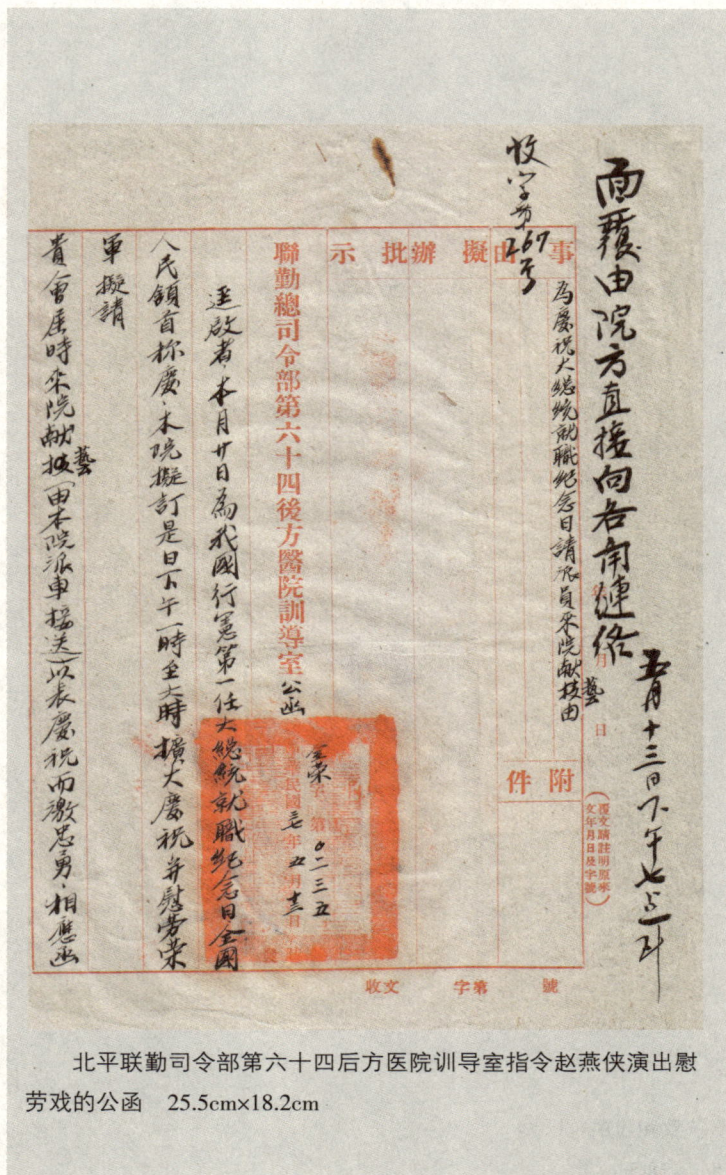

展，唱、念、做、打别具一格，受到广大观众的喜爱。新中国成立后，"燕鸣社"并入北京京剧团，赵燕侠任副团长，多次与马连良、谭富英、裘盛戎等老一辈艺术家同台演出。常唱大轴。1964 年，赵燕侠主演现代京剧《芦荡火种》，成功塑造了阿庆嫂的艺术形象，为实现传统艺术形式与革命内容的统一作出了贡献。受到毛泽东、刘少奇党和国家领导人的亲切接见。

北平联勤司令部第六十四后方医院训导室指令赵燕侠演出慰劳戏的公函　25.5cm×18.2cm

北京京剧院

陶雄同志：

　　接到来信，大作又要成集，祝早日面世。前者尊著《红氍毹上》已经拜读，获益良多，甚为感谢。

　　所需照片都没有，手头有的是我的剧目《碧波仙子》剧照，奉上望请留念。

　　祝身体健康。

敬礼

赵燕侠

一九八八年九月十二日

赵燕侠致陶雄的
信　26.5cm×18.5cm

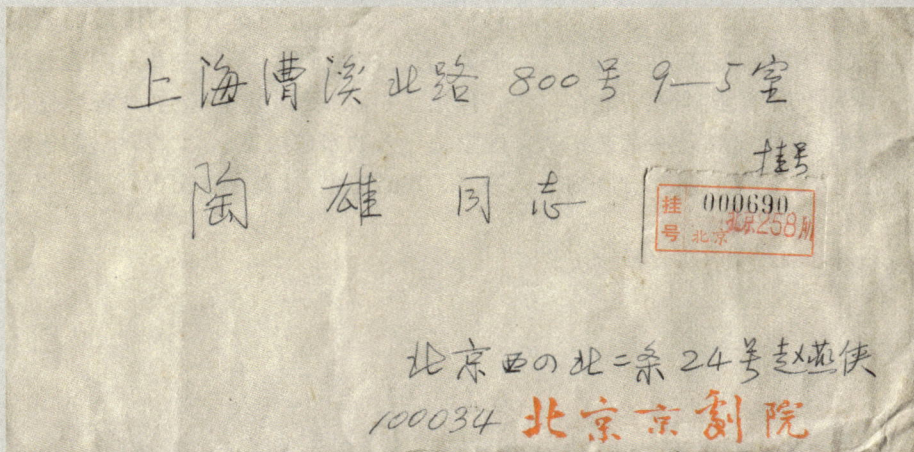

赵燕侠致陶雄信封　　27cm×10cm

了国民党政、警、特及其军队的骚扰。仅民国三十七年（1948年）内，赵燕侠和她的燕鸣社就多次被强行进行所谓的"劳军"演出。据现藏家中的国剧公会旧档，就有如下几次：民国三十七年二月蒋主席电令：查前方将士为戡乱救国，浴血奋战于冰天雪地之中，生活倍极艰苦，中正至为轸念，值兹农历春节即届临，对作战及伤患官兵予以慰劳。而北平市社会局指定的慰劳人员中，即有赵燕侠；国民政府主席北平行辕于民国三十七年五月一日在中南海怀仁堂举行第七次生活晚会，指定赵燕侠出席演出；民国三十七年五月廿日，国民党联合勤务司令部暨北平市荣军联合纠察大队为庆祝大总统就职纪念日举办的"扩大庆祝并慰劳荣军"活动指定的京剧演员有童芷苓、梁小鸾和赵燕侠；华北剿匪司令部于民国三十七年六月五日举办的以"调济精神生活，鼓舞工作情绪"为名举办周末晚会指定赵燕侠出席演出；北平警备总司令部于民国三十七年七月一日慰劳"国军"指定赵燕侠在华乐戏院演戏；北平警备总司令部于民国三十七年九月十八日举行同乐晚会指定燕鸣社赵燕侠、张玉英、章逸云、张曼君、张贯珠、张菊仙、周素英、梁小鸾等参加清唱演出……

新中国成立后的1950年7月，"燕鸣社"重新申请登记，社长由赵燕侠的父亲赵小楼担任。不久改名"燕鸣京剧团"，赵燕侠自任团长。

1961 年燕鸣京剧团并入北京京剧团，赵燕侠任副团长。在这个时期，赵燕侠曾经多次与马连良、谭富英、裘盛戎等老一辈艺术家同台演出。还曾多次在《白蛇传》、《红梅阁》、《碧波仙子》等剧中唱大轴。

1964 年，赵燕侠主演现代京剧《芦荡火种》即《沙家浜》，成功塑造了阿庆嫂的艺术形象，为实现传统艺术形式与革命内容的统一作出了贡献，受到毛泽东、刘少奇等党和国家领导人的亲切接见。"文革"中，由于她遭受了残酷迫害，被剥夺演出权利达十年之久。

杜近芳
与京剧《谢瑶环》

杜近芳

杜近芳 1932 年生于北京。论年龄在民国末年的京剧界，她无疑是个晚辈，不过，在京剧表演艺术上她出道很早，幼年跟京剧名家律佩芳学习青衣，十岁起即登台演唱。十三岁（1945 年）那年她拜"通天教主"王瑶卿为师，并向王瑶卿子侄、梅兰芳的琴师王少卿学习。刚满十五岁（1947 年）她就已经搭谭富英及杨宝森的班挂二牌，上演剧目有《红鬃烈马》、《桑园会》、《二进宫》、《三娘教子》、《伍子胥》等王派戏和《贵妃醉酒》、《凤还巢》等梅派戏目。十七岁（1949 年）起，杜近芳自己组班，在北京、济南等地演出。同年 9 月，她受李少春先生、袁世海先生邀请，在上海天蟾舞台与姜妙香先生合演《玉堂春》、《孔雀东南飞》、《奇双会》、《凤还巢》等，与李少春先生合演《长坂坡》、《法门寺》、《甘露寺》等，与袁世海先

杜近芳与
其恩师梅兰芳

生合演《霸王别姬》、《野猪林》等剧目。

新中国成立后,已经有了八年舞台经验的杜近芳(1950年,杜近芳十八岁)在王瑶卿先生极力推荐下,在上海拜梅兰芳先生为师。由于接受了王瑶卿、梅兰芳两位大师的悉心指教,杜近芳的艺术风格兼融梅(兰芳)、王(瑶卿),且有自己的创造,既有婀娜娇艳之美,又具刚劲坚实之力。

风华正茂的杜近芳不仅演唱音色甜美、圆润清醇,真假声结合,以声传情;吐字清晰,善

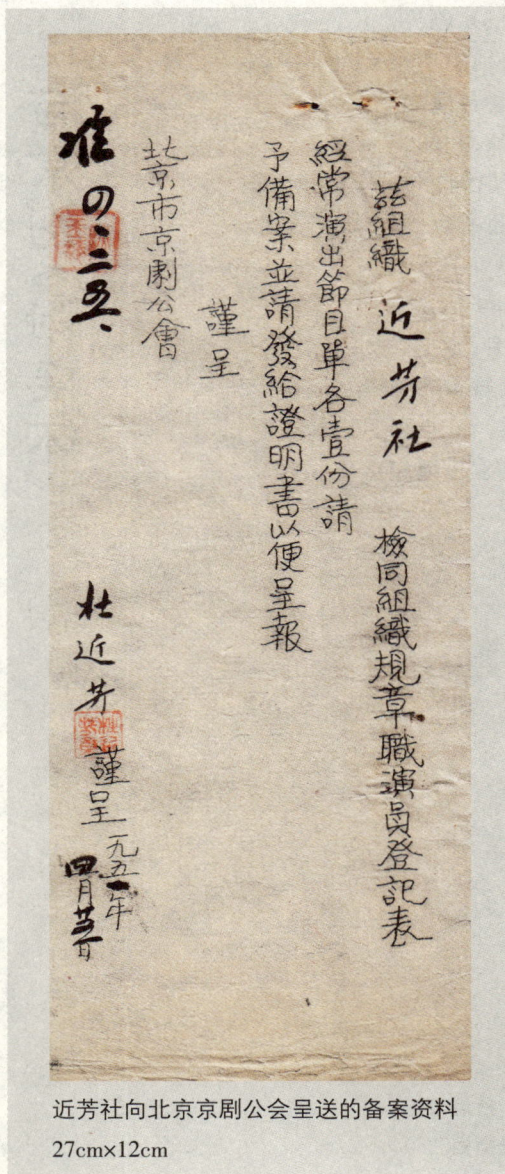

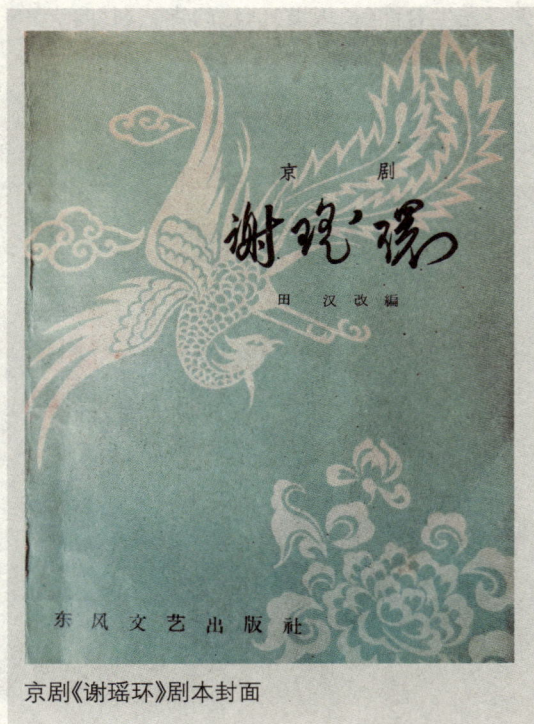

近芳社向北京京剧公会呈送的备案资料
27cm×12cm

京剧《谢瑶环》剧本封面

于控制气息、音量和节奏；而且扮相俊美，台风华贵耀人，舞台形象秀丽典雅，刻画人物栩栩如生。无论是古代人物乃至神话人物的祝英台（《柳荫记》）、白素贞（《白蛇传》）、谢瑶环（《谢瑶环》）、李香君（《桃花扇》），还是现代人物喜儿（《白毛女》）、小白鸽（《林海雪原》）、黄英（《柯山红日》）、吴清华（《红色娘子军》），都能在舞台上表现得栩栩如生，给观众留下了深刻的印象。

她在《白蛇传》中扮演白素贞，虽是蛇仙却具有热烈的感情和高尚的情操。杜近芳把亦人亦仙的双重人物身份熔铸一体，使白素贞的形象产生了感人至深的艺术力量。她在《桃花扇》中塑造的青楼女子李香君的形象深刻地展示出人物的温柔聪慧而有富于反抗的性格特征。

1951 年，杜近芳组织了"近芳社"，主要演员有陈少霖、王泉奎、哈宝山、林秋雯、刘砚亭等。"近芳社"经常演出节目有：《法门寺》、《桑园会》、《甘露寺》、《玉堂春》、《女起

郭沫若、田汉、曹禺、于立群同志观看中国京剧团演出的《谢瑶环》后与演员们留影

杜近芳手书"近芳京剧社"上报文化局的有关资料　25.8cm×17.6cm×2

解》、《王宝钏》、《六月雪》、《春秋配》、《三娘教子》、《汾河湾》、《打渔杀家》、《四进士》、《失街亭》、《长坂坡》、《穆天王》、《铁弓缘》、《翠屏山》等。同年，杜近芳加入中国戏曲研究院京剧实验工作团（后转为中国京剧院），长期与李少春、叶盛兰、袁世海等艺术家同台合作。她在与李少春、袁世海、叶盛兰等合作演出现代戏《白毛女》中饰演喜儿；在与李少春合作的《野猪林》中她饰林娘子。她与李少春、袁世海合演的新编历史戏《野猪林》以及她主演的现代戏《红色娘子军》（1973）都被拍摄成了彩色京剧影片。

1957年，杜近芳参加在莫斯科举行的第六届世界青年与学生和平友谊联欢节，以《拾玉镯》、《嫦娥奔月》两剧和清唱《金水桥》获得两枚金质奖章和一枚银质奖章。1960年到加拿大和中美洲三国演出；1964年再访法国和比利时等。作为历次出国演出艺术团的

杜近芳剧照

命的故事：谢瑶环得武则天赏识，被任命为右台御史，仗所赐尚方宝剑，女扮男装巡按江南。后行至苏州，因秉公断案，得罪当朝权贵。被诬谋反，投入大狱。武则天得知后盛怒，诛杀奸臣，谢瑶环终得以平反，并被追封为定国侯。剧中还有谢瑶环与侠士袁行健喜结良缘的美好插曲，剧情丰满生动、节奏清新明快，又不失梅派的端庄大气。

1962年，《谢瑶环》由杜近芳首演，立刻轰动大江南北，不但是杜近芳的代表剧目，而且成为中国京剧院的保留剧目。

　　忽听得堂上一声喊，
　　来了我忠心报国谢瑶环。

　　自从奉旨出官院，
　　誓要与三吴百姓惩贪婪。

主演，杜近芳为向世界各国人民传播与弘扬京剧艺术作出了重要贡献。

如果说，新编历史剧《野猪林》中杜近芳塑造的林娘子形象堪称"经典之作"，而同一时期，杜近芳在新编历史剧《谢瑶环》中塑造的谢瑶环则充分展示出她深厚的传统戏功底和创作演出新编戏的能力。

《谢瑶环》的剧作者是田汉先生，讲述的是武则天时代女官谢瑶环女扮男装为民请

　　打武宏权贵皆丧胆，
　　斩蔡贼酷吏也心寒。
　　明知道朝中必结怨，
　　只要除万民仇，
　　哪顾得一身安。
　　狗贼子告我要谋反，
　　血口喷人嫁祸端。
　　自古道忠臣不怕死，
　　怕什么"玉女登梯"、"仙人献果"、

"凤凰展翅"、"猿猴戴冠"!

　　愁只愁江南百姓又要遭苦难，

　　愁只愁天下纷纷难免战血丹，

　　愁只愁袁郎在太湖万顷烟波远，

　　夫妻们见面难上难。

　　想到此，愁与恨，

　　袁郎啊，点点珠泪湿衣衫!

　　但愿得来生再相见，

　　俺要与你同心协力挽狂澜。

　　硬心肠我把大堂转，

　　他有一言我一语还!

　　这是杜近芳在京剧《谢瑶环》中的一段唱，这段唱可谓绝唱，它淋漓尽致地表现了谢瑶环不畏权贵为民请命的刚直不阿的性格。

　　京剧《谢瑶环》是 1961 年田汉先生根据碗碗腔《女巡按》的老本改编的。田汉先生在京剧《谢瑶环》序（原载《剧本》月刊一九六一年七、八月合刊）中，叙述了他写这个剧本的过程：

　　今年一月从山西平陆县茅津渡过河，经三门峡，乘陇海路车入陕，在西安前后住了一个多月，看了许多戏，在马健翎、黄俊耀两同志主持的戏曲学院看得很多，该院包含秦腔、碗碗腔、郿鄠等剧种。我比较熟识的几位演员如李应真、马兰鱼、段林菊等都病了，但后起之秀的温喜爱演的《女巡按》依然引起了我们很高的兴趣。

　　《女巡按》据说是碗碗腔的老本，接触到武则天，但是骂武则天的。因此一度改成韦后时事。女巡按谢瑶环受权奸迫害，后来与她所爱的江湖义士阮华抗拒追兵逃入太湖，是一个喜剧的结尾。我曾跟黄俊耀同志谈起一些修改计划，如把骂武则天的改为肯定武则天，但又对她作一定批评。俊耀同志对此甚表同意。我说在离西安以前愿费一两天工夫帮他改好。及至仓卒入川，又想在成都改好寄回。甚至想请俊耀同志同去。哪知我过低估计了这一修改工作的困难，我回京以后费了断断续续两月之久，才写成今天这个样子。

　　我在西安看到的《女巡按》已是经鱼讯同志和黄俊耀同志改作过的。俊耀同志为了便于我的加工，在我离西安前和剧院同志赶出了一个初步修改本，现在的改本虽则在许多地方跟初改本不一样，但初改本给我的工作打下了很好的基础。我这样的改法依旧想得到俊耀同志的赞成。

　　剧本从谢瑶环身上体现武则天一贯与豪门贵族斗争的精神，但在她统治的后期，她的一些子侄近臣也走向豪门贵族的老路，兼并土地，压抑人民，使她非常愤怒。及至她亲下江南，而瑶环已被权贵折磨致死。也有些同志赞成喜剧结尾的，在西安时俊耀同志还提过赐婚之说，但似乎目前这样处理，教育意义较为深刻。

这剧将由中国京剧院杜近芳等同志演出，彩排时间超过三小时，因此我对场子和剧词作了许多删节，情节有所变动。本想把交给剧本月刊的本子也全部修改，但许多同志认为原改本较为丰满自然，可作为文学剧本读，不必和京剧本一样，我只得同意。地方剧的声腔不如京剧多，也许按这个本子也不算太长罢。

此剧以武谢争辩开始，袁行健惊梦作结也是一种试验，后者在京剧彩排时有主张删去的，但有些同志对此场也有偏爱，因此我把它保留下来了。

这还是个未定稿，发表出来请同志们批评指教。

《谢瑶环》的剧本发表后，即有文章评价说，这一历史悲剧所体现的美学思想和话剧《关汉卿》相一致，堪称田汉戏剧创作的巅峰。

"文革"中，田汉先生被打倒，《谢瑶环》被打倒，杜近芳也曾因为《谢瑶环》被安上一大串莫须有的罪名。"文革"过后，随着田汉昭雪，《谢瑶环》也得以重见天日。该剧复排的演出更是受到各界追捧，当时在人民剧场售票处排队购票的队伍浩浩荡荡从护国寺一直蜿蜒到积水潭，群众对文艺的热情、对田汉老的怀念、对杜近芳的热爱都能在这次演出中释放出来了。

　　明清两朝定都北京,据老辈儿人说,我们北京方家这一支,是江南方氏在京仕宦,后定居落籍,到我这辈儿已近二十代了。

　　京城老辈儿,大都喜欢京剧,我家亦不例外。听我祖父说,自打"四大徽班"在北京落了脚,扎了根,我们北京方家,就与京剧结了缘。方家历代的男丁都喜爱京剧,有的还是京城有些名气的票友。到了我父亲这一辈儿,东西两院儿,哥儿七个,都酷爱京剧艺术,并分别喜欢京剧各个行当和各艺术流派。大祖父是前清的秀才,办过私塾,四个儿子都识文断字,喜欢京剧。大伯早年从戎以后,再也没有了音信;二大伯身材矮小,性格内向,喜欢文武场面;三大伯个子高大英俊,嗓音洪亮,京剧各行当皆精通,尤喜净行;四大伯身材适中,脸部狭长,喜爱丑角儿和花旦。我祖父的三个儿子,按东西院儿的排行,分别是老五、老六、老七。五大伯修长清秀,喜欢生行,尤擅老生。我的父亲老六,身材魁梧,性格爽直,酷爱武生,也喜欢花脸;七叔性格有点儿闷,不大喜欢热闹,但对京剧也很喜欢,几个哥哥谈戏的时候,他会在旁边静静地听,文武场面缺个手儿,跑个龙套,他都能应付。那时候,没有什么娱乐活动,逢年过节,哥儿几个好不容易凑在一起,吃饱了喝足了,就在院里开锣,男的吹拉弹唱,女的吃着零嘴儿,看着哥儿几个折腾。平日里,哥儿几个偶尔相聚,聊的,唱的,也都是京剧。特别是每年春节的时候,他们总会请几个喜欢京剧的亲友,凑一出戏,正儿八经的演给家人亲戚们看,使节日气氛更浓,家人亲友间更加和谐。由于哥儿几个会的戏多,剧中角色,文武场面大都哥儿几个承揽,街坊四邻誉之为"方半台"。

　　名声在外,有时京城某剧社缺个角儿或文武场面缺个手儿,也会请哥儿几个救场。我们家有个郭姓亲戚,哥儿俩,老大叫郭宝玉,比我父亲年长,老二叫郭宝顺,和我父亲同庚，都是专业剧团的演员，名气不大，社会交往特别多。听我父亲说，那时候，他们哥儿俩所在的剧社，演出在即，有的演员或是文武场面有人病了，只要病了的演员不是名角儿，文武场面不是鼓师、胡琴琴师，老板一准儿请他们来我家找人补台救场。他们哥儿几个，不但喜欢京剧，也喜欢河北梆子和评剧。我幼年的时候，曾经看过五伯父和父亲参加演出的评剧《秦香莲》；还听过父亲的河北梆子清唱。

直到上个世纪六十年代末，郭氏二兄弟仍在剧团工作，郭宝玉大伯在北京实验评剧团，演老生，是主要演员之一。这家剧团成立于 1952 年 8 月，是公营性质，团长叫张永田，与我的父亲是好朋友，那时的地址在天桥公平市场 55 号，我幼年时，父亲曾带着我去那儿玩过，现如今天桥已面目皆非，公平市场旧址也早已没了踪影。郭宝顺二叔，在某京剧团后台管事儿。因为有了这门亲戚，我们家从来不缺戏票，每逢去剧场看戏，我的父亲总喜欢带上我，耳濡目染，我也喜欢上了京剧和评剧。以致在我少年时，竟然背着家长报考过北京的一所戏校，要不是家里极力反对，我可能真的吃上戏剧这碗饭了呢。

几十年过去了，父辈们都已经逝去了。但我对京剧的喜爱依旧，每逢年节假日，总要携家人或与朋友一起到长安大戏院或梅兰芳大戏院看一两场京剧。京剧名家的手迹

或与戏剧有关的文献，我历来十分珍视，只要遇见了就会买下来。多年下来，我收集到了包括梅兰芳、尚小云、程砚秋、荀慧生四大名旦，张君秋、李世芳、毛世来、宋德珠四小名旦，马连良、谭富英、杨宝森、奚啸伯四大须生，以及京剧各流派代表人物萧长华、郝寿臣、侯喜瑞、姜妙香、周信芳、俞振飞、于连泉、李多奎、叶盛兰、裘盛戎，乃至文武场面高手鼓师杭子和、周子厚，胡琴琴师徐兰沅、杨宝忠等各路名家的手迹、照片、戏单或与之相关的书籍文献资料。

我的父亲离世十年了，我非常想念他。我一直想写一本书来纪念他。于是，当我继续我的"旧墨记"书系的写作时，就想到了积攒多年的这些京剧资料，这些资料里面的人物，父亲都是很熟悉的，有的还是他非常崇拜的。

当然，我花费了近一年的时间，写这样一本纯粹介绍京剧名家的书，最终的目的，是让广大的读者和京剧爱好者，能够多了解我国近二百年来京剧名家流派的形成，京剧音乐的一般知识，同时，也能大致看到京剧艺术的发展脉络。

从 1790 年（乾隆五十五年），安徽名艺人高朗亭率领了一个有名的徽戏三庆班进入北京算起，京剧已有 200 多年的历史。在这漫长的京剧形成发展过程中，各行角色中涌现出了不少有名的演员，这些名演员都为京剧艺术的发展作出了不同程度的贡献。随

着名演员的前后辈出，表演艺术的不断丰富，音乐伴奏上也有了较大的进展，指挥乐队的鼓师，文场中操主要乐器——胡琴的琴师，也出现了不少的人才。随着名角的出现，京剧的剧目也越来越丰富了，旧传有"三千八百出"之说。这个数字不一定准确，却可以说明京剧的剧目是异常丰富的。

正因为京剧艺术包含的内容丰富，名家众多，流派多样，剧目繁多，限于我对京剧知识、人物的了解有限，尽管参考了前辈们的研究成果，但仍不可避免的在人物的评价上，轶闻掌故的引用上，存有许多缺失或错误，敬希读者、专家们，给予批评指教。

"旧墨记"书系，至此已出版了六记，在撰写各篇时，引用、借鉴前辈时贤的研究成果，有的未及加注标明，在此深表谢忱。本书承蒙中央戏剧学院沈宁先生审读，中国人民大学文学院孙郁先生作序，这里一并致谢。

方继孝

2011 年 9 月 29 日

于北京南城双序斋